Edward Kaufman
Pauline N. Kaufmann

Familientherapie bei Alkohol- und Drogenabhängigkeit

Herausgegeben von
Edward Kaufman
Pauline N. Kaufmann

Familientherapie bei Alkohol- und Drogenabhängigkeit

Lambertus-Verlag

Das amerikanische Originalwerk erschien unter dem Titel
„Family Therapy of Drug and Alcohol Abuse“ bei
Gardner Press, Inc., 19 Union Square West, New York 10003

Aus dem Amerikanischen übersetzt von Rüdiger Retzlaff

Gestaltung: Werner Bleyer, Freiburg im Breisgau
Herstellung im Druckhaus Rombach + Co GmbH, Freiburg im Breisgau
ISBN: 3-7841-0237-9

Inhalt

Vorwort zur deutschen Ausgabe

Ursula Kuypers

Die Zeit erster Einführungen in Theorie und Praxis der Familientherapie ist vorüber. Auf die Arbeit mit Familien hin orientierte Therapeuten und Therapieeinrichtungen blicken inzwischen auf mehrjährige Entwicklungen und Erfahrungen zurück, in den USA sind es bis zu zwei Jahrzehnte. Seither ist deutlich und klarer abgrenzbar geworden, wann und wo Familientherapie sich als effektive Vorgehensweise empfiehlt und angewendet werden sollte. Sie konnte inzwischen auch wesentlich besser fundiert werden.

Das vorliegende Buch beschäftigt sich mit Familientherapie bei Drogen- und Alkoholabhängigen. Durch die Konzentration auf einen begrenzten Personenkreis ist ein intensives Eingehen auf spezifische Grundlagen und Möglichkeiten, aber auch auf die Grenzen familientherapeutischen Handelns bei Abhängigen gegeben.

Einrichtungen zur Behandlung von Drogen- und Alkoholabhängigkeit in unserem Sprachraum bemühen sich zwar ebenfalls seit über zwanzig Jahren, die Angehörigen ihrer Klienten/Patienten in ihre therapeutische Arbeit einzubeziehen, sie taten es jedoch vorwiegend unter dem Aspekt der Information. Erst seit wenigen Jahren rückt auch in unseren Einrichtungen für Suchtkranke die Familie als Ganzes, als Bezugssystem oder als „Patient Familie“ in den Vordergrund therapeutischen Denkens und Handelns.

Einige Abschnitte des Buches beschreiben Therapiesituationen, wie sie in der Suchtkrankenhilfe im deutschsprachigen Raum noch wenig beachtet und untersucht wurden, so zum Beispiel die Einbeziehung von Geschwistern in die Beratung, die Therapie mit mehreren Familien von Drogenabhängigen oder auch die Familientherapie mit nur einem Elternteil. Sie dürften wichtige neue Diskussionen in Gang bringen, etwa über die Verantwortung des *gesamten* Familiensystems für Drogen-Rückfälle, die dann nicht beim „identifizierten Klienten" allein gesehen und bearbeitet werden sollten. Großes Gewicht wird in diesem Buch immer wieder auf die Reflexion des Therapeuten-Verhaltens gelegt, das schließlich sehr wesentlich am Behandlungserfolg beteiligt ist.

Zum Verständnis der hier veröffentlichten Beiträge über die Familientherapie von Alkoholabhängigen muß auf die zentrale Bedeutung der Anonymen Alkoholiker (AA) als *der* Selbsthilfeorganisation in den Vereinigten Staaten hingewiesen werden. Neben zahlreichen AA-Gruppen in allen größeren Städten und oft auch in kleinen Gemeinden der USA wird die Arbeit mit den ambulanten, stationären und teilstationären Einrichtungen für Alkoholabhängige ebenfalls von den Leitgedanken, wie sie die „zwölf Schritte" der AA darstellen, und von der Aktivität ihrer Mitglieder geprägt. Erwachsene Angehörige der Alkoholabhängigen treffen sich in den gesonderten Al-Anon- und Kinder in den Alateen-Gruppen, während die eigentlichen AA-Gruppen allein den Betroffenen vorbehalten sind.

Auch in der Bundesrepublik Deutschland sind Gruppen der Anonymen Alkoholiker in vielfältiger Weise um Abhängige und ihre Angehörigen bemüht. Daneben finden sich weitere, zum Teil sehr umfangreiche Selbsthilfeorganisationen wie das „Blaue Kreuz", der „Kreuzbund" oder die „Guttempler".

Durch die in der vorliegenden Übersetzung gebotene vertiefte Darstellung eines speziellen Anwendungsbereichs der Familientherapie erhält die Literatur zur allgemeinen Familientherapie eine ausgezeichnete Ergänzung. Ähnliches wäre für die Zukunft auch für andere therapeutische Arbeitsfelder sehr erwünscht.

Bensheim, im Dezember 1982

Vorwort zur amerikanischen Ausgabe

E. Mansell Pattison

Dieses Buch ist ein wichtiger Beitrag zu Fragen der *Behandlung* des Alkohol- und Drogenmißbrauchs, denn rückwirkend betrachtet gab es bis jetzt nur ein geringes Interesse für diesen Problemkreis (5)*. Meine letzte Untersuchung über die Einstellung von Fachleuten ergab nur eine geringe Änderung der vorherrschenden ablehnenden und feindseligen Haltung gegenüber dieser Gruppe von gestörten Menschen (3). Die Bereitschaft der an diesem Buche mitwirkenden Autoren, sich auf neue und wirksame Behandlungsmethoden einzulassen, ist also durchaus nicht selbstverständlich.

Es wäre voreilig, Familientherapie bei Suchtverhalten als einzige oder beste Behandlungsform zu empfehlen. Dennoch glaube ich, daß die Familientherapie, wie wir sie heute kennen, den rechten praktisch-therapeutischen Weg einschlägt. Wir erkennen heute, daß Verhalten aus sozialen Systemen heraus entsteht und daß sich Verhaltensänderungen – zumindest teilweise – aus Veränderungen von sozialen Systemen ergeben. Das vorliegende Buch beschreibt praktische Methoden zur Veränderung von bestimmten sozialen Systemen: der Ehe, des Eltern-Kind-Systems und von Kernfamilien. Nach meiner Meinung lassen die in jedem einzelnen Kapitel dargelegten klinischen Daten deutlich werden, wie Veränderungen dieser speziellen Systeme ihrerseits das Suchtverhalten des Patienten zu beeinflussen vermögen. Die Behandlungsergebnisse dieser Untersuchungen zeigen immer wieder, daß Suchtverhalten eigentlich ein sekundäres Problem ist, im Grunde genommen ist es die Manifestation einer Dysfunktion im sozialen Leben dieser Menschen.

* Die Zahlen in () verweisen auf die Literaturangaben am Ende des jeweiligen Kapitels.

Alle Kapitel des Buches gehen von bestimmten theoretischen Grundannahmen über das therapeutische Vorgehen aus. Sie sind so wichtig, daß sie in diesem Vorwort eigens erwähnt werden sollen.

Erstens: Die Autoren dieses Buches gehen von der Voraussetzung aus, daß Alkoholabhängigkeit und Drogenabhängigkeit Verhaltensstörungen sind. Menschen lernen also, Alkohol oder Drogen einzunehmen, und der fortgesetzte Gebrauch und Mißbrauch von Rauschmitteln wird durch die sozialen Interaktionen mit wichtigen Bezugspersonen ausgelöst und verstärkt. Aufgrund der vorliegenden Forschungsergebnisse halte ich dies für die am ehesten zu vertretende wissenschaftliche Position (7).

Zweitens: Diese Auffassung von Sucht führt zur Berücksichtigung von Behandlungsmethoden, mit denen eingeprägte Verhaltensmuster „gelöscht" und die sozialen Verstärkerpläne verändert werden. Einige Praktiker berichten in diesem Buch über Änderungen von sehr kleinen sozial verstärkenden Einheiten, wie beispielsweise in der Paartherapie; andere sozial verstärkende Einheiten sind viel größer, wie etwa in der Mehrfamilientherapie. Wir haben bis heute noch keine verläßlichen klinischen Indikatoren dafür, wann im Einzelfall kleinere oder größere soziale Einheiten geändert werden müssen. Grundsätzlich gelten jedoch in beiden Fällen die gleichen Behandlungsprinzipien.

Drittens: Die Autoren dieses Buches vertreten ein ähnliches Krankheitsmodell. Sie betrachten Alkoholabhängigkeit nicht als etwas, das man sich wie eine Erkältung zuzieht. Sucht ist ein ganzer Komplex von Verhaltensweisen, die in einem zerstörerischen Muster von Drogenmißbrauch enden. Dieses Zusammenwirken in einem Verhaltenssyndrom bezeichnen wir als „Suchtkrankheit".

Viertens: Wegen der soeben dargelegten Zusammenhänge begehen die Autoren dieses Buches nicht den Fehler, den „kranken" Süchtigen als hilflos anzusehen, und sie machen den Süchtigen auch nicht zum passiven Empfänger von „Hilfe". Sondern sie betonen, daß dieses Krankheitsmodell nicht die Verantwortung für eigenes Verhalten und eine aktive Beteiligung an der Veränderung des eigenen Lebensentwurfs und des sozialen Systems ausschließt. Die Behandlung ist somit ein aktiver, auf Gegenseitigkeit beruhender Prozeß.

Fünftens: Das Konzept der Sucht als Verhaltenssyndrom erlaubt uns ohne weiteres, das soziale System, in dem das Suchtverhalten erlernt wurde, mit einzubeziehen. Wir kommen zur Familie. In verschiedenen Kapiteln finden wir Hinweise dafür, daß Suchtverhalten *unspezifisch* ist; ob es in einer gegebenen Familie nun zur Abhängigkeit von Alkohol, Heroin, Schlaftabletten oder Marihuana kommt, kann jeweils vom sozialen Lebenswandel, der Verfügbarkeit von Drogen und den Gepflogenheiten der Altersgenossen abhängen, und es beruht nicht so sehr auf irgendwelchen inneren Unterschieden zwischen einzelnen Familien.

Sechstens: In diesem Buch wird an mehreren Stellen auf die Eigenarten von Familien eingegangen. Die Kapitel, die sich mit der Familienstruktur über mehrere Generationen hinweg, mit dem erweiterten Verwandtenkreis und den Beziehungen von aus mehreren Familien bestehenden Gruppen befassen, geben das immer stärker werdende Bewußtsein wieder, daß wir mehr über die Kernfamilie wissen müssen, wenn wir über Familien und Familientherapie reden.
Mit unserer eigenen Grundlagenforschung über Familienstrukturen konnten wir zeigen, daß die Kernfamilie nur Teil eines größeren sozialen Beziehungsnetzes ist. Eigentlich ist die Familie, in der wir leben, Teil eines umfassenderen „vertrauten psychosozialen Systems“, das die Grundeinheit unserer sozialen Existenz bildet. Wenn wir über „Familien“ reden, müssen wir deshalb diese größere „psychosoziale Familie“ berücksichtigen (6). Das bringt uns dazu, in der Behandlung und bei sozialen Veränderungsprozessen größere soziale Verbände ins Auge zu fassen.

Siebtens: Dieses Buch enthält eine Reihe von ausgezeichneten Darstellungen der Behandlungstechniken zur Veränderung von sozialen Systemen. Unser Konzept der Familie hat eine notwendige Erweite-

rung erfahren, und dies mußte auch mit unserem Therapiekonzept geschehen. Wie bereits erwähnt, möchte ich vorschlagen, daß Familientherapie Bestandteil eines weiter gefaßten Ansatzes der Verhaltensänderung und insbesondere der sozialen Veränderung sein sollte. An anderer Stelle haben wir theoretische und konzeptuelle Einzelheiten solcher Therapien von größeren sozialen Systemen untersucht (1, 2, 4) – und schließlich gibt es noch einige sehr fachkundige Beschreibungen der therapeutischen Arbeit mit Familien und mit anderen sozialen Systemen. Auch das ist für die in Therapien notwendige Neustrukturierung erforderlich. Das Modell des passiven, sich nicht einmischenden Therapeuten funktioniert gut bei spezifischen Formen von Psychotherapie mit spezifischen Patienten und spezifischen Problemen, etwa dem sozial integrierten, mehr oder weniger gut selbst zurechtkommenden Neurotiker. Dieses Vorgehen ist jedoch bei Störungen wie massiven sozialen Schwierigkeiten nicht angebracht; angezeigt ist es nur bei Individualtherapie – nicht bei anderen Therapieformen. Therapeuten, die soziale Systeme behandeln, müssen lernen, als Katalysator zu wirken und als Agent für Systemwandel. In vielen Kapiteln dieses Buches werden diese Aufgaben klar und treffend dargestellt.
In den hier abgedruckten Beiträgen beschreiben die Therapeuten anregende und auch erfolgreiche Methoden, aber wir sollten daraus nicht folgern, daß es einfach wäre, Alkohol- und Drogenmißbrauch zu behandeln. Doch allzu lange haben Experten im Bereich der psychosozialen Versorgung nur mit leichten Fällen gearbeitet und die schwierig zu behandelnden Störungen vernachlässigt. Dieses Buch soll ein Wegweiser für geeignete und wirksame Behandlungsmethoden bei Alkohol- und Drogenmißbrauch sein. Die Autoren sind Vorkämpfer, die neue Territorien erkundet haben.

Literatur

1. Pattison, E. M.: Social System Psychotherapy, in: American J. Psychotherapy, 17, 1973, S. 396 - 409.
2. Pattison, E. M: Psychosocial Systems Therapy, in: R. G. Hirschowitz u. B. Levy, Hrsg: The Changing Mental Health Scene. New York: Spectrum Publications 1976, S. 127- 152.
3. Pattison, E. M: Ten Years of Change in Alcoholism Treatment and Delivery Systems, in: American J. Psychiatry 134, 1977, S. 261 - 266.
4. Pattison, E. M.: A. Theoretical-Empirical Base for Social System Therapy, in: E. F. Foulks u. a., Hrsg.: Current Perspectives in Cultural Psychiatry. New York: Spectrum Publications, 1977, S. 217 - 253.
5. Pattison, E. M., Bishop, L. A., u. Linsky, A. S.: Changes in Public Attitudes on Narcotic Addiction, in: American J. Psychiatry, 125, 1968, S. 160 - 167.
6. Pattison, E. M., DeFrancisco, D., Frazier, H., Wood, P. E., u. Crowder, J.: A Psychosocial Kinship Model for Family Therapy, in: American J. Psychiatry, 132, 1975, S. 1246 - 1251.
7. Pattison, E. M., Sobell, M. B., u. Sobell, L. C.: Emerging Concepts of Alcohol Dependence. New York: Springer 1977.

Einführung

Edward Kaufman, Pauline Kaufmann

Dieses Buch handelt von Familien, von Herkunftsfamilien und von Kernfamilien, und es geht um Familien in Behandlung. Im Verlauf ihrer Arbeit mit Familien und Kollegen sind zwischen den Autoren enge und tiefe Beziehungen entstanden. Die Familien, mit denen wir arbeiteten, haben uns ihr Leid gezeigt, ihre Neigung zu einem vertrauten persönlichen Verhältnis kundgetan, den Wunsch nach Geborgenheit und Erfüllung und das Bedürfnis sowohl nach Individuation als auch nach Distanz ausgedrückt.

Unsere Arbeit in therapeutischen Gemeinschaften hat uns gezeigt, daß Familien ein Bedürfnis nach sachlich begründeter Autorität, nach kompetentem Auftreten und gegenseitigem Respekt haben, die sich auf Leistung gründen. Wir verdanken einen großen Teil unserer Lernerfahrungen unseren nicht-akademischen Kollegen, deren reiche, wenn auch manchmal leidvolle Erfahrung in die Arbeit der therapeutischen Gemeinschaft integriert und „professionalisiert“ wurde. Bei der gemeinsamen Bewältigung von Schwierigkeiten im Behandlungsprozeß gab es keine durch akademische Titel bedingte Distanz. Es entstanden therapeutische Behandlungsgemeinschaften, die ihre Arbeit kritisch überprüften und weiterentwickelten. Auch wir nahmen an dieser Erfahrung teil und möchten Sie einladen, es uns gleich zu tun. Ursprünglich sollte der Titel dieses Buches lauten: „Vom verstrickten Gegner zum Verbündeten: Familientherapie bei Alkohol- und Drogenabhängigkeit“. Dann haben wir die Titel vertauscht und ließen schließlich den Untertitel „Vom verstrickten Gegner zum Verbündeten“ ganz fallen. Denn bei unserer Arbeit auf diesem Gebiet wurde deutlich, daß viele Experten entgegen unserer ursprünglichen Erwartung nicht mit dem Begriff „verstrickt“ vertraut sind, und im

Gespräch mit erfahrenen Praktikern wurden uns die verschiedenen Bedeutungen dieses Begriffes bewußt. Uns hatte der Titel ursprünglich gefallen, weil er eine Vielfalt von Bedeutungen vermittelt, die für unsere Arbeit wichtig waren. Der erste Aspekt war die besonders in therapeutischen Gemeinschaften ohne Drogenersatzbehandlung zu beobachtende Entwicklung von einer Einstellung, die in der Familie einen Gegner des Behandlungsprozesses sieht und sie völlig ausschließt, hin zu einer Haltung, die die Familie als wesentlichen Teil der Behandlung betrachtet. Die Bereitschaft der Therapeuten, die Familien in die Behandlung einzubeziehen, ist leider immer noch gering. Wir hofften und wir hoffen noch immer, daß dieser Prozeß durch das vorliegende Buch beschleunigt wird. Der Umgang mit Familien von Rauschmittelabhängigen in einem ambulanten Setting war lange Zeit ein ungelöstes Problem, weil man gar nicht wußte, was man mit ihnen anfangen sollte. Wir hoffen, mit unserem Buch zur Klärung der familientherapeutischen Behandlung von Rauschmittelabhängigen in ambulanten und stationären Einrichtungen beitragen zu können. Die andere wichtige Bedeutung, die durch den ursprünglichen Titel „Vom verstrickten Gegner zum Verbündeten“ vermittelt werden sollte, war der Wandel, der sich bei den Mitgliedern einer sich in Behandlung befindenden Familie – eben von verstrickten Gegnern zu Verbündeten – vollzieht. In den meisten Kapiteln dieses Buches wird jedoch offenbar, daß viele Familien gar nicht als verstrickte Gegner in die Behandlung kommen. Einige von ihnen sind als losgelöst zu kennzeichnen, andere als psychisch verstrickt, aber geografisch getrennt lebend, und einige nehmen überhaupt nicht an der Behandlung teil. Die meisten Familien beginnen die Therapie mit einigen verstrickten und einigen losgelösten Beziehungen. Und später kamen wir darauf, daß das therapeutische Ziel nicht immer darin besteht, die Familienangehörigen zu Verbündeten zu machen. Manchmal trifft dies durchaus zu, wenn sich beispielsweise Familienmitglieder voneinander ablösen. Dies geschieht zwar am besten im Familienmilieu, aber unter Umständen muß es auch in Abwesenheit der Familie geschehen, etwa aufgrund von geografischen Schwierigkeiten, Todesfällen oder weil es

unmöglich ist, den Aufenthaltsort von Familienmitgliedern ausfindig zu machen.
Häufig gehen diese Individuation und diese Ablösung mit Gefühlen von Ärger, Schmerz und Kummer einher. Es folgt ein Zustand der Trauer, wenn nun Kindheitserwartungen, Sehnsüchte und Phantasien an der Realität gemessen werden. Dies geschieht im typischen Fall bei der Trennung Süchtiger von ihren Herkunftsfamilien oder von ihrem Partner. In diesen Familien ist ein Übergang von verstrickten Gegnern zu einer angemessenen Loslösung erforderlich. Manche Familien sollten sich trennen und getrennt bleiben, andere sollten von einer Trennung zu einer neuen gegenseitigen Beziehung gelangen.
Darüber hinaus wies der zunächst geplante Untertitel darauf hin, daß dieses Buch überwiegend einen strukturellen familientherapeutischen Ansatz vertritt. Wenn wir auch sicherlich diesem Therapiesystem den Vorzug geben, ist unser Ansatz doch zu eklektisch, um daraus schließen zu können, daß es unsere einzige Methode wäre. Aus allen diesen Gründen haben wir von dem Untertitel „Vom verstrickten Gegner zum Verbündeten" abgesehen, trotz des anziehenden und paradoxen Untertones.
Wir definieren die Verwendung einer Droge dann als Mißbrauch, wenn sie das soziale oder berufliche Funktionieren oder die körperliche Gesundheit beeinträchtigt. Sucht oder Abhängigkeit ist immer Beweis von Mißbrauch. Das vorherrschende Bild des Rauschmittelmißbrauchs hat sich in den letzten beiden Jahrzehnten erheblich gewandelt. Alle paar Jahre gibt eine neue Droge Anlaß zur Sorge, aber wir beobachten ohnehin häufig den gleichzeitigen Mißbrauch oder eine Abhängigkeit von vielen Chemikalien. Mit diesen sogenannten „polytoxikomanen" Abhängigen ist auch eine größere Häufigkeit individueller und familiärer Pathologie als in früheren Jahren entstanden.
Vor zwanzig Jahren waren die Delikte bei Heranwachsenden meist Autodiebstähle, Brandstiftung, Gelegenheitsdiebstähle und ungewollte Schwangerschaften. Verbrechen gegen Menschen waren in der Population der Heranwachsenden verhältnismäßig selten. Raubüberfäl-

le, Mord und andere Gewalttaten waren die Ausnahme. Selten waren Drogen und Alkohol Anlaß, einen Jugendlichen in einer therapeutischen Einrichtung unterzubringen.
Mit zunehmendem Drogenhandel bekamen mehr und mehr Jugendliche aus allen Bevölkerungsschichten mit Drogen zu tun. So hat gegenwärtig fast jeder Jugendliche, der eine stationäre Behandlung benötigt, Probleme wegen Drogen- und/oder Alkoholmißbrauch.
Auch Heroinsüchtige verübten Anfang der fünfziger Jahre keine Gewalttaten. Sie finanzierten ihre Drogen mit Ladendiebstählen, Betrügereien und Taschendiebstählen. Das damals erhältliche Heroin reichte aus, um ihr aggressives Potential zu absorbieren. Heutzutage sind Heroinsüchtige viel gewalttätiger und werden daher auch eher festgenommen und zwangseingewiesen. Ist es so weit gekommen, kann man ihre Familien leichter für eine Behandlung gewinnen. Im Idealfall sollte diese Behandlung in einem gemeindenahen stationären Rahmen und nicht in Einrichtungen des Strafvollzugs stattfinden.
Die Behandlung von Familien mit einem rauschmittelabhängigen Angehörigen ist ein schwieriger Prozeß. Die Therapie findet auf mehreren Ebenen gleichzeitig statt. Um die Bedürfnisse der Familie zu erfüllen, muß man das Subsystem der Ehepartner, das Geschwistersubsystem sowie die individuellen Bedürfnisse jeder einzelnen Person in der Familie berücksichtigen. Diese drei Bereiche müssen sich ineinanderfügen und harmonisch funktionieren. Die Unterweisung und Demonstration wirksamer Erziehungsmethoden sind ein wichtiger Behandlungsaspekt. Die Gesamtbehandlung wird unterstützt, wenn man die Familie ermutigt und in die Lage versetzt, positive soziale Beziehungsnetze aufzubauen. Der ablaufende Problemlösungsprozeß ist Teil der Familientherapie. Diese Techniken sollten internalisiert werden, damit die Familie sie über ihr ganzes Leben hinweg beibehält. Familientherapie und die Veränderung von Familienstrukturen sind zwar kein gesellschaftliches Allheilmittel, aber sie können doch helfen, ein glücklicheres Familienleben zu führen und einen positiven Einfluß auf ihre Nachkommen und auch auf die Gemeinschaft, deren Teil sie sind, auszuüben. Der Therapeut muß die in einer Gemeinde

vorhandenen Strukturen in seiner Rolle als Helfer nutzen, um sicherzustellen, daß die Familie besser zurechtkommt. Gegebenenfalls muß er berufsberatende oder pädagogische Maßnahmen miteinbeziehen, direkt in der Schule oder bei einem Arbeitgeber intervenieren oder sich unmittelbar mit weiteren Mitgliedern des erweiterten Beziehungsnetzes eines Einzelnen befassen. In vielen Fällen ist Familientherapie allein keine ausreichende Maßnahme. Manchmal kann durch Mehrfamilientherapie ein neues soziales Netz geschaffen werden. Mit anderen Worten: wir glauben nicht, daß wir alle Probleme mit Familientherapie lösen können. In einigen Fällen ist sie durchaus eine wichtige Ergänzung anderer Behandlungsformen. Je weiter die Therapie adaptiv in das Beziehungsnetz des Individuums eingreift, desto wahrscheinlicher wird die Behandlung Erfolg haben.

Die in diesem Buch dargestellten Techniken sind sowohl bei Mißbrauch als auch bei Abhängigkeit von Suchtmitteln anwendbar. Es ist bemerkenswert, aber nicht weiter überraschend, daß die meisten Kapitel über Drogenabhängige sich mit Herkunftsfamilien und die Kapitel über Alkoholiker sich überwiegend mit Kernfamilien befassen. Der Hauptgrund ist darin zu sehen, daß Alkoholabhängige meist älter als Drogenabhängige sind. Wir haben bei unserer Arbeit mit den Familien von jüngeren Alkoholabhängigen (und viele von ihnen mißbrauchen auch Drogen) keine Unterschiede zwischen ihren Familien und den Familien von Drogensüchtigen bemerkt. Im letzten Kapitel werden allgemeine therapeutische Techniken dargestellt, die bei allen Formen von Rauschmittelmißbrauch anwendbar sind.

Der Beitrag von Minuchin ist der einzige in diesem Buch, der sich nicht speziell mit Rauschmittelabhängigen befaßt. Wir haben ihn mit aufgenommen, weil seine Betrachtung von Familien und seine therapeutischen Techniken von grundlegender Bedeutung für die Therapie von Drogenabhängigen sind. Wir möchten die Auswahl der anderen Kapitel nicht weiter erklären oder rechtfertigen. Sie sprechen für sich. Wir haben solche Therapeuten um Beiträge gebeten, die seit vielen Jahren als Familientherapeuten mit Rauschmittelabhängigen arbeiten und eine Vielzahl verschiedener therapeutischer Ansätze vertreten.

Ihre Berichte sollen erkennen lassen, wie bestimmte familiale Muster aussehen und was zu ihrer Änderung unternommen werden kann. Wir haben die Autoren darum gebeten, im einzelnen deutlich zu machen, wie sie ihre Behandlungsform anwenden, damit der Leser es nachvollziehen und diese Techniken gegebenenfalls testen und in sein eigenes Behandlungsrepertoire aufnehmen kann. Für gewöhnlich vermag man aus einem Buch nur sehr wenige therapeutische Techniken zu lernen. Nach unserer Meinung enthält dieses Buch aber eine ungewöhnlich große Zahl solch wertvoller Strategien. Wir hoffen, daß der Leser die Behandlungsmethoden beurteilen, Vorgehensweisen, die er für geeignet hält, ausprobieren und sich dann jene, die es wirklich sind, aneignen wird. In einigen Fällen wird Supervision vor einer erfolgreichen Arbeit mit diesen Techniken notwendig sein. Wir heißen Sie als Leser dieser Beiträge willkommen und hoffen, daß Sie davon genauso profitieren wie wir von der Niederschrift und von der Zusammenstellung dieser Artikel.

1 Der Aufbau einer therapeutischen Realität

Salvador Minuchin

Der Psychotherapie stand die im 19. Jahrhundert vorherrschende Vorstellung vom Menschen als einem Helden im Wege. In der Individualtherapie wird den psychologischen Konstrukten im Individuum besonderes Gewicht beigemessen, und die kontrapunktischen Beziehungen zwischen dem Individuum und seinem Umfeld werden sorgfältig herausgearbeitet. Diese Konzeption des Patienten als Träger seiner Psyche, umgeben von der Außengrenze seiner Haut, erfordert ergänzend einen Psychotherapeuten als objektiven Beobachter. Die Beziehungen zwischen dem Therapeuten und dem Patienten gestalten sich nach Regeln, die sowohl den Therapeuten als auch den Patienten auf parallelen Umlaufbahnen halten, wobei sich in der Phantasie eine Vertrautheit durch Übertragung entwickelt.
Pathologisches im Patienten wird auf Fixierungen oder früh im Leben erfolgte dysfunktionale Lernprozesse zurückgeführt. Alle therapeutischen Richtungen gehen davon aus, daß Wachstum und Veränderung nur durch eine Korrektur früher dysfunktionaler Lernmuster zu erreichen sind, was eine Auffassung von Psychotherapie entstehen ließ, die eine Suche nach psychopathologischer Dynamik zur Folge hatte. Wir haben eine Generation von Spürhunden herangezogen, die nach psychodynamischen Hinweisen für eine emotionale Schuld sucht. Eine ganze Generation von Psychotherapeuten wurde für die Suche nach dem Schwachpunkt in den Lebenserfahrungen von Menschen geschult. Diese Expertengruppe ist objektiv, wohlwollend und optimistisch. Sie geht davon aus, lediglich Erforscher von versteckten, aber existierenden Strömen zu sein; sie will dem Leben nichts hinzufügen und nichts wegnehmen. Deshalb sind Psychopathologen nur für die Offenlegung und nicht für die Veränderung verantwortlich.

Familientherapeuten gehen von der therapeutischen Annahme aus, daß der Mensch Teil seiner Umgebung ist und daß eine individuelle Veränderung eine Veränderung der Beziehungen des Menschen in seinem Kontext erfordert. Die Familientherapeuten suchen nach Störungen in den Beziehungen zwischen dem Individuum und seinem sozialen Netz. Der Therapeut schließt sich der Familie im therapeutischen System an und wird Teil der Lebensumstände der Familienmitglieder. Als solcher interveniert er, verändert die Erlebnisweise der Familienmitglieder und konstruiert und strukturiert ihre Realität. Dieses Konzept ist problematisch, weil es bedeutet, daß die Realität einer sich in Behandlung befindenden Familie ein therapeutisches Konstrukt ist. In unseren theoretischen Analysen haben wir diese Schwierigkeit einfach umgangen und uns an das Konzept der Einsicht gehalten, so daß die Aufgabe der Therapeuten als eine reine Suche nach der Wahrheit anzusehen ist. Das Konzept der therapeutischen Realität bürdet dem Therapeuten eine schwere Verantwortung auf. Er muß damit rechnen, daß sein Einfluß das Interventionsfeld gestaltet und seine und die Realität der Familie verändert. Die endliche Realität von Familienstrukturen und die charakteristische Art und Weise, in denen sie sich in der Familie des Patienten manifestieren, beschränken die Freiheit des Therapeuten als Gestalter der Realität. Bei dieser Auffassung von Therapie ist es wichtig, daß wir unsere Vorstellung vom normalen Funktionieren einer Familie und der therapeutischen Veränderung darlegen.

Ein Modell der Familie

Die Identitätsmatrix

Familientherapie ist das Ergebnis der philosophischen Richtungen des 20. Jahrhunderts, wonach die Menschen als Mitglieder sozialer Gruppen angesehen werden, die ihr Verhalten bestimmen. Das ist ein Abschied von einem Gedankengebäude, das durch die Hineinverlegung des gesamten Lebens in das Individuum eine psychodynamische Einzeltherapie verhinderte, als ob die Menschen – unabhängig von ihren Lebensumständen – unveränderlich wären. Im Grunde genommen hat sich die Familientherapie zu sehr der Gegenposition genähert, und die Menschen werden manchmal so betrachtet, als würden sie lediglich auf den Druck ihrer Umwelt reagieren.

Erfolgreiche therapeutische Techniken beruhen auf einer weiter gefaßten Betrachtungsweise menschlicher Erfahrung. Es mag sicherlich richtig sein, menschliches Verhalten im Feedback zu sozialen Gruppenprozessen zu sehen, aber es ist gewiß auch wichtig festzustellen, daß das Individuum eine Reihe von Reaktionsmöglichkeiten auf diese Prozesse hat. Innerhalb der Familieninteraktionen hat jedes Familienmitglied eine Anzahl von Wahlmöglichkeiten. Je größer die Freiheit der Wahl, desto größer ist sein oder ihr Gefühl von Freiheit innerhalb des Systems. Das Gefühl von Freiheit oder Autonomie ist für den einzelnen unerläßlich. Ebenso wichtig ist das Zugehörigkeitsgefühl zu einer bestimmten Bezugsgruppe. Das Wohlbefinden des einzelnen hängt sogar auch von dem Verhältnis dieser beiden Bestandteile zueinander ab. Abhängigkeit und Autonomie sind sich ergänzende und nicht etwa miteinander in Konflikt stehende Charakteristika menschlichen Seins. Ihr Verhältnis wird bei der Entwicklung des Systems ausgehandelt und festigt sich im sozialen Kontext.

Familien formen und programmieren das Identitätsgefühl des Kindes bereits zu Beginn des Sozialisationsprozesses. Das Zugehörigkeitsgefühl entsteht mit der Anpassung des Kindes an die Gruppen innerhalb der Familie und seiner Übernahme der transaktionalen Muster, die die Familienstruktur bilden. Das Autonomiegefühl entsteht durch Teilnahme an verschiedenen Familiensubsystemen in unterschiedlichen Zusammenhängen sowie durch Teilnahme an außerfamiliären Gruppen. Ein psychologisches und interaktionelles Territorium wird für jede Person entsprechend der kontrapunktischen Beziehung zwischen dem Individuum und dem System gestaltet.

Die Familie ist also die Matrix des Identitätsgefühls ihrer Mitglieder, des Zugehörigkeitsgefühls und des Gefühls, sich voneinander zu unterscheiden. Ihre Hauptaufgabe besteht darin, psychosoziales Wachs-

tum und Wohlbefinden während des gemeinsamen Lebens zu fördern. In dem Schema, das der Familientherapeut von der Familie aufstellt, ist das der erste wesentliche Punkt.
Die Familie stellt außerdem die kleinste soziale Einheit dar, die die Anforderungen der Gesellschaft tradiert und also erhält. Der Familientherapeut muß die Familie daher als Bindeglied zwischen dem Individuum und größeren sozialen Einheiten betrachten. Die Familie muß sich an die Erfordernisse der Gesellschaft anpassen, das Wachstum ihrer Mitglieder fördern und gleichzeitig genügend Kontinuität wahren, um ihre Funktion als Bezugsgruppe für den Einzelnen erfüllen zu können.

Die Familie als ein System

Der Familientherapeut muß auch erkennen, daß die menschliche Familie ein soziales System ist, das durch transaktionale Muster gesteuert wird. Das sind wiederholte Interaktionen, die Muster einschleifen – wie, wann und zu wem in Beziehung getreten wird. Wenn eine Mutter ihr Kind auffordert, seinen Saft zu trinken, und es gehorcht, dann definiert diese Interaktion, wer sie in Beziehung zueinander unter diesen Umständen und zu diesem Zeitpunkt sind. Wiederholte Interaktionen schaffen Muster, und diese Muster unterstützen das Familiensystem. Die sich bildenden Muster werden vertraut, und man gibt ihnen den Vorrang. Das System bleibt innerhalb eines bevorzugten Schwankungsbereichs, und Abweichungen, welche die Toleranzschwelle überschreiten, lösen für gewöhnlich solchen Abweichungen entgegenwirkende Mechanismen aus, die zum gewohnten Toleranzbereich zurückführen.

Das System entwickelt sich mit der Zeit

Im Rahmen der Familie entwickelt das Kind bestimmte Teile seines biopsychologischen Potentials, und diese werden ihm als sein Selbst vertraut. In dem Maße, wie das Kind andere soziale Gruppen kennenlernt und in einem anderen Umfeld neue Fähigkeitsbereiche und zwischenmenschliche Fertigkeiten entwickelt, werden bestimmte Bereiche seiner Persönlichkeit in den Beziehungen zu wichtigen Menschen aktiviert. Die Potentiale des Individuums werden entwickelt und gehemmt, indem bestimmte Transaktionstypen verfügbar und vertraut werden. Diese Reaktionen werden als das *Selbst* empfunden; andere Aspekte bleiben potentiell verfügbar und wieder andere sind durch mangelnden Gebrauch schließlich kaum noch verfügbar.

Mit der Zeit entwickelt sich ein wechselseitiges Zusammenspiel, in dem ein Individuum die Bandbreite seiner Reaktionen bestimmt. Gewisse Aspekte seiner Persönlichkeit werden häufiger durch wichtige Menschen seiner Umgebung als sein Selbst bestätigt, und das verstärkt diese alternativen Verhaltens- und Seinsweisen.

Menschen, die sich verheiraten, müssen gemeinsame transaktionale Muster entwickeln. Beide Ehepartner haben ihre eigenen Verhaltensweisen und Wertesysteme und auch Erwartungen, auf welche Weise Menschen im allgemeinen Beziehungen mit ihnen eingehen oder eingehen sollten. Diese Eigenheiten kollidieren und verschmelzen in den kleinen alltäglichen Begebenheiten. Beide Partner verändern sich durch die gegenseitige Anpassung.

Bereiche von Autonomie und Komplementarität werden ausgehandelt. Der Entscheidungsspielraum wird enger, und nach einer gewissen Zeit gemeinsamen Lebens beschränkt er sich auf einige bevorzugte Interaktionsmuster. Die Partner können gegenseitig ihr Verhalten vorhersagen. Wo die Erfahrungsmöglichkeiten eingeschränkt sind, entwickeln die Partner implizit oder explizit Vereinbarungen, die auch von Wertungen bestimmt werden. Selbst dysfunktionalen Mustern kann der Vorrang gegeben werden, und das Paar versucht unter Umständen, sie so lange wie nur möglich beizubehalten. Bei Regelverstößen mögen sich beide Partner betrogen fühlen, obwohl sich unter Umständen keiner von ihnen an das ursprüngliche Verhaltensmuster erinnert.

Aber die Lebensumstände einer Familie verändern sich mit der Zeit, und auch die Familie muß sich ändern können. Andere Interaktionsmuster werden aktiviert, und neue Strukturen entwickeln sich in einem ausgewogenen Verhältnis von Morphostase und Morphogenese. Im System existieren immer alternative transaktionale Muster, obwohl sie dem Beobachter durch vorherrschende, bevorzugte Muster verborgen bleiben. Die funktionstüchtige Familie aber aktiviert die alternativen Muster des Systems, wenn eine Veränderung erforderlich wird.

Die Differenzierung des Systems

Familiensysteme sind differenziert. Aufgaben werden von Subsystemen ausgeführt. Subsysteme in der Familie können einzelne oder auch Dyaden sein – wie etwa Ehemann und Ehefrau – und größere, durch Generation, Geschlecht oder Aufgaben gebildete Untergruppen. Menschen passen sich an verschiedene Systeme kaleidoskopartig an, um die im Verkehr zwischen Menschen erforderliche Gegenseitigkeit sicherzustellen. Ein Junge muß sich wie ein Sohn verhalten, damit sein Vater sich wie ein Vater benehmen kann, aber er kann selbst exekutive Funktionen übernehmen, wenn er mit seinem jüngeren Bruder zusammen ist.

Die Grenzen von Subsystemen werden durch Regeln definiert, die festlegen, wer auf welche Weise an ihnen teilnimmt. Das Funktionieren dieser Grenzen ist ein wichtiger Schlüsselfaktor für die Lebensfähigkeit des Systems. Sie müssen ausreichend definiert sein, um den Mitgliedern des Subsystems die Ausübung ihrer Aufgaben zu gestatten, aber sie dürfen das Subsystem nicht von der Familie isolieren. Die Kernfamilie hat mindestens drei Subsysteme: das eheliche Subsystem, das elterliche Subsystem und das Subsystem der Geschwister. Diese Subsysteme bilden Einheiten mit differenzierten Funktionen. Sie können und müssen in verschiedenen Umgebungen spezifische soziale Fertigkeiten einsetzen. Im elterlichen oder exekutiven Subsystem beispielsweise handeln Eltern und Kinder Entscheidungen von Positionen ungleicher Macht aus. Im Geschwister-Subsystem handeln Kinder eher aus gleichrangigen Positionen heraus, und es geht um Fragen wie Wettkampf, Niederlagen, Anpassung, Kooperation und Schutz. Das eheliche Subsystem ist ein Ort komplementärer Beziehungen, an dem die Partner lernen, zu geben, ohne das Gefühl zu haben, etwas aufzugeben.

Jedes Subsystem muß ständig Grenzen aushandeln, um sich gegen Störungen zu schützen, damit es seine Funktionen erfüllen und Probleme lösen kann. Aber die selektive Durchlässigkeit der Grenzen schließt nicht die Möglichkeit aus, andere Familienmitglieder für die Lösung spezieller Probleme des Subsystems hinzuzuziehen.

Die Familie ist eine differenzierte, durch transaktionale Muster strukturierte Einheit. In einigen Bereichen ist dieses System recht flexibel und hat einen breiten Entscheidungsspielraum. In anderen Bereichen hält es sich strikt an bevorzugte Muster. Alternative Muster existieren zwar, werden aber nicht verwendet. Die Familie ist ständig einem Druck in Richtung auf Veränderung ausgesetzt, der durch die entwicklungsbedingten Veränderungen der eigenen Mitglieder und durch außerfamiliären Druck hervorgerufen wird. Diese Anforderungen von außen und innen erfordern ständige Anpassung. Auch die Positionen der Familienmitglieder zueinander und zur Außenwelt verändern sich. Aber das System muß auch seine Kontinuität wahren, um das Zugehörigkeitsgefühl seiner Mitglieder zu schützen.

Belastungen sind unvermeidlich. Alle Familien machen Krisen durch, wenn ein Mitglied eine neue Entwicklungsstufe erreicht, ein neues Mitglied hinzukommt, ein altes sie verläßt, wenn sie Kontakt zu sozialen Einrichtungen aufnimmt usw. Für gewöhnlich reagieren Familien auf derartige existentielle Krisenzeiten mit dem Aufbieten ihrer Ressourcen. Nötigenfalls werden alternative transaktionale Muster aktiviert und neue Reaktionsweisen auf die veränderten Bedingungen entwickelt.

Familienpathologie

Manchmal reagieren Familien auf Veränderungen mit zunehmend rigidem Einhalten der bevorzugten transaktionalen Muster. Der Entscheidungsspielraum wird enger, und die Familienmitglieder entwikkeln stereotype Reaktionsweisen innerhalb der Familie und gegenüber der außerfamiliären Umwelt. Die Familie wird zu einem geschlossenen System, und die Familienmitglieder fühlen sich überwacht und hilflos. Zu diesem Zeitpunkt kommt die Familie zur Behandlung. Häufig wurde im Verlauf des stereotypisierenden Prozesses ein Familienmitglied als abweichend etikettiert. Oder die Familie kommt wegen „mangelnder Kommunikation" zur Behandlung oder weil sie „nicht zurechtkommt".
Schwierigkeiten in einer Familie sind noch keine Indikation für eine therapeutische Neustrukturierung. In der modernen Gesellschaft stellen sich Familien bei der Ausübung ihrer Aufgaben reale und intensive Schwierigkeiten entgegen, und Belastungen eines Familiensystems sind daher alles andere als anomal. Hier können Familientherapeuten helfen, zu Anpassungsprozessen gehörende Probleme zu verringern, indem sie eine Beständigkeit vermitteln, wie schon psychodynamisch orientierte Einzeltherapeuten Schwierigkeiten des einzelnen mit seiner sozialen Umgebung auf ein Minimum zu beschränken vermochten. Eine im Wandel begriffene Familie sollte nicht als pathologisch etikettiert werden. Diese Bezeichnung sollte Familien vorbehalten bleiben, deren transaktionale Muster in Streßsituationen rigider werden, die allen vorgeschlagenen Alternativen aus dem Wege gehen oder sich ihnen widersetzen.

Ein in Behandlung befindliches Paar zog eine Scheidung ernsthaft in Erwägung, als die Gewerkschaft des Ehemanns einen erbitterten Streik durchführte. Die Position des Mannes war: „Du lehnst es ab, meine Bedürfnisse zu berücksichtigen. Du hast mich immer mit meinem Pflichtgefühl und meinem Verantwortungsgefühl ausgenutzt. Ich werde Dir nicht mehr nachgeben, weil ich erkenne, daß mir

Rechte zustehen, und meine Würde als Mensch ist mir wichtig." Die Haltung der Frau war: „Du bist selbstsüchtig. Du berücksichtigst nicht mehr die Bedürfnisse der Familie und denkst nur an Dich. Du bist so sehr mit Dir selbst beschäftigt, daß Du mich gar nicht mehr wahrnimmst. Wenn Du mich verlassen willst, geh' lieber gleich, anstatt von mir noch etwas zu verlangen, Du bist ein typischer Chauvinist." Der Therapeut interpretierte den Entschluß, eine Scheidung in Erwägung zu ziehen, als die Auswirkung einer massiven und außerfamiliären Störung auf den Ehekonflikt, die zu verstärktem stereotypem Verhalten führte. Er empfahl den beiden nachdrücklich, keine Entscheidung zu fällen, bevor der Streik vorüber sei, und wies darauf hin, wie sehr die Haltung des Mannes der Haltung seiner Gewerkschaft in den Streikverhandlungen ähnelte und wie sehr sich die Argumente der Frau wie die der Arbeitgeberseite anhörten. Zwei Wochen nach Beilegung des Streiks wollte das Paar zusammenbleiben und an einer Lösung seiner Familienprobleme arbeiten.

Die Familie in Behandlung

Eine pathogene Familie ist also gemäß Definition des Familientherapeuten eine Familie, deren Anpassungs- und Bewältigungsmechanismen erschöpft sind. Die Familienmitglieder sind chronisch in stereotypen Interaktionsmustern gefangen, die ihren Entscheidungsspielraum erheblich beeinträchtigen, aber anscheinend bieten sie keine Alternativen. In dieser Phase einer rigideren Ausübung von transaktionalen Mustern werden auch weite Bereiche normalen Geschehens durch emotionale Konflikte beeinträchtigt. Häufig wird ein Familienmitglied als der identifizierte Patient hingestellt, und die anderen Familienmitglieder meinen, sich an seine Krankheit anzupassen. Die Familie hat einen Vergegenständlichungsprozeß durchlaufen, in dem sich dysfunktionale Bereiche besonders ausgeprägt haben.

Das Zustandekommen dieser dysfunktionalen Interaktionsmuster muß nicht unbedingt erforscht werden. Die Geschichte der Familie manifestiert sich in der Gegenwart, und nur in der Gegenwart lassen sich Veränderungen erreichen. Man kann natürlich die Vergangenheit eines jeden einzelnen Familienmitgliedes ergründen oder alternative Formen des Zusammenlebens mit der Herkunftsfamilie ermöglichen, aber dies ist nicht unbedingt notwendig. Wie es zu unseren früheren Beziehungen kam, mag wichtig sein, um zu verstehen, wie wir wurden oder wie wir sind. Aber zur Veränderung der gegenwärtigen Familienzusammenhänge ist dies nicht erforderlich. Der therapeutische Prozeß wird darin bestehen, die psychosozialen Positionen der Familienmitglieder zueinander zu verändern. Der Therapeut kann versuchen, den Patienten zu einem Verständnis ihrer eingeschränkten Realität zu verhelfen oder auch nicht – immer wird er aber versuchen, mögliche Veränderungen in die Tat umzusetzen. Er kann einem Familienmitglied erklären, daß es abhängig, ärgerlich oder depressiv ist. Aber er wird wissen, daß dieses Vorgehen bereits verfestigte Interaktionsmuster noch verstärken kann. Er kann oder er kann nicht die Gefühle eines Familienmitgliedes ergründen, immer wird er aber das System der Beziehungen untersuchen, das diese Gefühle auslöst. Bei diesem Ansatz wird die transaktionale Eigenschaft des Erlebens hervorgehoben und gleichzeitig auf die Möglichkeit von Veränderungen hingewiesen.

Natürlich setzt jede Beschreibung therapeutischer Techniken voraus, daß der Therapeut sich bereits so auf die Familie eingestellt hat, daß ihm die Familienmitglieder vertrauen, auch wenn sie mit ihm einmal nicht einer Meinung sind. Der Therapeut muß wissen, wie er sich in die Familie aufnehmen lassen kann und wie er seine Position bei zunehmender Veränderung der Mitglieder halten kann.

Die Herausforderung des Realitätserlebens des Patienten

Der erste Schritt im Veränderungsprozeß ist eine Herausforderung der Selbstwahrnehmung und des Realitätserlebens der Familienmitglieder. Die Wirklichkeit in Frage zu stellen, ist eine Vorbedingung für Veränderungen, die allen therapeutischen Prozessen gemein ist. In der Psychoanalyse hinterfragt der Analytiker das Realitätserleben des Patienten vor dem Hintergrund eines erweiterten Selbst. Dem Patienten wird vermittelt, daß psychisches Leben aus mehr als aus dem bewußten Erleben besteht. Und er lernt die Technik der freien Assoziation, um die normalen Prüfvorgänge, mit deren Hilfe er seine Realität konstruiert, abzublocken. Der Analytiker ordnet dann die vom Patienten gelieferten Daten mit Hilfe von analytischen Konstrukten ein.

In der Familientherapie basiert die Herausforderung auf dem Axiom, daß den Familienmitgliedern alternative transaktionale Verhaltensmuster zur Verfügung stehen. Der Familientherapeut hinterfragt nicht seine Patienten, sondern lediglich ihre Interaktionsmuster. Was wir als die Wirklichkeit bezeichnen, ist die Wirklichkeit der am stärksten bevorzugten oder am ehesten zugänglichen Erlebensweisen. Die Therapie hat zum Ziel, bestimmte Bereiche im Individuum zu aktivieren, die neue Transaktionsweisen ermöglichen. Bei einer Familie beispielsweise, in welcher der Ehemann eine zu zentrale Position einnahm, schenkte der Therapeut den schüchternen Kommunikationsversuchen der Frau besondere Aufmerksamkeit und vermittelte den Eindruck, daß ihre Beiträge bedeutungsvoller als die ihres Ehemannes seien. Bei einer Familie, in welcher der identifizierte Patient ein als schizophren diagnostizierter Studienabbrecher war, unterstützte der Therapeut die Mutter, die bereit war, ihren Sohn als faul anzusehen, und wies den Vater, einen sehr fähigen Arzt, zurecht, der einen verrückten Sohn einem Versager bevorzugte. Der Therapeut begibt sich mit anderen Worte auf eine Weise in die Familie, die es ihm ermöglicht, von ihm vermutete alternative Interaktionsmuster zu aktivieren.

Eine Familie, in der es einen identifizierten Patienten gibt, hat einen Verdinglichungsprozeß durchlaufen, durch den ein Mitglied übertrieben stark in den Mittelpunkt gerückt wurde. Der Therapeut macht diesen Prozeß rückgängig. Er begibt sich in die Familie hinein und schließt sich ihr an, indem er die in der Familie gewachsene Wirklichkeit beachtet: die Symptome des identifizierten Patienten. Er richtet dann seinen Blick auf den Träger dieser Symptome und geht schließlich von ihm zur Familieninteraktion über. Diese Sequenz kann bereits in der ersten Sitzung oder erst nach einer Reihe von Sitzungen erfolgen.

Die Eltern und die jüngeren Geschwister einer Familie mit einem aufgeweckten siebzehnjährigen Jungen, der in der Schule Schwierigkeiten hatte, diskutierten während eines großen Teils der ersten Sitzung die schulischen Leistungen des identifizierten Patienten. Er selbst blieb still, war verlegen, wenn er angegriffen wurde, und hing die meiste Zeit seinen eigenen Gedanken nach. Die Mutter sagte zum Vater, daß sich die Leistungen des Jungen bessern könnten, wenn er eine Privatschule besuchen würde, die seine Fähigkeiten förderte. Der Vater erklärte, dies sei unrealistisch, denn es würde für die ganze Familie ein großes finanzielles Opfer bedeuten. Er fügte hinzu, die Mutter sei blind für die Faulheit des Jungen. Schließlich erklärte er, daß sie die Verantwortung übernehmen müßte, wenn der Junge auf die Privatschule gehen sollte. Aber wenn sie die ganze Familie benachteiligen wolle, würde er eben zustimmen.
Der Therapeut unterhielt sich mit dem identifizierten Patienten über die Schule, seine Freunde, die Fächer, in denen er schlecht stand, und jene, die ihn interessierten, seine Lehrer und seine Pläne für das kommende Jahr. Er kritisierte ihn, seine Eltern eine so wichtige Entscheidung für sich treffen zu lassen. Er gab dem Jungen zu verstehen, daß er sich wie ein Elfjähriger verhielte. Nur weil er selbst schwieg, sei es seinem jüngeren Bruder möglich, über ihn zu diskutieren. Er wies auch darauf hin, daß der Junge seine Eltern dazu brachte, ihn zu manipulieren, indem er sich kindischer benahm, als er eigentlich war. Dann kritisierte der Therapeut die Eltern, weil sie dem Jungen die Entscheidungsfreiheit nahmen. Danach ging er vom identifizierten Patienten zu den Eltern über und untersuchte die Koalition zwischen Mutter und Sohn, die dem Vater das Gefühl gab, ausgeschlossen zu sein. Die Not der Mutter rückte ins Blickfeld. Es wurde erörtert, wie die Familie ihr alle Entscheidungen aufbürdete und sie dadurch über-

forderte und wie ihre eigene Haltung, der Familie dienen zu wollen, diese Situation begünstigte.
Die dritte Sitzung wurde allein mit dem Ehemann und der Ehefrau durchgeführt. Im Blickpunkt standen nun wieder die schulischen Probleme des älteren Jungen, aber die Funktion dieser Probleme war jetzt ein wichtiger Bestandteil des Bildes von der Familie.

Wie rasch man vom Symptom über den identifizierten Patienten zur Familie voranschreitet, hängt von der Eigenart und der Intensität der Symptome, der Flexibilität der familialen Interaktionen und dem persönlichen Stil des Therapeuten ab. Wenn das Symptom schwerwiegend ist, wird das Familiensystem äußerst rigide sein. Unter solchen Umständen muß sich der Therapeut eine gewisse Zeit mit dem Symptom des identifizierten Patienten beschäftigen. Eine Abkehr von ihm wird den Druck innerhalb des Systems erhöhen und damit die Intensität des Symptoms so lange verstärken, bis der Therapeut doch auf die Wirklichkeit der Familie eingeht. Wenn die Symptome des identifizierten Patienten nachgelassen haben, kann der Therapeut schneller vorgehen.

Psychotherapie als Versuchsfeld

Was kann der Therapeut tun, um sich mit der Bandbreite der Interaktionsmöglichkeiten einer Familie vertraut zu machen, ihre gegenwärtige eingeschränkte Realität in Frage zu stellen, neue Möglichkeiten für alternative Interaktionen zu schaffen und dabei noch Familienmitglieder zu unterstützen, während er sich gleichzeitig die Führungsposition des Experten sichert? Zweifellos besteht hierin die Kunst der Therapie, aber die Zielvorstellungen des Therapeuten und die planvolle Wendigkeit eines Versuchsleiters sind immerhin hilfreiche Techniken.
Der Therapeut findet ein Feld stabilisierter familialer Interaktionen vor. Während er die Interaktionen der Familie beobachtet, geht er

zur Familie eine Beziehung ein. Er geht dem Inhalt ihrer Kommunikation nach und der Art und Weise, wie sie miteinander kommunizieren. Er prüft die Grenzen der Flexibilität der Familie durch seine Bitten, anders zu interagieren.
Der Therapeut läßt sich von den Reaktionen der Familie auf seine Einflußnahme leiten. Auf diese Weise kann er mit seinen Interventionen Familienmitglieder hinterfragen, ohne dabei die Schwelle zu überschreiten, die das System noch tolerieren kann. Seine Empfehlung an Familienmitglieder, ihre Interaktionsweisen zu ändern, kann als Sondierungsversuch verstanden werden. Die Reaktion darauf gibt ihm Information über nicht näher abgesteckte Bereiche und Richtlinien für seine nächste Intervention. Manche Diskussionen über therapeutische Techniken erwecken den Eindruck, daß man die therapeutische Strategie unabhängig vom Feedback der Familie gestaltet. In Wirklichkeit jedoch beeinflußt die Reaktion der Familie das Verhalten des Therapeuten. Der Therapeut muß auf diese Reaktion achten, um seine Wahrnehmungen zu bestätigen oder seine Strategien zu ändern.

Ein gerade verheiratetes Paar mit einem zwölfjährigen Sohn aus der ersten Ehe der Frau kam wegen des quälenden Asthmas des Jungen zur Behandlung. Er litt seit seinem zweiten Lebensjahr darunter und hatte deshalb immer bei seiner Mutter geschlafen. Seine Asthmaanfälle hatten seit der zweiten Ehe der Mutter zugenommen, insbesondere nachts. Er hatte nun sein eigenes Zimmer, aber für gewöhnlich schliefen Mutter und Stiefvater in seinem Raum, um ihm seine Furcht zu nehmen und sein Keuchen überwachen zu können. Der Therapeut wies die Eltern an, die Tür des Schlafzimmers zu schließen, nicht in das Zimmer des Jungen zu gehen, wenn es nicht unbedingt notwendig wäre, und keinesfalls bei ihm zu schlafen. Er erklärte, die Familie befände sich in einer Übergangsphase und sie alle müßten sich an die veränderten Umstände anpassen. Dieser Auftrag war wirkungslos. Die Mutter war zwar von der Notwendigkeit einer Veränderung überzeugt, aber aus Furcht vor einem ernsten Anfall konnte sie das

Rufen ihres Sohnes nicht ignorieren. Der Therapeut mußte erfahren, daß auf diesem Weg keine Veränderung erreicht werden konnte.
In der nächsten Sitzung bat er den Jungen um die Namen von zwei guten Schulfreunden. Der Junge, ein Einzelgänger, brauchte fast drei Minuten, um zwei Namen zu nennen. Die Mutter bemühte sich sehr, seine Aufmerksamkeit auf sich zu lenken und ihm vorzusagen. Aber der Junge hielt sich an die Empfehlung, die ihm der Therapeut zuvor gegeben hatte, und schaute sie nicht an. Der Therapeut erhob sich von seinem Stuhl und schüttelte dem Jungen die Hand. Er bezeichnete das dreiminütige Nachdenken als Bestätigung seiner Selbständigkeit und redete darüber, wie schwer diese Aufgabe der Mutter gefallen sei. Weiterhin besprach er mit dem Jungen und seinem Stiefvater, was die beiden unternehmen könnten, um unnötige Einmischungen der Mutter auf respektvolle Weise zu verhindern. Ein Sondierungsversuch hatte einen verschlossenen Weg aufgewiesen. Eine weitere Aufgabe wies in eine neue und vielversprechende Richtung.

Der Aufbau der therapeutischen Realität

Der Therapeut erfaßt nie die gesamte Realität einer Familie. Er kennt niemals die volle Dynamik der Situation, und die Therapie hat bereits begonnen, bevor er viel über die Familie erfahren hat. Die ersten Interventionen haben nur das Ziel, die Rigidität des Feldes zu erschüttern. Der Veränderungsprozeß hat begonnen, wenn die Familie die alternativen Interaktionsmöglichkeiten, auf die der Therapeut hinweist, als richtig empfindet. Aber selbst mitten im therapeutischen Prozeß geht der Therapeut noch nach „partiellen Konstrukten“ vor. Seine Position im therapeutischen System gestattet es ihm, seine eigene Realität selbst zu gestalten und sein Erleben der Wirklichkeit des Patienten zu bestimmen. Der Therapeut wird über viele Elemente des Familienlebens hinweggehen, weil sie „nicht Teil der therapeutischen Wirklichkeit“ sind. Er wählt abhängig von seinen Zielen unvollständige Konstrukte aus, die die Realität der Therapie ausmachen.

Wir müssen, um die Realität des Patienten zu verändern, die Realität der Beziehung zwischen dem Patienten und seiner Umgebung ändern. Der Therapeut befindet sich in der Position eines „Veränderers mit gebundenen Händen". Die Familie kann ihn durch Bestimmung seiner Gegenreaktionen beeinflussen. Sie kann außerdem seine Retterphantasie aktivieren und ihn dazu bewegen, die Bedürfnisse des Systems zu ergänzen. Der Therapeut ist also gleichzeitig im System und außerhalb des Systems, das er verändern soll. Er kann als aktiver Teilnehmer vorgehen, der mit den Familienmitgliedern als Teil einer Dyade oder Triade interagiert, oder als Urheber und Regisseur des Familienszenarios. In beiden Fällen wird er es ermöglichen, eine andere Wirklichkeit zu erleben. In allen Situationen ist er den Beschränkungen seiner eigenen Lebenserfahrung, seiner Wertesysteme und seines ästhetischen Empfindens unterworfen. Nichtsdestoweniger und paradoxerweise wird er um so objektiver und experimenteller, je echter seine Teilnahme am Familiensystem ist.

Manchmal greift der Therapeut willkürlich einen Punkt aus einem Kreisprozeß heraus und bezeichnet ihn als den Beginn einer Interaktionsfolge. Beispielsweise reden ein Mann und eine Frau, die seit zwanzig Jahren verheiratet sind, über ihr Sexualleben. Seit sie sich erinnern können, sind sie sich einig, daß die Frau die Zimmertür schließen soll, wenn sie sexuellen Verkehr wünscht. Der Ehemann ist darüber unglücklich, denn er ist der Meinung, daß er die Initiative ergreifen sollte. Die Frau behauptet, dies sei durchaus der Fall: sie schließt die Tür, wenn sie sieht, daß er sexuellen Verkehr wünscht. Der Ehemann sagt, daß sie es ist, die die Initiative ergreift: immer, wenn ihn seine Frau auf eine bestimmte Weise anschaut, die ihm zu erkennen gibt, daß sie sich überlegt, ob er wohl Sex möchte, gibt er zu erkennen, daß er tatsächlich will. Dieser Feedback-Prozeß könnte weiter und weiter zurückverfolgt werden. Der Therapeut greift einfach einen vielversprechenden Ansatzpunkt heraus.

Das folgende Beispiel zeigt, wie ein therapeutisches Konstrukt für die Familie auch eine neue Kausalverbindung geben kann, die es gestattet, ihre Positionen zueinander neu zu gestalten. In einer Therapiestunde kritisierte ein jüngeres Mädchen ihre dreizehnjährige Schwester – die identifizierte Patientin – und verspottete sie, weil sie sich von ihrem Stiefvater baden ließ. Der Therapeut forderte die Mutter heraus, weil sie „Ihre Tochter Familiengeschichten ausplaudern lassen“. Als eigentliches Ereignis ist die Tatsache zu bewerten, daß die jüngere Tochter gesprochen hatte, während die Mutter schwieg. Die Konstruktion des Therapeuten, „Sie ließen sie reden“, verband zwei Ereignisse in einer Kausalitätsaussage, durch die der Ärger der Mutter verschoben wurde. Zum ersten Mal richtete sich der Ärger der Mutter gegen die jüngere Tochter, statt gegen das ältere Mädchen.

Ein junger Ehemann schilderte eine Situation, in der er sich sehr depressiv gefühlt hatte. Er berichtete, daß seine Frau daraufhin vorgeschlagen hatte, zu seinem Wohle zu ihren Eltern zurückzukehren. Damit machte die Frau aus einem Ereignis im Leben des Ehemannes ein Eheproblem. Der Therapeut ging noch einen Schritt weiter und zweifelte an, daß der Frau der Übergang von der Rolle einer Tochter zur Rolle einer Ehefrau leichtgefallen sei – und bezog so den erweiterten Familienkreis mit ein.

Der Vater eines vierzehnjährigen, lernfähigen behinderten Kindes hob einen Ball auf, den der Junge fallen gelassen hatte, und legte ihn in dessen Schoß. Später in der Therapiesitzung ließ der Junge den Ball wieder fallen, und diesmal legte der Therapeut ihn in seinen Schoß. Dieses Verhalten war eindeutig durch die Gruppierung der Familie um diesen Jungen herum bewirkt worden, die das Kind fast völlig hilflos gemacht hatte. Dieses geringfügige Ereignis hätte ein ausreichend intensives Gefühl erzeugen können, um eine therapeutische Veränderung in die Wege zu leiten, wenn der Therapeut statt dessen die Familie herausgefordert hätte, weil sie den Jungen so handlungsunfähig machte.

Nach der ersten Sitzung mit der Familie mit einer anorektischen Tochter hatte die ganze Familie den Eindruck, das Kind beschütze die Mutter in ihrer Beziehung zu einem vielbeschäftigten, distanzierten Vater. Die Anorexie rückte in den Hintergrund, und an ihre Stelle trat die Distanz zwischen den Eltern.

Prinzipien der Familientherapie

Mit dieser Auffassung von Familientherapie als Aufbau einer anderen Wirklichkeit ist es sinnvoll, bestimmte Ad-hoc-Regeln aufzustellen, die Zwischenstufen zwischen den therapeutischen Grundschritten und der therapeutischen Wirklichkeit bilden. Regeln können unerfahrenen Therapeuten helfen, mit einer gewissen Sicherheit zu arbeiten, solange sie sich nicht kompetent fühlen. Außerdem können sie erfahrenen Therapeuten in der Anfangsphase einer Behandlung mit einer ihnen nicht bekannten Familie helfen.
Die weiter unten besprochenen Regeln sind Anweisungen, die der Autor erfahrungsgemäß verschiedenen, mit Familien arbeitenden Therapeuten gibt. Sie haben in einer gewissen Weise universellen Charakter, weil sie aus allgemeingültigen Vorstellungen von Familien und dem therapeutischen Prozeß hervorgegangen sind. Sie sind aber nur Regeln im Sinne von etwas, das sich wiederholt. Wahrscheinlich stimmen sie in sechzig Prozent aller Fälle und sind damit besser als der Zufall. Ihre Nützlichkeit jedoch nimmt in dem Maße ab, wie sich die Eigentümlichkeiten eines therapeutischen Systems zeigen.

Die Gestaltung des therapeutischen Systems

Der Therapeut muß im therapeutischen System die Führungsrolle übernehmen. Dies ist eine unerläßliche Voraussetzung der Therapie. Um die Führung zu übernehmen, muß er sich in die Familie hineinbegeben und sich ihren transaktionalen Mustern anpassen. Vor und während seiner Maßnahmen zur Neustrukturierung ist diese Teilnahme unerläßlich.
Seine Interventionen zur Neustrukturierung der Familie zielen unmittelbar darauf ab, alternative Interaktionen zu ermöglichen. Er geht Allianzen und Koalitionen mit verschiedenen Familienmitgliedern ein und bringt dadurch die Familie dazu, diese Alternativen zu erkunden. Bei diesem Prozeß bewegt sich der Therapeut von einer Position der

Nähe, in der er mit anderen Mitgliedern des therapeutischen Systems interagiert, zu einer freieren Position, aus der heraus er Familienmitglieder Anweisungen erteilt, bestimmte Transaktionen auszuführen. Auf diese Weise schafft er zwischenmenschliche Szenarien, die für die Familienmitglieder zu einem neuen Erlebnisfeld werden.
Einige Therapeuten geben die Empfehlung, therapeutische Ziele indirekt anzustreben, weil Familien direkter Führung Widerstand entgegenbringen. Diese Auffassung trifft zwar manchmal zu, aber sie ist häufig unnötig. Die Familienmitglieder kooperieren mit dem Therapeuten im therapeutischen Prozeß, wenn er sich ihnen richtig anschließt. Seine Interventionen treffen nicht auf Widerstand, wenn er den Familienangehörigen neue Handlungsmöglichkeiten eröffnet.
Der Therapeut gestaltet den Behandlungsprozeß im Rahmen des Möglichen. Wenn eine Diagnose zu einem Lösungsversuch führt, der nicht weiterhilft, kann der Prozeß an einer anderen Stelle begonnen werden. Der Therapeut konstruiert die Wahrheiten der Therapie danach, was am ehesten möglich und für die Familienmitglieder am wenigsten schmerzlich ist. Jede Technik oder Strategie wird danach bemessen, wie sehr sie zielbezogen ist. Diese therapeutischen Strategien sind gut oder schlecht, je nachdem, ob sie funktionieren oder nicht. Recht haben ist nicht gleichbedeutend mit pragmatischer Relevanz. Der Therapeut muß lernen, sich auf Relevantes zu konzentrieren. Die „Wahrheit" muß relevant sein.

Die Unterstützung der Funktionen des Familiensystems

Weitere untergeordnete Richtlinien für die Therapie lassen sich aus Konzepten der normalen Familiendynamik ableiten. Der Familienverband fördert Individuation und Differenzierung und außerdem ein Zugehörigkeitsgefühl. Beide Funktionen unterstützt der Therapeut.

Regeln zur Förderung der Individuation. Einzelne Familienmitglieder sollten für sich sprechen. Sie sollten ihre eigene Geschichte erzählen. Familienmitglieder sollten nicht mitteilen, was andere Familienmitglieder denken oder fühlen, sie sollten aber ermutigt werden, Fragen an denjenigen zu stellen, der gerade redet. Man sollte die Familienmitglieder davon abhalten, nach Fakten zu fragen, die sie bereits kennen, oder sich beständig verbal oder nichtverbal Anerkennung für Äußerungen oder Handlungen holen zu wollen. Man sollte kompetente Handlungen ansprechen, wann immer sie geschehen. Die Familienmitglieder sollten ermutigt werden, auf kompetente Weise zu interagieren.

Beim Umgang mit dem identifizierten Patienten sollte es der Therapeut vermeiden, die Symptome durch Diskussion anderer positiver oder negativer Eigenheiten des Symptomträgers oder anderer Familienmitglieder weiter zu verfestigen. Es ist nützlich, das Blickfeld auf die wechselseitige Unterstützung des Symptoms – wer es auslöst, welche Funktion es hat – auszuweiten. Wenn zwei Mitglieder einer Familie ein drittes als abweichend etikettieren, sollte sich der Therapeut nicht direkt an den identifizierten Patienten wenden. Er sollte vielmehr zu einem anderen Familienmitglied übergehen, um von ihm andere Aussagen zu erhalten, damit der identifizierte Patient nicht das Gefühl bekommt, der Therapeut beteilige sich an der Etikettierung. Für gewöhnlich wird es der Therapeut jedoch vermeiden, sich mit dem Sündenbock gegen den Rest der Familie zu verbünden, weil die Gefahr besteht, daß mächtigere Mitglieder ihn über diesen verletzlichen Verbündeten angreifen und diesen noch stärker zum Sündenbock machen. Der Therapeut bestimmt den Erfolg von Aufgaben, weil Erfolg durch die Interpunktion des Therapeuten definiert wird. Transaktionen können abhängig vom therapeutischen Ziel kürzer oder länger sein.

Regeln zur Stützung der Funktionen des Systems. Der Therapeut wird häufig daran arbeiten, Grenzen von Subsystemen deutlich zu machen oder zu verstärken. Beispielsweise wird er fast automatisch die Grenze stützen, die das exekutive Subsystem definiert. Wenn bei einem Gespräch über ein Thema, das nur Ehemann und Ehefrau etwas angeht, die Partner versuchen, von einem Kind Unterstützung zu erhalten, wird er dies verhindern. Wenn Ehepartner mit dem Therapeuten über ihr Sexualleben sprechen, sollten andere Familienmitglieder gebeten werden, den Raum zu verlassen. Wenn der identifizierte Patient ein Kind ist, sollten die Konflikte zwischen den Ehepartnern möglichst erst dann angesprochen werden, wenn sich das therapeutische System so weit konsolidiert hat, daß die Familienmitglieder sich auf den Therapeuten verlassen. In derartigen Fällen können Ehekonflikte bereits an einem frühen Zeitpunkt in der Therapie deutlich werden. Aber der Therapeut geht nicht auf diesen Bereich ein, bevor er weiß, daß die Familie auf seinen Schutz vertraut.

Die Funktionen eines jeden Subsystems werden belohnt. Wenn ein Familienmitglied etwas gut macht, kann der Therapeut beispielsweise die unterstützende Rolle einer anderen Person loben. Zum Beispiel können Eltern gelobt werden, wenn sich ein Kind bessert.

Wenn die Mitglieder eines Subsystems ungleiche Positionen innehaben, kann der Therapeut die Definition der Machtverteilung umdeuten (indem er zum Beispiel einem vermeintlich schwachen Ehepartner sagt: „Wie gelingt es Ihnen nur, Ihre Frau dazu zu bringen, Ihre Handlungen für Sie zu planen?“). Die Untersuchung derartiger wechselseitiger Abhängigkeiten bringt Familienmitglieder von Anschuldigungen und Stereotypien ab.

Bei der Arbeit mit einem Subsystem kann der Therapeut die nicht zu dem Subsystem gehörenden Mitglieder bitten, den Raum zu verlassen oder ihre Stühle abzurücken, um ihre Nicht-Beteiligung deutlich zu machen.

Der Therapeut kann Subsysteme verwenden, um die Stimmungslage zu verändern. Wenn Jugendliche einer großen Familie Schwierigkeiten beim Aushandeln von Fragen der Unabhängigkeit erleben, können getrennte Sitzungen mit den Jugendlichen und den Eltern unter Ausschluß der jüngeren Kinder abgehalten werden. Bei der Arbeit mit einander feindselig gegenüberstehenden Ehepartnern kann der Therapeut Stimmungen ändern, indem er die Kinder ins Spiel bringt und damit aus dem ehelichen das elterliche Subsystem macht.

Diese Regeln haben Ad-hoc-Charakter und sollten aufgegeben wer-

den, sobald sich das therapeutische System entwickelt und seine Eigenheiten sichtbar werden.
Die Familientherapie hat einen Entwicklungsstand erreicht, der nahelegt, daß die praktizierenden Therapeuten ihre Ansichten und Meinungen offenlegen. Dieses Kapitel wurde in dieser Absicht geschrieben. Abschließend sollte darauf hingewiesen werden, daß Familientherapie kein Werkzeug für eine humanistische Revolution ist. In vielen Fällen trifft sogar das Gegenteil zu. Eine der Aufgaben von Familien besteht darin, in einer Gesellschaft Kontinuität zu gewährleisten, die der Therapeut von seinem eigenen Wertesystem aus als restriktiv betrachten mag. Familientherapie ist ein aktiver Prozeß der Veränderung dysfunktionaler interaktionaler Muster und dient zur Anregung vorhandener alternativer Muster. Sie ist ein Prozeß, in dem Therapeut und Familienmitglieder zusammen eine alternative Wirklichkeit suchen und inszenieren, die die Möglichkeiten der Familie und ihrer Mitglieder erweitert.

Teil I
Drogenabhängige

2 Vom psychodynamischen zum strukturellen familientherapeutischen Ansatz bei der Behandlung von Drogenabhängigkeit

Edward Kaufman, Pauline Kaufmann

Edward Kaufman hat Familientherapie mit Heroinabhängigen in zwei Projekten durchgeführt: „Su Casa“ – ein stationäres Behandlungszentrum für ethnisch gemischte Familien in Manhattan, Lower East Side, und „The Awakening Family“ – eine auf Synanon zurückgehende Einrichtung in Los Angeles.

Drogenmißbrauch und Drogenabhängigkeit sind keine isolierten Phänomene, sie treten bei einem bestimmten Mitglied einer spezifischen Familie auf, die in einer Gemeinschaft lebt, die ihrerseits Teil eines größeren Gesellschaftssystems ist. Unter Berücksichtigung dieser vier konzentrisch angeordneten Lebensbereiche sollten die therapeutischen Interventionen ökologisch, soziologisch, familientherapeutisch und auch psychotherapeutisch sein. Ein individualtherapeutischer psychodynamischer Ansatz kann nicht für sich allein stehen. Das vermag auch kein anderer Ansatz, der einen oder mehrere dieser Bereiche außer acht läßt.

Die in den letzten Jahren stark angestiegene Zahl von Drogensüchtigen[1] ist das Ergebnis vieler miteinander verknüpfter Faktoren. Häufig

[1] Nachdem die Autoren eine kurze Zeit lang anstelle des Begriffs „Süchtiger“ den Begriff „Drogenabhängiger“ benutzt hatten, greifen sie inzwischen wieder auf den erstgenannten Begriff zurück, weil er eindeutiger ist. Wir bezeichnen eine Person als „süchtig“, wenn sie über einen erheblichen Zeitraum – in dieser Studie im allgemeinen mehr als sechs Jahre – von Drogen abhängig war.

ist es schwer zu bestimmen, welcher Faktor primär verantwortlich ist. Im letzten Jahrzehnt waren die wichtigsten Ursachen jedenfalls gesellschaftlicher Natur, darunter auch die Dysfunktion von Familie und Gemeinwesen.

Über zwanzig junge Frauen, die in einer therapeutischen Gemeinschaft ohne Substitutionsdrogen lebten, wurde eine Studie erstellt. In gründlichen Tiefeninterviews stellte sich heraus, daß 18 von ihnen von ihrem Vater, einem Vaterersatz oder einem älteren Bruder sexuell mißbraucht worden waren, bevor sie elf Jahre alt waren. Es war zunächst naheliegend, aus diesen Informationen bestimmte Schlußfolgerungen zu ziehen. Weitere Fragen ergaben jedoch, daß alle diese jungen Frauen aus Familien der innerstädtischen Ghettos stammten, wo sie Betten mit zwei oder drei weiteren Familienmitgliedern geteilt hatten und Schlafraum nach dem Prinzip „wer zuerst kommt, mahlt zuerst" vergeben wurde. Es war für Brüder und Schwestern nicht ungewöhnlich, sich ein Bett teilen zu müssen, und manchmal taten dies auch Kinder mit dem einen oder anderen Elternteil.

Wir haben hier das gleiche Dilemma vor uns wie mit dem Huhn und dem Ei. Was kam zuerst, sozioökonomische oder psychodynamische Faktoren? Die folgenden beiden Reihen von Beobachtungsdaten befassen sich mit dem Süchtigen und seiner Familie. Sie sind das Ergebnis zwanzigjähriger Arbeit mit Süchtigen unterschiedlicher ethnischer und sozioökonomischer Herkunft, die sich als gültig erwiesen haben, unabhängig von sozialer Klasse, Rasse, Geschlecht oder der Droge der Wahl. Andere Beobachtungen, die sich in bezug auf diese Variablen unterscheiden, werden später in diesem Kapitel beschrieben.

Gemeinsame Merkmale von Süchtigen

1. Drogen werden eingenommen, um Angst vor sexuellem Versagen, Kommunikationsschwierigkeiten und Selbstunsicherheit zu mindern oder zu verdecken. Sie verhelfen Neurotikern zu einer Linderung ihrer Symptome und Psychotikern zu einer inneren Homöostase (4, 5).

2. Soziale Faktoren sind in allen Schichten und ethnischen Gruppen von Bedeutung. In Ghettos und anderen Verhältnissen konzentrierter Armut sind Drogen u. U. das einzige verfügbare Mittel zu einem aufregenden und scheinbar erfüllten Leben. In der Mittel- und Oberschicht stehen sie mehr für einen Versuch, mit der Sinnlosigkeit des Lebens, mit emotionaler Sterilität und dem Fehlen inniger Beziehungen fertigzuwerden (4, 5).
3. Je mehr ein bestimmtes Muster von Drogenmißbrauch der sozialen Herkunft eines Individuums und seinen kulturellen Normen zuwiderläuft, desto wahrscheinlicher leidet der Konsument an einer schweren psychischen Störung.
4. Eine normale Entwicklung von Abhängigkeit zu Unabhängigkeit hat nicht stattgefunden, ein pseudo-erwachsenes Gehabe ist verbreitet.
5. Die Identifikation mit quasi-elterlichen Delinquenten, Gleichaltrigen und Geschwistern ist häufig anzutreffen.

Gemeinsame Merkmale von Familien mit einem süchtigen Mitglied

1. Der Drogensüchtige ist Symptomträger einer familialen Dysfunktion.
2. Der Süchtige trägt dazu bei, die Familienhomöostase aufrechtzuerhalten.
3. Das süchtige Familienmitglied verstärkt das Bedürfnis der Eltern, ihn zu überwachen und ihre elterliche Fürsorge fortzusetzen, aber diese Fürsorge befriedigt dennoch nicht seine Bedürfnisse.
4. Der Süchtige bietet sich als ein verschobenes Streitthema an, so daß die Eltern ihren offenen oder versteckten Zwist auch weiterhin verleugnen können.
5. Bei den Eltern ist Drogen- und Alkoholmißbrauch verbreitet und wird direkt an den Süchtigen weitergegeben oder führt zu unzureichender elterlicher Fürsorge.

6. Der Süchtige geht über Generationsgrenzen hinweg Allianzen ein, die seine Eltern voneinander entfremden.
7. Die Grenzen zwischen Generationen sind diffus – häufig konkurrieren die Eltern miteinander. Die vom drogenabhängigen Familienmitglied ausgelöste Krise ist häufig das einzige, was die Familie zusammenbringt und sie versuchen läßt, gemeinsam Probleme zu lösen, oder diese Krise ist für eine „tote" Familie die einzige Möglichkeit, noch Gefühle zu empfinden.
Die Lebensgeschichten von Hunderten von Süchtigen, mit denen die Verfasser gearbeitet haben, waren von Wiederholungen geprägt. Die Kernfamilie des Süchtigen tendiert dazu, Interaktionsmuster aus der Herkunftsfamilie zu replizieren. Therapeutische Gemeinschaften haben bisher zwei und drei Generationen von Familien mit süchtigen Angehörigen betreut. Wenn Familientherapie Teil der Behandlung des erwachsenen Süchtigen oder Teil seines Rehabilitationsprozesses ist, werden neue Interaktionsmuster erlernt, und der dysfunktionale Zyklus wird unterbrochen. In Edward Kaufmans früherer Arbeit mit Süchtigen (4) wurden Familien von Patienten durch Phantasien, verzerrte Schilderungen und in einigen Fällen auch durch zutreffende Berichte dargestellt. Aber häufig waren die Familien selbst nicht Teil des diagnostischen oder therapeutischen Prozesses. Nur wenn dem Therapeuten die Struktur der gesamten Familieneinheit bekannt ist, kann er die Familie verstehen und ihr therapeutisches Potential entwickeln.

Strukturelle Muster

Das Grundmuster der familialen Interaktion wurde unter Verwendung von Minuchins Konzepten (8) strukturell analysiert. Beziehungen zwischen Eltern und Kindern wurden als „verstrickt", „klar" oder „losgelöst" bezeichnet. Diese Begriffe werden weiter unten definiert. Die meisten Familien wurden über einen Zeitraum von sechs Monaten hinweg beobachtet. Zusätzlich zur Diskussion der strukturellen

Muster nach den Gruppensitzungen wurden alle Sitzungen auf Band aufgenommen und später analysiert, um die ursprünglichen Eindrükke zu überprüfen. Mehrere Monate lang wurden die Sitzungen auf Videoband aufgenommen und mehreren erfahrenen Familientherapeuten gezeigt, die mit den Therapeuten die strukturellen Muster besprachen. Trotzdem waren alle Beobachtungen recht subjektiv.
Sechsundfünfzig der 64 (88 %) Mutter-Kind-Beziehungen wurden als verstrickt bewertet, gleichermaßen 23 der 57 (40 %) Vater-Kind-Beziehungen[2]. Sieben Väter und eine Mutter waren an einem für das Einsetzen des Drogenmißbrauchs maßgeblichen Zeitpunkt gestorben. Auch hatte es zu Beginn des Drogenmißbrauchs bei vielen Eltern Scheidungen gegeben, worin anscheinend ein kausaler Zusammenhang zu sehen ist. Bei keiner der Beziehungen zwischen Süchtigen und Eltern wurden die Grenzen als klar eingeschätzt. Die Beziehungen von 6 Müttern und 13 Vätern zum süchtigen Kind waren jedoch fraglich oder wechselten, oder die Informationen reichten nicht aus, um diese Beziehungen entweder als verstrickt oder als losgelöst einzuordnen. Insgesamt nahmen 23 Väter nicht an der Familientherapie teil, aber 16 von ihnen wurden nach dem Hörensagen als überwiegend losgelöst beurteilt.
Von den 17 Partnern der männlichen Süchtigen waren 11 (65 %) der Frauen und ein homosexueller Partner ziemlich passiv und unterwürfig. Drei weibliche Partner waren dominant, und zwei Beziehungen waren zu gleichberechtigt, um sich zuordnen zu lassen. Alle drei männlichen Partner waren ziemlich dominante ehemalige Abhängige, die an einer Methadon-Behandlung teilnahmen. Ein männlicher Partner, über den in der Therapie ausführlich gesprochen wurde, war auf dramatische Weise ums Leben gekommen, kurz bevor seine Frau mit der Therapie begonnen hatte. Seine Frau hatte eine starke Persönlichkeit, aber ihre Beziehung war anscheinend ausgeglichen gewesen.
Auch die Geschwister fielen tendenziell in eine von zwei Kategorien:

[2] Die Eltern der Geschwisterpaare wurden hier getrennt behandelt, weil die Beziehungen unterschiedlich waren.

Eine Gruppe setzte sich aus gleichfalls Süchtigen zusammen, deren Drogenabhängigkeit unentwirrbar mit der des Patienten verknüpft war, und die andere Gruppe bestand aus älteren Geschwistern, die entweder ein Elternkind waren, das bei losgelöster Position des Vaters eine autoritäre Rolle übernahm, oder die selbst sehr erfolgreich waren. Einige dieser erfolgreichen Geschwister hatten sich von der Familie abgesetzt, aber viele waren noch mit ihr verstrickt. Eine dritte, kleinere Gruppe von Geschwistern war recht passiv und hatte mit dem Drogenmißbrauch nichts zu tun. Miteinander verstrickte süchtige Geschwister kaufen füreinander Drogen, injizieren sie sich gegenseitig oder gehen füreinander auf den Strich. Gelegentlich sind in einer großen Familie Beziehungen zwischen Geschwistern von all diesen Typen vorhanden. Wenn sich Geschwister altersmäßig sehr unterscheiden, sind sie in ihrem Drogenmißbrauch möglicherweise nicht miteinander verstrickt, sondern er ist mehr das Ergebnis ähnlicher elterlicher und gesellschaftlicher Bedingungsfaktoren. Wir haben gleichzeitig drei süchtige Geschwisterpaare stationär behandelt, und in den beiden Fällen, in denen ihre Familien regelmäßig teilnahmen, mit positiven strukturellen Veränderungen. Beim dritten Paar war ein Geschwisterteil nicht in der stationären Einrichtung, sondern kam regelmäßig ambulant zur Mehrfamilientherapie – mit beträchtlichem Therapieerfolg, wie auch der stationär behandelte Geschwisterteil. Viele der erfolgreichen Geschwister leisten auf ihrem Gebiet Hervorragendes, in diesen Fällen hatte sich der Süchtige dem beruflichen Leistungsdruck eher entzogen als sich ihm gestellt.

In allen ethnischen Gruppen sind die Mütter mit ihren süchtigen Kindern tendenziell verstrickt. Sechs der 10 jüdischen und 7 von 13 italienischen Vater-Kind-Paaren waren verstrickt. Puertoricanische, schwarze und weiße protestantische Väter waren eher losgelöst oder fehlten bei der Therapie. Die meisten schwarzen Familien hatten jedoch dominante anteilnehmende Mütter, und die griechischen Familien bestanden aus drei völlig miteinander verstrickten Generationen.

Nach Minuchin (8) bezeichnen die Begriffe „Verstrickung“ und „Loslösung“ die Bevorzugung eines bestimmten Interaktionsstils.

Verstrickte Familiensubsysteme leiden häufig darunter, daß ein vermehrtes Bedürfnis nach Eintracht einen erheblichen Verzicht auf Autonomie von den einzelnen Familienmitgliedern verlangt. Belastungen, die ein Familienmitglied betreffen, übertragen sich daher auf andere Familienangehörige (8). „Losgelöste“ Systeme tolerieren eine größere individuelle Abweichung, aber ihnen fehlt ein Gefühl von Loyalität, ein Zusammengehörigkeitsgefühl und die Fähigkeit, notfalls um Hilfe bitten zu können (8).

Die Rauschmittelabhängigkeit eines Familienmitgliedes bürdet der Familie eine derartige Belastung auf, daß eine sekundäre Verstrikkung oder Loslösung der Angehörigen zu erwarten ist. Der Autor hat jedoch den Eindruck gewonnen, daß diese strukturellen Muster, insbesondere die Verstrickung von Mutter und Kind, dem Mißbrauch und der Abhängigkeit von Rauschmitteln vorausgehen, ja erst dazu führen.

Das am häufigsten beobachtete strukturelle Muster war ein mit seiner Mutter verstrickter männlicher Süchtiger, der sie dadurch von ihrem Ehemann entfremdete, der sich seinerseits entweder durch Gewalttätigkeit gegen den Süchtigen oder durch Loslösung von der Familie rächte. Das Ausmaß dessen, was von uns als pathologische Verstrikkung angesehen wurde, variierte ziemlich. Extrem verstrickte Mütter werden psychotisch oder selbstmordgefährdet, wenn ihre Söhne aufbegehren oder sich ablösen. In einem Fall war eine chronisch psychotische Mutter, die wiederholte Einweisungen in die Psychiatrie hinter sich hatte, in ihren psychotischen Schüben symbiotisch an ihren Sohn gebunden. Zu Beginn ihrer Familientherapie trug der Süchtige dazu bei, einen psychotischen Schub seiner Mutter auszulösen, um ihre symbiotische Bindung wiederherzustellen. Dieser Kreislauf wurde unterbrochen, als der Therapeut in einer Familiensitzung darauf aufmerksam machte. Als die Mutter ihre Psychose überwunden hatte, erklärte sie ihrem Sohn in der Gruppe scharf: „Ich werde dich nicht mehr an mich binden.“ Eine andere, äußerst verstrickte Mutter unternahm einen Selbstmordversuch, als ihr Sohn die Behandlungseinrichtung verließ. Verstrickte Mütter denken, handeln und fühlen für jeden in der Familie mit, aber besonders intensiv für ihr süchtiges Kind. Mehrere Mütter nahmen regelmäßig Tranquilizer oder Betäubungsmittel ein, die ihnen ärztlich verordnet waren, und teilten sie offen oder heimlich mit ihren Söhnen. Viele Mütter litten jedesmal, wenn ihre Söhne oder Töchter sich destruktiv verhielten, an agitierten Depressionen. Mütter, denen Tranquilizer verschrieben wurden oder die Alkoholmißbrauch trieben, erhöhten ihren Konsum, sobald der Süchtige agierte. Psychosomatische Symptome der Mutter werden häufig dem Süchtigen vorgeworfen. In einer puertoricanischen Familie drohten die Brüder des Süchtigen, ihn umzubringen, wenn ihre Mutter an Asthma sterben sollte.

Die Beziehungen zwischen Müttern und Töchtern sind zumeist extrem feindselig, konkurrierend und manchmal chaotisch. Die Hälfte aller Mutter-Tochter-Beziehungen war darüber hinaus erheblich verstrickt. Wenn die Mütter Selbstmord begingen, unternahmen die Töchter ebenfalls einen ernsthaften Selbstmordversuch. Ein Vater beging Selbstmord, nachdem seine Frau ihn wegen seiner Gewalttätigkeit aus dem Hause gejagt hatte. Der Sohn übernahm die Rolle eines Elternkindes und nahm bis kurz vor der Wiederverheiratung seiner Mutter (mit einem Mann, der zwei männliche süchtige Zwillinge hatte) kein Heroin ein. Ein Drittel der Väter war Alkoholiker, obschon alle außer vieren ihre Familien verlassen hatten oder an Alkoholismusfolgen gestorben und nicht Teil des Behandlungsprogramms waren. Von den sechs Kindern des einzigen heroinabhängigen Vaters waren fünf süchtig.

In der Mehrzahl der italienischen und jüdischen Familien war die gesamte Familie ziemlich miteinander verstrickt. Häufig arbeiteten beide Eltern zusammen daran, den Süchtigen unter dem Vorwand, ihn vor Verhaftung oder Gefahr zu bewahren, „infantil“ zu halten. Gewalttätigkeiten zwischen Vätern und Söhnen waren ziemlich verbreitet, sowohl bei verstrickten als auch bei losgelösten Vätern. Bei den losgelösten Vätern waren Gewalttätigkeiten häufig der einzige Kontakt zu ihren Kindern. Aber auch verstrickte Väter schlagen ihre Söhne, wodurch sie ihre Söhne in eine starke Koalition mit der Mutter gegen den Vater drängen. Körperliche Brutalität war zwischen italienischen Vätern und Söhnen besonders verbreitet. Dies war jedoch ein mehrere Generationen betreffendes Problem, als Folge der verstrickten Nähe in der Familie. In unseren italienischen Familien schienen körperliche Strafen für sich genommen nicht traumatisch zu sein. Für einen Vater ist es viel leichter, sein Kind ein- oder zweimal zu schlagen, als über Stunden und Tage hinweg Disziplin durchzusetzen. In einer mexikanisch-amerikanischen Familie beschrieb der Sohn seinen Vater als losgelöst, bevor er mit in die Therapie kam. Er nahm jedoch an allen Familiensitzungen teil. Nach einer Weile ließ sein Männlichkeitsstolz nach, und er konnte seinem Sohn mitteilen, daß er sich häufig so sehr um ihn sorgte, daß seine Leistung bei der Arbeit beeinträchtigt sei. Während die Mutter die „Schaltstelle" war, über die alle Kommunikationen in der Familie liefen, war der Vater nach außen hin der Sprecher, der die endgültigen Entscheidungen fällte und sie mitteilte, ein in mexikanisch-amerikanischen Familien verbreitetes Muster. Dieser Vater war „zu unbestimmt", um ihn als verstrickt oder losgelöst klassifizieren zu können.

Nur im Fall einer einzigen Vater-Tochter-Beziehung wurde offener Inzest berichtet, aber bei vielen Eltern-Kind-Beziehungen und Geschwisterpaaren wurde er von uns vermutet oder verdeckt gespürt. Dieses Vorkommen von Inzest ist erheblich niedriger, als es in den meisten neueren Studien über weibliche Süchtige berichtet wird, die weiter oben in diesem Kapitel beschriebene Umfrage eingeschlossen. Das mag die Folge unserer überwiegend in einem Gruppen-Setting stattfindenden Arbeit sein, das eine Diskussion dieses heiklen Themas nicht zuließ.

Der Süchtige wirkt als Barometer für das Funktionieren der Familie, sein störendes Verhalten ist ein Symptom der familiären Dysfunktion. Es kann eine ausgedehnte Periode familiärer Schwierigkeiten geben, in welcher der Drogenmißbrauch des Abhängigen von der ganzen Familie verleugnet wird. Abwechselnd dazu ist der Süchtige wieder mal ein Sündenbock, um den sich alle intrafamilialen Probleme drehen. Oft sind die Interaktionsmuster der Familie langweilig und ohne Leben, und sie werden nur lebendig, wenn die Familie dazu mobilisiert wird, mit der Krise einer Drogenabhängigkeit fertigzuwerden (11). Häufig werden Schuldgefühle zur Manipulation benutzt: der Süchtige induziert sie, um die Familie zur Unterstützung seiner Gewohnheit zu zwingen, oder die Eltern benutzen sie, um seine Individuation zu bremsen. Viele Mütter haben schwere psychosomatische Symptome, die dem Abhängigen vorgeworfen werden, und damit verstärkt sich das Muster von Schuldgefühlen und wechselseitiger Manipulation. Auch der Drogen- und Alkoholmißbrauch der Mutter und ihre Selbstmordversuche werden dem Süchtigen vorgeworfen.

Die meisten der an der Therapie teilnehmenden Väter waren hart Arbeitende, hatten es im Betrieb zum Abteilungsleiter gebracht und setzten ihren Söhnen sehr hohe Leistungsnormen, die von ihnen nicht oder nicht einmal annähernd erreicht wurden.

Viele Söhne, vor allem die italienischen, arbeiteten unmittelbar für ihre Väter, und zwar häufig in Baubetrieben. Das bewahrte sie davor, sich den bei einem normalen Beschäftigungsverhältnis ergebenden Anforderungen stellen zu müssen. Mehrere Väter hatten nach Beginn der Drogenabhängigkeit ihrer Söhne Verletzungen erlitten, die sie an einer Fortsetzung ihrer Tätigkeit hinderten.

Einen körperlichen Ausdruck von Liebe und Zuneigung gab es im allgemeinen nicht, oder er wurde verwendet, um Individuation oder Konflikte zu verleugnen und zu vernebeln. Ärger über zwischenmenschliche Konflikte wird nicht gezeigt, wenn er sich nicht gleich mit explosionsartiger Gewalt Ausdruck verschafft. Häufig ließen sich Unmutsäußerungen über den Drogenkonsum beobachten, die aber verleugnet wurden; fast immer haben sie gegenteilige Wirkung. Alle Freude ist aus diesen Familien verschwunden, weil das Leben völlig mit dem Leiden und den Schwierigkeiten, ein drogensüchtiges Kind in der Familie zu haben, erfüllt ist. Diese Freudlosigkeit ging jedoch in vielen Fällen der Sucht voraus. Reilly (11) bemerkte, daß die Kommunikation meist negativ ist – für gutes Verhalten fehlt angebrachtes Lob. Die Eltern setzen den Kindern nicht konsequente Grenzen, und Abweichungen werden das eine Mal belohnt und das andere Mal bestraft (11). Dies ist sogar manchmal der Fall, wenn das elterliche Bündnis nicht, wie oben beschrieben, entzweit ist. Für die „riskanten“ Aspekte des Lebens eines Süchtigen gibt es wie auch für die durch den Drogenmißbrauch bedingten delinquenten Verhaltensweisen eine stellvertretende Belohnung der Eltern.

Zusammenfassung

Die von uns in dieser Gruppe beobachteten allgemeinen strukturellen Muster stimmen mit Beobachtungen an anderen Familien von Drogenkonsumenten sowie mit Familien von Alkoholabhängigen und Schizophrenen überein (1, 7, 9, 11). Das heißt, Mutter und Sohn sind vor Beginn des Drogenmißbrauchs symbiotisch aneinander gebunden, und der Vater ist ausgeschlossen und reagiert mit Loslösung oder Gewalttätigkeiten. Einige unserer Beobachtungen betreffen jedoch andere Faktoren, die bisher nicht genügend herausgearbeitet wurden.

Die familialen Muster von Rauschmittelabhängigen variieren in verschiedenen ethnischen Gruppen. Der Vater ist in weißen protestantischen und schwarzen Familien eher losgelöst, aber in jüdischen und italienischen Familien eher verstrickt. Größere Stichproben von Familien aus allen ethnischen Gruppen müssen untersucht werden, und zwar sorgfältiger als bisher, um diese Muster deutlicher herauszuarbeiten. Eine Untersuchung „normaler“ Familien aus jeder ethnischen Gruppe sollte zusätzlich durchgeführt werden, um zu bestimmen, ob Unterschiede zu Familien von Süchtigen aus der gleichen ethnischen Gruppe bestehen. Unsere vorläufigen Beobachtungen über die Beziehung zwischen weiblichen Süchtigen zu ihren Familien bedürfen ebenfalls einer Bestätigung durch weitere Untersuchungen. Die Kommunikationsmuster dieser Familien sind weniger verzerrt als die von Schizophrenen. Doppelbindungen sind deutlicher und offener, aber oftmals bleiben dem Jugendlichen nur Drogen als Ausweg.

Geschwister sind von entscheidender Bedeutung, entweder wegen ihrer eigenen Sucht, oder weil sie mit dem identifizierten Patienten verstrickt sind, oder durch ihre Rolle als autoritäres Elternkind, oder wegen ihres außerordentlichen Erfolges, mit dem der potentielle Süchtige nicht konkurrieren kann. Süchtige waren gelegentlich selbst Elternkinder, die außer Drogen keine Möglichkeiten hatten, um von ihren Verantwortungen um Entlastung zu bitten. Häufiger jedoch ist der Süchtige das jüngste Kind, und seine Sucht erhält seinen Status als Kleinkind. Süchtige Ehepaare wiederholen miteinander oftmals Rollen, die sie in ihren Herkunftsfamilien entwickelt haben und die nicht korrigiert werden können, bevor nicht auch mit der ursprünglichen Herkunftsfamilie und der neu gegründeten Kernfamilie gearbeitet wird.

Es ist bemerkenswert, daß durch neuere Familienstudien manche, aber nicht alle der auf unseren früheren Arbeiten mit Individuen beruhenden Hypothesen bestätigt wurden. Die 1970 auf Grundlage jener psychoanalytischen Interviews getroffenen Schlußfolgerungen waren:

Die Väter dieser Süchtigen wurden als intelligent, erfolgreich, kalt, distanziert, mit ihren Söhnen sexuell und aggressiv konkurrierend und gegenüber ihren Töchtern verführend beschrieben. Die Mütter wurden entweder als distanziert oder unverhohlen verführend wahrgenommen. Viele Mütter waren psychotisch und selbst alkohol- und drogenabhängig. Männliche Patienten hatten oft wiederkehrende masturbatorische Phantasien von der Mutter und fühlten sich von ihr sexuell angezogen. Mehrere Geschwister waren ebenfalls opiatabhängig, und in den meisten dieser Fälle bestanden symbiotische Beziehungen unter den süchtigen Geschwistern (4).

Geschwister und Väter wurden also ähnlich wie in den neueren Familienuntersuchungen wahrgenommen. Eine Reihe von weiteren Rollen und Eigenschaften zeigte sich in diesen Interviews jedoch nicht. Die Bedeutung der Mutter wurde, so wie sie in diesen psychoanalytischen Interviews beschrieben wurde, stark unterschätzt.

Familien, die nicht von sich aus eine Therapie aufsuchen, müssen untersucht werden, um ihre Rolle für die Ätiologie Drogensucht – falls vorhanden – des identifizierten Patienten zu bestimmen. Alexander und Dibb (1) äußerten, daß „eine Minderheit der Opiatsüchtigen eine enge emotionale und finanzielle Beziehung zu ihren Eltern aufrechterhalten". Diese Aussage wurde jedoch aufgrund einer retrospektiven Untersuchung an Hand von Berichten von Patienten aus dem Methadon-Behandlungsprogramm in British Columbia getroffen. Auf Methadon gesetzte Patienten neigen nach der Erfahrung des Verfassers mehr als alle anderen an irgendeiner Behandlungsform teilnehmenden Süchtigen dazu, ihre Familie aus der Therapie herauszuhalten. In den 18 untersuchten Familien beobachteten Alexander und Dibb (1), daß der Vater, wenn es ihn noch gab, dominant war, was in 11 Fällen zutraf. Ihre Behandlungsstichprobe beschränkte sich jedoch auf Weiße. Noone und Reddig (9) stellten fest, daß eine Mehrheit der Süchtigen und Drogenabhängigen enge Beziehungen zu ihren Herkunftsfamilien aufrechterhalten. Sie beobachteten, daß solche Familien, bedingt durch eine Überdosis von Rauschmitteln oder Einweisungen, häufig „Scheintrennungen" durchmachen, was schließlich zu einer Stärkung der Loyalitätsbindungen führt. In einer Studie mit 85 Süchtigen beobachtete Stanton (13) bei den Süchtigen mit noch lebenden Eltern, daß 82 % ihre Mutter und 58 % ihren Vater mindestens wöchentlich sahen, während 66 % entweder bei ihren Eltern lebten oder ihre Mutter täglich sahen. Vaillant (14) berichtete 1966, daß 72 % der Süchtigen im Alter von 22 Jahren noch bei ihrer Mutter lebten, und 47 % wohnten im Alter von über 30 Jahren mit einem weiblichen Blutsverwandten zusammen. Interessanterweise berichtete Vaillant auch, daß von den 30 abstinenten Süchtigen seiner Nachfolgeuntersuchung praktisch so gut wie alle getrennt von ihren Eltern lebten. Das könnte ein Hinweis dafür sein, welch starker Widersacher eine Familie sein kann, wenn sie nicht durch eine Behandlung zu einem Verbündeten wird.

Die symbiotische Bindung zwischen Müttern und Söhnen wird immer wieder in der Literatur beschrieben. Fort (3) bemerkte, daß solche Mütter „überprotektiv, beaufsichtigend und nachsichtig" sind und den Müttern von Schizophrenen und Alkoholikern ähneln. „Sie waren bereit, alles für ihre Söhne zu tun, außer sie in Ruhe zu lassen." In einem Vergleich mit den Müttern von Drogenabhängigen, Schizophrenen und normalen Jugendlichen sind die symbiotischen Bedürfnisse der Mutter nach ihrem Kind am stärksten bei den Müttern von Drogenabhängigen (2). Fort (3) beobachtete in einer sich überwiegend aus Süchtigen der Ghettos zusammensetzenden Gruppe das „häufige völlige Fehlen einer Vatergestalt"; und daß in den wenigen Fällen, in denen es eine auffallende Vatergestalt gab, „diese meist eine stark dominierende Person war", die von ihrem Sohn verlangte, „werde erwachsen", aber in Wahrheit wünschte, ihn als Kleinkind zu behalten, um nicht von ihm bedroht zu werden. In neueren Untersuchungen von Mittelschichtfamilien wird das Vorhandensein einer starken Vaterpersönlichkeit berichtet (1). Kirschenbaum u. a. (6) bemerkten, daß „die Position des Vaters als einflußreicher Führer der Familie wie eine Fiktion wirkte..., die von der Mutter als dem ‚wirklichen Haupt der Familie' genährt und gebraucht wurde". Und Schwartzman (12) bemerkte, daß Väter entweder „Attrappen" von Autoritätsfiguren waren oder zurückhaltend, aber auf jeden Fall deutlich „der Mutter nachgeordnet, was Macht angeht".

In der letzten Zeit haben mehrere Autoren die Auffassung vertreten, daß Drogenkonsum dort unweigerlich erfolgt, wo ein interaktionelles familiales Gleichgewicht erhalten werden soll, das die schon vor dem Drogengebrauch auftretenden Auflösungserscheinungen rückgängig macht (8, 9). Der „Suchtfaktor" im System könne, wie Pearson und Little (10) bemerkten, die Eltern oder der Ehepartner sein. Wellisch u. a. (15) bemerkten, daß ein Partner, meist der männliche, vom anderen gestützt oder vom anderen behütet wird und so zu einem Trittbrettfahrer im Verlauf ihrer Beziehung wird. Nach unserer Erfahrung zwingt der männliche Süchtige den süchtigen oder auch nicht süchtigen Partner dazu, sich so um ihn zu kümmern, wie er es in der Beziehung zu seiner Mutter gewohnt war. Dieses Muster war bei puertoricanischen Süchtigen besonders deutlich.

Wir hoffen, daß wir zu einer weiteren Arbeit mit Familien und zur

Entwicklung präziser Forschungsmethoden Anregungen gegeben haben, damit unsere Ideen und Hypothesen validiert werden können. Die in diesem Kapitel dargestellten dynamischen und strukturellen Verhältnisse sollten Beachtung bei all jenen finden, die mit Süchtigen und ihren Familien arbeiten. Wir hoffen, daß Therapeuten solche fehlangepaßten Haltungen herausarbeiten, sie überprüfen und dann in den Familien von Süchtigen ändern werden. Nur wenn diese Veränderungen erfolgen, werden die in ihre Familien zurückkehrenden Süchtigen nicht in Verhaltensweisen zurückfallen, die unweigerlich zu einem erneuten Rückfall in die Sucht führen.

Literatur

1. Alexander, B. K., u. Dibb, G. S.: Opiate Addicts and Their Parents, in: Family Process, 14, 1975, S. 499-514.
2. Attardo, N.: Psychodynamic Factors in the Mother-Child Relationship in Adolescent Drug Addiction: A Comparison of Mothers of Schizophrenics and Mothers of Normal Adolescent Sons, in: Psychotherapeutic Psychosomatic, 13, 1965, S. 249-252.
3. Fort, J. P.: Heroin Addiction Among Young Men, in: Psychiatry, 17, 1954, S. 251-259.
4. Kaufman, E.: The Psychodynamics of Opiate Dependence: A New Look, in: Am. J. Drug & Alcohol Abuse, 1, 1974, S. 349-370.
5. Kaufman, E.: The Abuse of Multiple Drugs: Psychological Hypotheses, Treatment Considerations, in: Am. J. Drug & Alcohol Abuse, 3, 1976, S. 293-304.
6. Kirschenbaum, M., Leonoff, G., u. Maliano, A.: Characteristic Patterns in Drug Abuse Families, in: Family Therapy, 1, 1974, S. 43-62.
7. Klagsbrun, M., u. Davis, D.: Substance Abuse and Family Interaction, in: Family Process, 16, 1977, S. 149-174.
8. Minuchin, S.: Familie und Familientherapie. Freiburg: Lambertus [4]1981.
9. Noone, R. J., u. Reddig, R. L.: Case Studies on the Family Treatment of Drug Abuse, in: Family Process, 15, 1976, S. 325-332.
10. Pearson, M. M., u. Little, R. B.: Treatment of Drug Addiction: Private Practice Experience with 84 Addicts, in: Am J. Psychiatry, 122, 1975, S. 164-169.

11. Reilly, D. M.: Family Factors in the Etiology and Treatment of Youthful Drug Abuse, in: Family Therapy, 2, 1976, S. 149-171.
12. Schwartzman, J.: The Addict, Abstinence and the Family, in: Am J. Psychiatry, 132, 1975, S. 154-157.
13. Stanton, M. D.: Some Outcome Results and Aspects of Structural Family Therapy with Drug Addicts. National Drug Abuse Conference, San Francisco, California, 5.-9. Mai 1977.
14. Vaillant, G.: A 12-year Follow-up of New York Narcotic Addicts, in: Arch. General Psychiatry, 15, 1966, S. 599-609.
15. Wellisch, D. K., Gay, G. R., u. McEntee, R.: The Easy Rider Syndrome: A Pattern of Hetero- and Homosexual Relationships in a Heroin Addict Population, in: Family Process, 9, 1970, S. 425-430.

3 Strukturelle Familientherapie mit Drogenabhängigen

M. Duncan Stanton, Thomas C. Todd

Die vorliegende Forschungsarbeit wurde mitfinanziert vom National Institute on Drug Abuse und vom Pennsylvania Public Health Trust Fund. Die Autoren erhielten bei ihrer Arbeit Unterstützung von Supervisoren, Kollegen und Assistenten. *Da bisher zwar die Bedeutung familialer Faktoren bei Drogenabhängigkeit vielfach hervorgehoben wurde, ist es zu begrüßen, daß hier nun die familientherapeutischen Behandlungsmethoden vorgestellt werden.*

Der familienorientiert arbeitende Therapeut war bisher sich selbst überlassen, wenn er über ein Verständnis von süchtigen Familien hinausgelangen und sich auf das Wagnis, therapeutische Veränderungen in die Wege zu leiten, einlassen wollte. Dieses Kapitel soll einige therapeutische Strategien und Techniken darstellen.

Wir haben unsere Erfahrungen überwiegend in einem Forschungsprojekt über die Wirksamkeit von Familientherapie bei Drogensüchtigen gemacht (14, 16, 17, 18, 20), als wir eine Erhebung über die Kontakte von 85 Süchtigen aus dem Philadelphia Veterans Administration Drug Dependence Treatment Center (DDTC) zu ihren Familien durchführten. Die Ergebnisse zeigten uns, daß von den Süchtigen mit noch lebenden Eltern 82% ihre Mütter und 59% ihre Väter mindestens wöchentlich sahen, 66% lebten entweder bei ihren Eltern oder besuchten ihre Mutter täglich. Diese Zahlen sind noch beeindruckender, wenn man bedenkt, daß das Durchschnittsalter dieser Männer bei 28 Jahren lag und daß sie alle wenigstens für einige Monate beim Militär und damit von den Eltern getrennt gewesen waren. Diese Befunde bestätigen auch andere Studien, etwa Vaillants Nachuntersuchung (19) von Süchtigen aus New York, bei denen er feststellte, daß 72 % der gesamten Stichprobe oder 90 % der Befragten mit noch lebender Mutter im Alter von 22 Jahren noch immer bei ihrer Mutter wohnten.

Diese Ergebnisse zeigten uns deutlich, wie intensiv der Süchtige mit seiner Herkunftsfamilie verbunden ist. Diese engen Verstrickungen haben wir bis heute in so vielen Fällen beobachten können, daß wir skeptisch sind, wenn uns irgendein Süchtiger, besonders wenn er jünger als 25 ist, erzählt, er würde seine Eltern nicht regelmäßig sehen. Diese Erkenntnis hat es uns leichtgemacht, darauf zu bestehen, daß die Eltern selbst dann in eine Behandlung einbezogen werden, wenn der Süchtige uns davon überzeugen will, daß seine „eigentlichen" Probleme bei seiner Frau oder seiner Freundin zu suchen sind.

Die in diesem Kapitel beschriebenen therapeutischen Aspekte beruhen überwiegend auf mehr als 60 familientherapeutisch behandelten Familien aus dem Forschungsprojekt, wenngleich wir bereits vor dieser Studie weniger systematische Erfahrungen mit Drogenfamilien gemacht haben. In der Anfangsphase war ein erheblicher Teil unserer Arbeit Erkundungszwecken gewidmet, und ein Aspekt unserer Zielsetzung war es, anderen Forschern zu ermöglichen, aus unseren Fehlern zu lernen. Zum Zeitpunkt des Verfassens dieses Artikels wurden 33 Familien sechs Monate nach der Behandlung nachuntersucht. Die Ergebnisse sind deutlich besser als bei einer Vergleichsgruppe von Klienten mit Methadonbehandlung oder Einzelberatung (14, 16). Bei Familientherapie war die durchschnittliche Anzahl von Tagen ohne Heroin und ohne Opiateinnahme innerhalb von sechs Monaten mehr als doppelt so hoch (80 % gegenüber 36 %), mit ähnlichen Ergebnissen bei den meisten anderen Erfolgskriterien.

Das in diesem Projekt angewandte Familientherapiemodell wurde von zwei Hauptrichtungen geprägt. Viele unserer Behandlungskonzepte wurden der Arbeit von Minuchin (7) und seinen Mitarbeitern an der Philadelphia Child Guidance Clinic, insbesondere dem psychosomatischen Forschungsprojekt entlehnt, an dem einer der Auto-

ren mitarbeitete[1]. Strukturelle Familientherapie wird im vorliegenden Buch ausführlich beschrieben, deshalb sollen in diesem Kapitel nur ihre zentralen Punkte dargestellt werden.
Die strukturelle Familientherapie hat sich bei einer Vielzahl von Problemen und bei verschiedenen Therapeutenpersönlichkeiten als wirksam erwiesen. Ein typisches Beispiel hierfür ist eine der wichtigsten Erfolgsstudien, die bis heute zu diesem Ansatz durchgeführt wurde (9): Von 16 Therapeuten mit sehr unterschiedlichem Erfahrungshintergrund, die aus vier verschiedenen Berufsdisziplinen kamen, wurden 50 Fälle behandelt. An unserer eigenen Arbeit mit Süchtigen waren neun verschiedene Therapeuten aus vier Berufsgruppen beteiligt, von denen die meisten klinische Erfahrung hatten; drei von ihnen hatten keine akademische Ausbildung.
Eine zweite wichtige Stütze für unsere Konzepte war Jay Haley, der unserem Projekt als wichtigster Berater und Supervisor zur Verfügung stand. Haley steuerte Ideen bei, die ursprünglich bei der Arbeit mit Familien von Schizophrenen, zuerst in Palo Alto, später in der Philadelphia Child Guidance Clinic[2], und in letzter Zeit zusammen mit Cloe Madanes am Family Therapy Institute of Washington, D. C., entstanden sind. Neben seinem allgemeinen Beitrag zur Entwicklung der strukturellen Familientherapie brachte Haley viele weitere Ideen in dieses Forschungsprojekt ein, die für ihn ganz typisch sind. Einige von ihnen finden sich in Büchern von Haley (3, 4), aber die meisten wurden bisher noch nicht veröffentlicht. Eine Zusammenfassung seines Behandlungsansatzes bei Suchtproblemen wird im Abschnitt „Therapieverlauf“ gegeben (s. S. 66 ff.).

[1] Zu den Mitarbeitern des Projektes gehörten neben Minuchin und Todd auch Lester Baker, M. D., Ronald Liebman, M. D., Leroy Milman, M. D., und Bernice Rosman, Ph. D.

[2] Mitglieder des PCGC-Schizophrenieprojektes waren Charles Billings, M. D., Harold Cohn, M. D., Charles Fishman, M. D., Paul Gross, M. D., David B. Heard, Ph. D., David Hunt, M. D., Gary Lande, M. D., Lawrence Miller, M. D., David T. Mowatt, Ed. D., Lee Petty, M. D., Alberto Rish, M. D., Meyer Rothbart, M. D., und Frances Ziegler, M. S. W.

Bei struktureller Familientherapie konzentriert man sich auf familiale Interaktions- und Kommunikationsmuster und versucht, direkt und aktiv diese Muster zu beeinflussen. Der Familie werden Aufgaben oder „Hausaufgaben“ erteilt, um die in den Sitzungen entstandenen Veränderungen zu konsolidieren. Mit diesem Ansatz wird weniger Nachdruck auf Einsicht und vergangene Ereignisse gelegt, sondern das Gewicht liegt vielmehr auf einer Veränderung der gegenwärtigen Interaktionen. Für gewöhnlich versucht der Therapeut, Grenzen klar abzustecken und die Familie neu zu strukturieren, häufig durch das Verstärken von Generationengrenzen zwischen Eltern und Nachkommen.

Das Behandlungsprojekt

Der Hauptteil unserer Arbeit wurde mit Patienten durchgeführt, die sich zunächst für das Methadonbehandlungsprojekt der Drogenabteilung unserer Klinik gemeldet hatten. Die meisten von ihnen waren männlichen Geschlechts, jünger als 35 und seit mindestens zwei Jahren von Opiaten abhängig. Die Hälfte der Patienten war schwarz, die Hälfte weiß. Sie mußten wöchentlich Kontakt zu einem Elternteil oder einem Elternersatz (z. B. einer Stiefmutter, einem Partner der Mutter) und wenigstens monatlich zum anderen Elternteil haben, um in unser Projekt aufgenommen zu werden. Die Mehrzahl der Patienten war bereits zuvor wegen Drogensucht behandelt worden.
Nach der Aufnahme in die Klinik wurde ihre Eignung für unser Programm ermittelt. Wenn ein freier Therapieplatz zur Verfügung stand, wurden geeignete Klienten einem Familientherapeuten zugewiesen. War dies nicht der Fall, erhielten sie die übliche Methadonbehandlung und wurden einem Drogenberater zu Einzelberatung und Überprüfung ihrer Medikation zugewiesen. Der Familientherapeut fungierte für Klienten mit Familienbehandlung als Drogenberater. Seine Aufgabe war es, sich mit dem Klienten zu treffen und zu besprechen, daß die ganze Famile in die Behandlung geholt werden sollte. Häufig

kam es zu einem langwierigen Prozeß, in dem sich der Therapeut mit anderen Familienmitgliedern in Verbindung setzen und sie zu einer Teilnahme an einer Behandlung auffordern mußte (18, 20). Dazu waren für gewöhnlich eine Reihe von Telefonaten und in einigen Fällen auch Hausbesuche erforderlich. In 71 % der Fälle konnten die Familien erfolgreich in die Behandlung einbezogen werden.
Die Familientherapie war eine Ergänzung des DDTC-Programms und wurde mindestens einmal pro Woche von Urintests, die nach einem Zufallsplan vorgenommen wurden, und anderen Verfahren begleitet, durch die der Süchtige Kontakt zur Behandlungseinrichtung hielt. Für gewöhnlich blieb die Familientherapie jedoch der Hauptbehandlungsmodus für die Klienten, die in dieser Therapiegruppe waren.

Merkmale der Familie

Die Familien unseres Projekts wiesen viele der bereits früher beschriebenen Beziehungs- und Interaktionsmuster auf (1, 5, 6, 8, 10, 11, 13, 15). Zum Beispiel gibt es da die enge abhängige Mutter-Sohn-Beziehung in Verbindung mit einem distanzierten, ausgeschlossenen Vater (obwohl mindestens in zwei unserer Fälle die Situation umgekehrt war und der Vater den Kindern am nächsten stand). Ungefähr 50 % der Klienten hatten Eltern mit Alkoholproblemen. Am stärksten schienen sich die Väter über die Sucht ihrer Söhne aufzuregen, während die Mütter dazu neigten, sie eher herabzuspielen. Hier besteht ein Unterschied zu anderen typischen Störungen von Kindern oder Jugendlichen, bei denen es am ehesten die Mutter ist, die Klagen äußert.
In diesen Familien mangelt es an konstruktivem Druck in Richtung auf Persönlichkeitsveränderung. Der Süchtige als Person wird abgewertet, die Familie fühlt sich machtlos, oder sie schiebt die Schuld für seine Probleme äußeren Ursachen (Gleichaltrigen, Nachbarn) zu. In einigen Familien drehten sich alle weiteren Probleme um das Drogen-

problem des Jugendlichen. Der Süchtige wird durch die Familie häufig übertrieben beschützt und als hilflose und unfähige Person behandelt. Drogen sind für diese Familien eine allmächtige Kraft, der er einfach nicht widerstehen kann.
Besonders wichtig ist die spezielle Rolle, die der Süchtige in der Familie spielt. Seine Handlungen tragen zur Aufrechterhaltung der Familienstabilität bei – und das weitgehend auf seine eigenen Kosten[3]. So dient er einem „edlen" aufopferungsvollen Ziel (12).

Therapieverlauf

Im folgenden werden wir einige Grundprinzipien darstellen[4], die sich aus unserer Arbeit mit Familien von Süchtigen ergeben haben. Natürlich treffen nicht alle gleichermaßen auf jede Familie zu, und nicht alle Familien durchlaufen diese Stufen mit der gleichen Geschwindigkeit. Gewöhnlich umfaßt unsere Behandlung 10 bis 12 Sitzungen, einige Familien benötigen aber weniger, andere mehr als 18 Stunden. Bevor wir die Behandlungsphasen detaillierter darstellen, soll die folgende Zusammenfassung aus dem Buch von Jay Haley über die Probleme der Therapie von Jugendlichen unser allgemeines Behandlungskonzept verständlich machen[5].

„Die Wahrscheinlichkeit eines Behandlungserfolges bei jungen Erwachsenen, die verrückte und bizarre Verhaltensweisen aufweisen oder fortgesetzt illegale Drogen einnehmen und Konflikte mit der Öffentlichkeit haben, läßt sich durch einige Thesen verbessern. Bei der Therapie geht man am besten davon aus, daß nicht der junge

[3] Die Rolle des Süchtigen für die Familienhomöostase wird in einem vor kurzem veröffentlichten Artikel über unser Projekt ausführlicher beschrieben.
[4] Eine ausführlichere Darstellung mit spezifischen Fallbeispielen findet sich in unserem in Kürze erscheinenden Buch, „The Family Therapy of Drug Addiction".
[5] Haley, J.: Ablösungsprobleme Jugendlicher. München: Pfeiffer 1981.

Mensch als solcher, sondern eine Familie und ein junger Mensch, die sich voneinander ablösen, als Problem anzusehen sind. Normalerweise verlassen Kinder ihr Zuhause, wenn sie beruflich oder wissenschaftlich Erfolg haben und auch außerhalb ihrer Familie vertraute Beziehungen eingehen. Einige Familien werden instabil und geraten in Not, wenn ein Sohn oder eine Tochter das Elternhaus zu verlassen beginnt. Versagt der junge Mensch in diesem Punkt und streckt er die Waffen, kann sich die Familie wieder stabilisieren, falls das Kind das Zuhause noch nicht verlassen hat. Das ist auch möglich, wenn der junge Mensch nicht mehr zu Hause wohnt, so lange er seine Familie regelmäßig wissen läßt, daß er noch immer versagt. Es kann selbst dann noch möglich sein, wenn die Familie wütend auf ihn ist und ihn scheinbar ablehnt. Die Stabilität der Familie bleibt so lange erhalten, wie der junge Mensch durch seine abnormalen Verhaltensweisen ausreichend an ihr teilhat.

Als Therapeut sollte man davon ausgehen, daß der junge Mensch Jahr um Jahr trotz aller therapeutischer Bemühungen versagen wird, solange sich nicht die Familienstruktur ändert. Die Problemeinheit ist nicht der Jugendliche, sondern mindestens noch zwei weitere Personen: das können die Eltern sein oder eine Mutter und ein Freund oder ein Geschwisterteil oder eine Mutter und eine Großmutter. Man sollte davon ausgehen, daß zwei erwachsene Familienmitglieder miteinander über den Jugendlichen kommunizieren und in einen schweren Konflikt geraten, wenn er ihnen nicht mehr als Vehikel für ihre Kommunikation zur Verfügung steht. Das therapeutische Ziel besteht darin, den Jugendlichen aus dieser Dreiecksbeziehung zu befreien, damit er oder sie wie andere normale junge Menschen leben kann, und damit die Familie auch ohne das Problemkind stabil ist.

Diese Therapie und ihre Prämissen stehen in keinerlei Beziehung zu einer Therapie, die auf der Theorie der Verdrängung beruht, derzufolge ein Individuum als Problem anzusehen ist. Deshalb sind auch Einsicht und Bewußtsein ohne Bedeutung; die Klienten werden nicht aufgefordert, ihre Gefühle darüber auszudrücken, daß gerade dieses Verfahren zur Veränderung führen soll. Therapeuten, die an Erfahrungsgruppen oder psychodynamische Therapien gewohnt sind, bereitet dieser Ansatz Schwierigkeiten. Die Therapie sollte in den folgenden Phasen ablaufen:

1. Wenn der junge Mensch öffentlich auffällig wird, müssen sich die Experten so organisieren, daß ein einzelner Therapeut die Verantwortung für den Fall übernimmt. Man sollte lieber nicht vielerlei Therapeuten und Therapieverfahren haben. Ein Therapeut muß die Verantwortung tragen, ob der junge Mensch in oder außerhalb einer stationären Einrichtung behandelt werden soll und ob und wann Medikamente oder Methadon verabreicht werden sollen. Nur wenn der Therapeut die Verantwortung für den Fall hat, kann er den Eltern die Verantwortung innerhalb der Familie übertragen.

2. Der Therapeut muß die Familie zum Erstgespräch um sich sammeln. Wenn der junge Mensch allein oder mit seiner Frau lebt, sollten sie mit der Herkunftsfamilie zusammengebracht werden, damit alle ihm wichtigen Personen anwesend sind. Das Ziel besteht darin, den jungen Menschen zu größerer Unabhängigkeit, entweder allein oder mit seiner Ehefrau zu bewegen. Aber der erste Schritt in Richtung auf dieses Ziel besteht darin, ihn zurück in seine Familie zu holen.

Den Eltern sollten keine Schuldvorwürfe gemacht werden; ihnen sollte vielmehr (und den Großeltern oder wem auch immer) wieder die Verantwortung für die Lösung des Problems des jungen Menschen übertragen werden. Man muß sie davon überzeugen, daß sie die besten Therapeuten für das Problemkind sind (trotz fehlgeschlagener Versuche in der Vergangenheit, ihm zu helfen). Man geht von der Annahme aus, daß die Familienmitglieder miteinander in Konflikt stehen und daß ihr Kind dies ausdrückt. Dadurch, daß man von den Familienmitgliedern verlangt, die Erziehungsgewalt für den jungen Menschen zu übernehmen und die Verhaltensregeln aufzustellen, kommunizieren sie wie üblich über den jungen Menschen, doch diesmal in positiver Weise. Bestimmte Punkte müssen klar sein:

a) Man sollte sich schwerpunktmäßig auf die Problemperson und ihr Verhalten konzentrieren und nicht auf eine Diskussion der Familie. Wenn das Kind süchtig ist, sollte sich die Familie darauf konzentrieren, was geschehen soll, wenn es jemals wieder Drogen nimmt. Falls es absonderlich ist und sich schlecht benimmt: Was wird man unternehmen, wenn es sich noch einmal so benimmt, daß sein Verhalten zur Einweisung in ein Krankenhaus führt? Wenn das Kind anorektisch ist: Wieviel soll es pro Tag zunehmen, und wie soll das erreicht werden?

b) Die Vergangenheit und vergangene Ursachen des Problems werden ignoriert und nicht exploriert. Man konzentriert sich auf das, was jetzt getan werden soll.

c) Der Therapeut sollte sich mit den Eltern gegen das Problemkind verbinden, selbst wenn er es um seine Wahlfreiheit und individuellen Rechte zu bringen scheint und es eigentlich zu alt ist, um so abhängig gemacht zu werden. Wenn sich die Person wieder normal verhält, kann man über ihre Rechte reden.

Man geht davon aus, daß die Hierarchie in der Familie durcheinander geraten ist. Wenn der Therapeut seinen Expertenstatus ablegt und sich mit dem Problemkind gegen die Eltern verbündet, wird es mehr Verwirrung geben und die Therapie wird fehlschlagen.

d) Konflikte zwischen den Eltern und anderen Familienmitgliedern werden ignoriert und bagatellisiert, selbst wenn die Beteiligten sie zur Sprache bringen, bis der junge Mensch auf dem Wege zur ‚Normalität' ist. Falls die Eltern äußern, daß auch sie Hilfe benötigen, sollte der Therapeut sagen, daß man sich damit beschäftigen könne, nachdem ihr Kind wieder normal geworden ist.

e) Alle Beteiligten sollten die Erwartung hegen, daß die Problemperson wieder normal wird, ohne anzudeuten, daß in irgendeiner Weise eine psychische Beeinträchtigung zurückbleiben könnte. Der junge Mensch sollte deshalb auch nicht in ein Übergangswohnheim oder eine Tagesklinik ziehen und keine Medikamente oder Methadon erhalten. Man sollte von ihm sofort und nicht etwa später normale Arbeit oder einen normalen Schulbesuch erwarten. Die Arbeit sollte den eigenen Unterhalt decken aufgrund eines regulären Arbeitsverhältnisses.

3. Wenn sich die Problemperson normalisiert (indem sie sich selbst versorgt oder erfolgreich die Schule besucht oder enge Freunde ge-

winnt) wird die Familie instabil werden. Dies ist eine wichtige Phase der Therapie und Anlaß für den jungen Menschen, zu einem normalen Zustand zu drängen. Die Eltern werden mit Trennung oder mit Scheidung drohen, oder einer der beiden wird psychisch gestört werden. Zu diesem Zeitpunkt ist ein Rückfall des jungen Menschen ein normales Verhaltensmuster, denn es stabilisiert die Familie. Wenn sich der Therapeut zuvor auf die Seite der Eltern gestellt hat, werden sie sich in dieser Phase an ihn anlehnen, und der junge Erwachsene wird einen Rückfall zu ihrer Rettung nicht nötig haben. Der Therapeut muß entweder den elterlichen Konflikt lösen oder die junge Problemperson aus der Familie holen, wenn das Problem direkt fortbesteht. Zu diesem Zeitpunkt vermag der junge Mensch bereits normal zu bleiben.

4. Die Therapie sollte aus einem intensiven Engagement und einer raschen Loslösung bestehen, und weniger aus jahrelangen Therapiesitzungen. Sobald positive Veränderungen eintreten, kann der Therapeut beginnen, sich zurückzuziehen und die Beendigung zu planen. Die Aufgabe besteht nicht darin, alle Probleme zu beheben; sie besteht vielmehr darin, die auf die junge Person zentrierten Schwierigkeiten zu lösen. Es sei denn, die Familie will für andere Probleme einen neuen Therapievertrag abschließen.

5. Regelmäßige Nachfolgesitzungen sollten durchgeführt werden, um sicherzustellen, daß die positiven Veränderungen anhalten."

Unser Vorgehen bei Familien mit Heroinsüchtigen beruht auf diesen Prinzipien; und wie bereits erwähnt, spricht einiges dafür, daß dieses Vorgehen erfolgreich ist. Während andere familientherapeutische Ansätze wohl einsichtsvolle Beobachtungen über Familien ergeben, interessiert uns, was *funktioniert* und nicht was interpretativ interessant oder „wahr" ist. Diese Aussage mag vielleicht pragmatisch klingen, aber uns sind Therapeuten bekannt, die von der Dynamik einer Familie so gepackt wurden, daß ihnen die Mittel für therapeutische Veränderungen entglitten. Im übrigen wurden die meisten durchgeführten Projekte nicht auf ihren Therapieerfolg hin untersucht. Wir waren darauf bedacht, unsere eigene Effektivität zu überprüfen, um unsere Techniken weiter zu verbessern.

Anfangsphase

Nachdem diese allgemeinen Behandlungsprinzipien dargestellt worden sind, können wir nun eine detailliertere Beschreibung einzelner Therapieschritte geben. Es kann erhebliche Zeit und Anstrengungen des Therapeuten erfordern (18, 20), den Süchtigen und seine Familie in die Behandlung zu holen (bis es zu einem Erstkontakt kommt). Unser Forschungsansatz erfordert, daß wir wenigstens den Süchtigen und beide Eltern zusammenbrachten, bevor wir mit der Behandlung beginnen konnten.

Wenn uns der Süchtige Widerstand entgegenbringt, insbesondere wenn er protestiert, weil er doch von seinen Eltern unabhängig sei, verweisen wir meist auf die Notwendigkeit, auch die Sichtweise seiner Eltern kennenzulernen. Sobald wir seine Zustimmung erhalten haben, mit den Eltern Verbindung aufzunehmen, verweisen wir auf die Notwendigkeit der Mitarbeit aller Angehörigen und vermeiden sorgfältig alles, was als Schuldzuweisung aufgefaßt werden könnte. Wir machen auch deutlich, daß sich dieses Behandlungsprogramm wesentlich von anderen Programmen unterscheidet, die früher versagt haben: Wir beziehen die Eltern aktiv ein, anstatt sie auszuschließen (18, 20).

Es ist notwendig, die Bedeutung einer *nicht anschuldigenden* Haltung für diese Behandlung hervorzuheben. Wir sind der Meinung, daß konfrontative Techniken bei der Gruppentherapie von Süchtigen nützlich sein können, aber mit diesen Familien funktionieren sie meist nicht. Statt dessen begünstigen derartige Vorgehensweisen das Auftreten von massivem Widerstand der Familie und Gegenangriffe. Das soll nicht heißen, daß wir die Familien nicht herausfordern, aber wir bemühen uns, unsere Aussagen nicht vorwurfsvoll vorzubringen. Wir *unterstellen* den von uns in Familien beobachteten Verhaltensweisen *edle Absichten.* („Er verteidigt die Familie, wie jeder gute Sohn." „Sie tun, was sie nur können, um eine gute Mutter zu sein.") Mit dieser Technik wird Widerstand verringert, und sie erlaubt es, reibungslos und rascher in der Therapie voranzuschreiten.

In der ersten Sitzung liegt ein Schwerpunkt auf dem Ausarbeiten gemeinsamer Behandlungsziele. In dieser Phase sollten alle Ziele direkt dazu dienen, dem identifizierten Patienten zu helfen, von Drogen wegzukommen. Wenn die Familie andere Probleme vorbringt, kann man deren Relevanz in Frage stellen – die Familie sollte rechtfertigen müssen, daß sie wirklich zu den primären Therapiezielen gehören. Um die Therapie fokal und produktiv zu halten, ist es oft sinnvoll, für den Beginn der Entziehungskur einen Termin festzuhalten und der Familie dann zu helfen, sich auf diese vorzubereiten. In jedem Fall sollte der Therapeut einen Machtkampf mit den Eltern vermeiden, denn er wird letztlich immer unterliegen, und die Behandlung gerät dann ins Stocken.

Zu Beginn der Behandlung bemüht man sich vor allem darum, mit beiden Eltern eine Allianz einzugehen, damit beide gegenüber dem Süchtigen eine eindeutige Haltung einnehmen. Es ist entscheidend, daß der Therapeut es in der Anfangsphase schafft, die Eltern zu einer Zusammenarbeit zu bewegen. Er sollte nicht zulassen, daß sie auf ihre eigenen Eheschwierigkeiten zu sprechen kommen, weil sie das entzweit und von der gestellten Aufgabe abhält. Wenn der Süchtige und seine Mutter eine zu enge Beziehung haben, kann man dem Vater die Aufsicht über seinen Sohn übertragen.

Gewöhnlich müssen Vater und Sohn zuerst in einer Therapiesitzung eine neue Beziehung zueinander finden, bevor diese Erfahrung auf die Situation daheim generalisiert werden kann. Man kann die beiden in ein Gespräch über ein gemeinsames Interessengebiet verwickeln, etwa ihre Arbeit oder Angeln. Die Mutter sollte während dieser Unterhaltung anwesend sein, und sie benötigt eventuell die subtile Unterstützung des Therapeuten, wenn sich ihr Mann und ihr Sohn einmal miteinander beschäftigen.

Je nach der spezifischen Situation lassen sich auch andere Techniken einsetzen. Wenn sich etwa herausstellt, daß die Mutter das Suchtverhalten des Sohnes verstärkt und der Vater darauf mit zunehmender Strenge reagiert, kann man die Mutter zwingen, sich mit dem negativen Verhalten des Süchtigen auseinanderzusetzen und dadurch die Allianz zwischen ihnen zunichte machen. Alternativ zu diesem Vorgehen kann sich der Therapeut allein mit den Eltern treffen, um eine gemeinsame Strategie zu vereinbaren, an die sich dann beide Eltern halten.

Mittlere Phase und Krisen

Wenn sich erste Veränderungen abzeichnen und der Süchtige sein Suchtverhalten aufgibt oder einschränkt, steht eine Familienkrise bevor. Sie tritt normalerweise in der dritten oder vierten Behandlungswoche auf. Meist geht es dabei um die Ehebeziehung der Eltern, und sie reden über eine Scheidung oder unternehmen entsprechende Schritte. Dies ist für den Süchtigen ein enormer Druck, wieder „schmutzig" zu werden, um dadurch seine Familie erneut zu einen. Zu diesem Zeitpunkt muß der Therapeut der Bewältigung der Krise erhebliche Zeit und Energie widmen. Er sollte jederzeit erreichbar sein und sich sogar ständig auf Abruf halten. Es ist sein Ziel, daß die Eltern gegenüber dem Süchtigen zusammenhalten und daß eine Trennung verhindert wird, wenigstens solange dieser „Sturm" nicht überstanden ist. Wenn man diese Übergangsphase geschickt anpackt, ist die Behandlung meist auf dem Weg zu einem erfolgreichen Ausgang, weil die Familie mit den folgenden Krisen nun besser fertig wird. Ein Muster, das sich in der Vergangenheit wiederholt hatte, ist unterbrochen worden, und somit hat eine reale Veränderung stattgefunden.
Nach diesem ersten Fortschritt ist es nicht ungewöhnlich, daß weitere Probleme auftreten. Der Therapeut sollte sich hüten, sich durch diese Schwierigkeiten von seinem Weg abbringen zu lassen, weil sie manchmal nur vorgebracht werden, um dem vorrangigen Behand-

lungsziel aus dem Wege zu gehen. Der Therapeut kann es sich zur Regel machen, sich nur dann mit Problemen zu befassen, wenn die Familie ihre Bedeutung für den Drogenkonsum rechtfertigen kann; etwa mit folgendem Argument: „Er kann nicht von Drogen abkommen, solange er als Ersatz für sie keine Arbeitsstelle hat". Sollte sich der Therapeut in diesen Nebenthemen nicht mehr zurechtfinden, kann er die Therapie jederzeit reorientieren, indem er einfach zum eigentlichen Symptom zurückkehrt. Es ist wichtig, sich die Frage zu stellen, welchen Bezug das eigentlich zu seinem Drogenproblem hat, bevor die Familie dies tut und irgendeinen beliebigen Zusammenhang vorschützt.

Bei Rückfällen in den Drogenkonsum stellt sich die Frage nach der Verantwortung. Wer ist für seine Drogeneinnahme verantwortlich? Häufig sind die Antworten auf diese Frage ziemlich ausweichend. In konventionellen Drogenbehandlungsprojekten wird das Problem umgangen, indem die Verantwortung entweder auf die Einrichtung abgeladen oder auf den identifizierten Patienten geschoben wird. Diese konventionelle Sichtweise hat jedoch Mängel, wenn man Sucht im Zusammenhang mit ihrer Funktion in der Familie sieht. Es sollte erinnert werden, daß das süchtige Individuum von seiner Herkunftsfamilie aufgezogen und in den meisten Fällen auch noch immer von seiner Herkunftsfamilie materiell unterhalten wird. Insofern liegt die Verantwortung also bei der Familie, und der Therapeut sollte ihr helfen, sie auch auf sich zu nehmen oder aber sich wirklich vom Süchtigen zu trennen, so daß er dann tatsächlich allein die Verantwortung für sich tragen muß.

Auf die Empfehlung von Jay Haley hin haben wir vor kurzem eine Variante dieses Verantwortungsthemas ausprobiert, bei dem die Familie die Verantwortung für einen Entzug daheim übernimmt. Unser Ziel ist dabei, daß die Familie den Süchtigen bei einem Radikalentzug durch einfache Unterbindung des Nachschubs unterstützt. Das kann an einem Wochenende geschehen. Eine Vorbereitung der Familie ist erforderlich, um Probleme vorwegzunehmen, etwa wenn der Süchtige das Haus verläßt oder wenn Geschwister und Freunde ihm Drogen bringen oder die Wachsamkeit der Eltern nachläßt. Medizinischer und therapeutischer Rückhalt „auf Abruf" stehen der Familie ebenfalls die ganze Zeit zur Verfügung. Es scheint ratsam, zuvor einen Therapievertrag auszuhandeln, demzufolge bei einem Scheitern des ersten Versuchs ein zweiter Anlauf unternommen werden muß. Wenn die Familienmitglieder wissen, daß sie das ganze noch einmal durchstehen müssen, haben sie beim ersten Versuch eher Erfolg. Normalerweise wird die Entziehungskur im Behandlungszentrum selbst vorgenommen, und die Familie fühlt sich nicht verantwortlich, wenn sie erfolglos bleibt. Durch die Beteiligung der Familienmitglieder an diesem Prozeß nehmen sie einen weiteren Drogenkonsum des Süchtigen nicht mehr so leicht hin. Sie werden sich dann über ihn ärgern und auf diese Weise eine angemessene Distanz zu ihm finden. Der Therapeut kann einen Erfolg oder Mißerfolg beim ersten Versuch in jedem Fall zu seinen Gunsten verwenden. Offensichtlich unternimmt die Familie bei einem erfolgreichen Entzug daheim genau das, was sie ohnehin tun sollte. Umgekehrt kann ein Versagen bei dieser Aufgabe die notwendige Distanz zwischen den Eltern und dem Süchtigen schaffen.

Schlußphase

Wir möchten daran erinnern, daß wir es hier mit einem Kurzzeit-Therapiemodell zu tun haben. Dieses Modell hat den Vorteil, daß es einen Prozeß katalysiert und auf eine Zeitspanne von drei bis fünf Monaten komprimiert, der anderenfalls mit fraglicher Wirkung nur hinausgezögert würde. Das kurzzeitig angelegte, vertraglich vereinbarte Vorgehen zwingt die Beteiligten zu raschen Änderungen. Wenn der Therapeut sich die Familie in diesem Prozeß als Verbündeten sichern kann, erweist sich diese Technik oftmals als sehr wirkungsvoll. Andere Problembereiche können in der Therapie besprochen werden, wenn der Süchtige einen Monat oder länger drogenfrei ist. Der Arbeitsplatz und die Schulausbildung sind derartige Probleme und gegebenenfalls auch seine Trennung vom Elternhaus. In beiden Fällen geht es um Trennungen: entweder um räumliche Trennung oder um die Trennung durch wachsende Fähigkeiten und die aus ihr resultierende Unabhängigkeit.

Es gibt eine Reihe von Möglichkeiten, mit diesem Problembereich umzugehen. Gelegentlich kann der Therapeut kleine, nicht hinterfragbare Aufgaben stellen: z. B. daß der Süchtige zwei Stellenangebote oder zwei Wohnungen aus dem Anzeigenteil einer Zeitung aussuchen soll. Im Idealfall werden die Eltern an dieser Aufgabe beteiligt, und auch sie empfinden eine gewisse Befriedigung bei einem Erfolg des Süchtigen. Ein anderes mögliches Vorgehen besteht darin, den Eltern entweder großelterliche Funktionen zuzuweisen (statt sich immer als Eltern einzumischen) oder ihre Elternfunktion auf eventuell vorhandene jüngere Kinder zu verschieben – „Sie können ihn gehen lassen, denn Sie haben ja andere Kinder, um die Sie sich zu kümmern haben." Wenn die Eltern im Ruhestand oder ihm nahe sind, kann der Therapeut sie auffordern, diesen Lebensabschnitt vorzubereiten.

Die Ehe der Eltern ist ein weiteres Thema, das in späteren Therapiephasen angesprochen werden kann. Wenn der identifizierte Patient sich stabilisiert hat und „sauber" ist, kann man diese Themen durchaus auch behandeln. Der Süchtige muß unbedingt aus dem Streit der Eltern herausgehalten werden, wenn die Eltern anfangen, über ihre Eheprobleme zu reden. Normalerweise versucht der Süchtige jedoch, sich wieder in die Ehebeziehung einzumischen, nachdem er einige Zeit „sauber" war. Der Therapeut muß also bereit sein, den Eltern zu helfen, diesem Versuch entgegenzuwirken. Wenn der Therapeut die Behandlung so stimmig machen kann, daß die Eltern ihrem Sohn wörtlich sagen können, sich doch bitte aus ihrer Ehe herauszuhalten, ist ein vernünftiges Behandlungsergebnis zu erwarten.

Mit dem Therapieabschluß entstehen dann keine Schwierigkeiten, wenn eine sinnvolle Veränderung stattgefunden hat und lange genug bestehen blieb, um der Familie das Gefühl einer wirklich vollbrachten Leistung zu geben. Anderenfalls wird sich die Familie ängstigen und Krisen oder andere Probleme auslösen, um sich den Therapeuten zu erhalten. In jedem Fall ist es ratsam, die letzten Sitzungen zeitlich weiter auseinander zu legen und vielleicht versuchsweise einige „vorbeugende“ Nachuntersuchungstermine zwei oder vier Monate nach Therapieende einzuplanen.

Besondere Problembereiche

Bestimmte Aspekte unseres Behandlungsverfahrens verdienen eine eingehendere Diskussion. Die meisten dieser Aspekte beeinflussen den gesamten Behandlungsprozeß und wurden von uns durch mühevolle Erfahrung herausgefunden. Der Hauptteil des hier präsentierten Materials beruht auf Heroinsüchtigen, wir glauben jedoch nicht, daß sich die dargelegten Prinzipien nur auf diese Gruppe beschränken. Vielleicht sind Heroinsüchtige sogar die schwierigste Gruppe aller Drogenabhängigen. Wir sind der Meinung, daß Therapeuten, die mit *diesen* Fällen umgehen können, es mit anderen vergleichsweise leicht haben werden.

Mitwirkung und Flexibilität der Verwaltung

Ohne eine offene Kooperation und Mitwirkung des Verwaltungszweiges des gesamten Drogenbehandlungsprojekts gerät die Behandlung zwangsläufig ins Stocken und wird wahrscheinlich fehlschlagen. Es ist eine Binsenwahrheit, daß Drogensüchtige besonders trickreich sind. Wir haben festgestellt, daß Verwaltungsprozeduren oft geändert werden müssen, um bestimmte Verfahrensmängel zu beheben und sich einer gegebenen Familiensituation anzupassen. Beispielsweise hatten wir es mit Fällen zu tun, in denen der identifizierte Patient den ärztlichen Direktor ansprach in der Hoffnung, daß er mit seinen Eltern über die Behandlung reden würde. Dieser „flankierende Schachzug“ hätte beinahe Erfolg gehabt, wenn der ärztliche Direktor nicht Verbindung mit dem Familientherapeuten aufgenommen und ihm die

Verantwortung für das Problem überlassen hätte. In einem anderen Fall übertrug der Therapeut dem Vater die Verantwortung für das Methadon seines Sohnes, so daß jede Erhöhung oder Herabsetzung der Dosis mit dem Vater abgesprochen werden mußte. Ohne die Unterstützung der Verwaltung wäre dieses Verfahren unterlaufen und die Autorität des Vaters zunichte gemacht worden.

Ein ähnlicher Problembereich ist der Einfluß des Therapeuten auf die Koordination der gesamten Behandlung eines identifizierten Patienten. Zu Beginn unseres Forschungsprojektes hatte jeder Klient neben einem Drogenberater auch einen Familientherapeuten. In dieser Situation kamen die zwischenmenschlichen Talente der Süchtigen zum Tragen. Oft brachten sie es fertig, beide Helfer erfolgreich miteinander über die Behandlung und ihre jeweiligen Verantwortungsbereiche streiten zu lassen. Wir änderten dies, indem wir den Therapeuten beide Rollen zuwiesen – Familientherapeut und Drogenberater – und damit die Dreiecksbeziehung beseitigten. Das verschaffte dem Therapeuten auch Einfluß über die Medikation, weil nun alle Änderungen von ihm entschieden werden mußten. Auf diese Weise wurde den Obstruktionsversuchen begegnet, und der Familientherapeut konnte wirkungsvoller mit Krisen umgehen. Wir glauben nicht, daß eine Behandlung ohne diesen Einfluß des Familientherapeuten erfolgreich sein kann[6].

Wir möchten die in vielen Drogenbehandlungseinrichtungen bestehende Praxis (2) empfehlen, von Familien zu *verlangen*, entweder bei oder sofort nach der Aufnahme des Süchtigen in die Behandlungseinrichtung zu kommen, bevor auch nur irgendeine Behandlung eingeleitet wird. Diese Praxis führt nur zu einer unwesentlichen Erhöhung des Risikos von Therapieabbrüchen und erspart einen erheblichen Teil der Mühe, Familien zur Teilnahme an der Behandlung zu bewegen. Wenn Klienten wissen, daß es keinen anderen Weg zu einer Be-

[6] Haley hat auf ähnliche Probleme bei seiner Arbeit mit schwergestörten Jugendlichen hingewiesen. Er macht es zur allgemeinen Regel, nur Therapeuten zu supervisieren, die einen Fall eigenverantwortlich betreuen.

handlung oder zu Methadon gibt, als ihre Familien mitzubringen, finden sie dazu meist auch einen Weg.

Ergebnisse des Urintests

Die Ergebnisse der wöchentlich vorgenommenen Urintests waren für unsere Familienbehandlung recht nützlich. Sie gaben uns einen handfesten Indikator für Fortschritte und verhinderten, daß Familienmitglieder (oder Therapeuten) das eigentliche Thema vermeiden. Sie können auch als Hilfsmittel dienen, die Familie Verantwortung übernehmen zu lassen und auf den Patienten Druck auszuüben, sauber zu bleiben. Es ist meist zweckmäßig, für einen Rückfall zu Beginn der Behandlung Bedingungen mit der Familie auszuhandeln. Die Familienangehörigen sollen sich darin einig sein, dem Urintest Glauben zu schenken. Wenn der Süchtige protestiert, daß jemand die Urinproben vertauscht hat oder vertauschen wird, kann der Therapeut die Familie bitten, sich zu einigen, wie oft sie diese Geschichte annehmen wollen, bevor sie schließlich den Harnuntersuchungen Glauben schenken.

Die Triade zwischen Eltern und Süchtigen

Wir haben erkannt, daß man sich bei Familien zuerst mit der vom Süchtigen und beiden Eltern gebildeten Triade befassen muß, bevor man weiterarbeiten kann. Wenn dieser Schritt ausgelassen wird, kommt die Therapie ins Stocken und schlägt möglicherweise fehl. Bei verheirateten Süchtigen haben wir in einigen Fällen am Ehepaar angesetzt und mußten feststellen, daß dies nur die Ehe belastete oder sogar zerstörte, womit dann der Süchtige doch wieder bei seinen Eltern landete. Allerdings unterscheiden sich Familien darin, wie rasch man von der Herkunftsfamilie zur Kernfamilie voranschreiten kann. Manchmal braucht man die Eltern bereits nach einigen wenigen Sitzungen nicht mehr, während sie in anderen an der gesamten Behand-

lung teilnehmen müssen. Als Regel gilt, daß man mit der Eltern-Süchtigen-Triade beginnt und sich, abhängig von der Bereitschaft der Eltern, den Süchtigen loszulassen, von ihr wegbewegt.
Wir versuchen, alle daheim oder in der unmittelbaren Nachbarschaft lebenden Geschwister an der Behandlung zu beteiligen. Auch hier ist die Faustregel, zuerst zu schauen, wie die Familienmitglieder miteinander interagieren, bevor wir folgern, daß irgendein Angehöriger nicht in den Sitzungen gebraucht wird. Geschwister können in der Therapie eine Reihe von Funktionen erfüllen. Möglicherweise sind sie Verbündete des Süchtigen und können ihm helfen, sich besser zu behaupten. Häufig bieten sie einen nützlichen alternativen Problemkreis und verhindern dadurch, daß ausschließlich dem Süchtigen Aufmerksamkeit zuteil wird. Es ist nicht ungewöhnlich, ebenfalls süchtige Geschwister anzutreffen, die genauso schwerwiegende Probleme wie der Süchtige selbst haben. Schließlich vermitteln Geschwister immer zusätzliche Informationen über die familiäre Interaktion, die man als Therapeut nutzen kann.

Andere Systeme

Es würde unserem Behandlungsansatz nicht gerecht werden, wollte man unsere Arbeit als auf den Süchtigen und seine unmittelbare Familie beschränkt auffassen. Die Familie mag das vorrangig beteiligte System sein, mit dem man sich normalerweise befaßt, aber es können auch andere geeignete Systeme einbezogen werden. Wir befassen uns mit ihnen, wenn sie für einen Fall besonders relevant sind und den therapeutischen Prozeß fördern können oder behindern. Zu solchen Systemen können Freunde, wichtige Verwandte, Berufsberater, Arbeitgeber, Schul- und Gerichtsbehörden und natürlich die Mitarbeiter des Drogenzentrums selbst gehören.

Familien mit nur einem Elternteil

Wegen der Beschränkungen unseres Forschungsmodells haben wir den größten Teil unserer Arbeit mit Familien durchgeführt, in denen zwei Erwachsene beiderlei Geschlechts vorhanden waren, entweder als Eltern oder als Elternersatz. In Familien mit nur einem erreichbaren Elternteil – meist die Mutter – sieht der therapeutische Prozeß etwas anders aus. Der Therapeut muß hier, zumindest vorübergehend, eine elterliche Rolle gegenüber dem Süchtigen einnehmen, und er muß gegenüber dem verbliebenen Elternteil nahezu die Rolle eines Ehepartners übernehmen. Die letztere Funktion ist wichtig, um eine Rolle zu ersetzen, die sonst der Süchtige spielt. Der nächste therapeutische Schritt besteht darin, alternative Strukturen und Stützen für den Elternteil durch Einbeziehung von Verwandten, Freunden usw. zu entwickeln – mit anderen Worten also: ein natürliches Stützsystem aufbauen oder einrichten. Auf diese Weise wird der Elternteil vom Süchtigen weniger abhängig und kann sich besser ablösen. Ein anderes mögliches Verfahren ist es, dem Elternteil zu helfen, eine Arbeitsstelle zu finden oder Aktivitäten außerhalb der Familie zu unternehmen. Bei einem weiteren, bereits genannten Vorgehen, lenkt man die Aufmerksamkeit vom Süchtigen auf ein jüngeres Geschwisterteil. Auch hier ist es entscheidend, sich dem Elternteil „anzuschließen". Unter keinen Umständen sollte sich der Therapeut auf einen offenen Machtkampf mit dem Elternteil über eine Trennung vom identifizierten Patienten einlassen.

Weibliche Süchtige

Wir haben nur mit einigen wenigen Familien gearbeitet, in denen der identifizierte Patient weiblich war. Nach unserem Eindruck ist die Dynamik in vieler Hinsicht ähnlich der von männlichen Süchtigen, und das trifft auch auf die therapeutischen Strategien zu. Dieser Problemkreis bedarf jedoch weiterer Untersuchungen.

Therapeuten

Abschließend wollen wir einige Eigenschaften und Verhaltensweisen von Therapeuten erwähnen, die zu einem erfolgreichen Behandlungsverlauf beitragen. Die Fähigkeit, aktiv sein zu können, ist wichtig, sie ist überhaupt ein Grundpfeiler der strukturellen Familientherapie schlechthin. Ein passiver reflektierender therapeutischer Stil ist für gewöhnlich nicht besonders geeignet. Andererseits muß der Therapeut auch stützend, teilnahmsvoll, zugänglich und begeistert dabei sein. Eine gewisse Flexibilität ist absolut notwendig, weil die Familien von Drogensüchtigen sehr geschickt sind und einem nicht flexiblen Therapeuten leicht „ein Bein stellen" können. Und weil die Arbeit mit diesen Familien sehr aufreibend sein kann – insbesondere in einem kurztherapeutischen Rahmen –, möchten wir nicht empfehlen, mehr als drei oder vier solcher Fälle auf einmal zu betreuen, vor allem, wenn der Therapeut diese Techniken erst noch erlernt.

Literatur

1. Alexander, B. K., u. Dibb, G. S.: Opiate Addicts and Their Parents, in: Family Process, 14, 1975, S. 499-514.
2. Coleman, S. B., u. Stanton, M. D.: An Index for Measuring Agency Involvement in Family Therapy, in: Family Process, 17, 1978, S. 479-483.
3. Haley, Jay: Die Psychotherapie M. H. Ericksons. München: Pfeiffer 1978.
4. Haley, Jay: Direktive Familientherapie. München: Pfeiffer 1977.
5. Harbin, H. T., u. Maziar, H. M.: The Families of Drug Abusers: A. Literature Review, in: Family Process, 14, 1975, S. 411-431.
6. Klagsbrun, M., u. Davis, D. I.: Substance Abuse and Family Interaction, in: Family Process, 16, 1977, S. 149-173.
7. Minuchin, S.: Familie und Familientherapie. Freiburg: Lambertus [4]1981.
8. Reilly, D. M: Family Factors in the Etiology and Treatment of Youthful Drug Abuse, in: Family Therapy, 2, 1976, S. 149-171.
9. Rosman, B. L., Minuchin, S., Liebman, R., u. Baker, L.: Input and Outcome of Family Therapy in Anorexia, in: J. L. Claghorn, Hrsg.: Successful Psychotherapy. New York: Brunner-Mazel 1976.

10. Schwartzman, J.: The Addict, Abstinence and the Family, in: American Journal of Psychiatry, 132, 1975, S. 154-157.
11. Seldin, N. E.: The Family of the Addict: A Review of the Literature, in: International Journal of the Addictions, 7, 1972, S. 79-107.
12. Stanton, M. D.: The Addict as Savior: Heroin, Death and the Family, in: Family Process, 16, 1977, S. 191-197.
13. Stanton, M. D.: Family Treatment Approaches to Drug Abuse Problems: A Review, in: Family Process 18 (3), 1979.
14. Stanton, M. D.: Some Outcome Results and Aspects of Structural Family Therapy with Drug Addicts, in: D. Smith, S. Anderson, M. Bruxton, T. Chung, N. Gottlieb, u. W. Harvey, Hrsg.: A Multicultural View of Drug Abuse: The Selected Proceedings of The National Drug Abuse Conference – 1977. Cambridge, MA.: Hall/Schenkman 1978.
15. Stanton, M. D.: Drugs and the Family: A Review of the Literature, in: Marriage and Family Review, 2 (1), 1979, S. 1-10.
16. Stanton, M. D., u. Todd, T. C.: Structural Family Therapy with Heroin Addicts: Some Outcome Data. Vortrag vor der Society for Psychotherapy Reserarch, San Diego, California, Juni 1976.
17. Stanton, M. D., Todd, T. C., Heard, D. B., Kirschner, S., Kleiman, J. I., Mowatt, D. T., Riley, P., Scott, S. M., u. Van Deusen, J. M.: Heroin Addiction as a Family Phenomenon: A New Conceptual Model, in: American Journal of Drug & Alcohol Abuse, 5, 1978, S. 125-150.
18. Stanton, M. D., u. Todd, T. C.: Engaging „Resistant" Families in Treatment: II. Some Principles Gained in Recruiting Addict Families. Im Druck.
19. Vaillant, G. E.: A 12-year Follow-up of New York Narcotic Addicts: III. Some Social and Psychiatric Characteristics, in: Archives of General Psychiatry, 15, 1966, S. 599-609.
20. Van Deusen, J. M., Stanton, M. D., Scott, S. M., Todd, T. C.: Engaging „Resistant" Families in Treatment: I. Getting the Drug Addict to Recruit His Family Members. Im Druck.

4 Familientherapie mit jugendlichen Drogenabhängigen

Pauline Kaufmann

Bei diesem Kapitel handelt es sich um den Fallbericht einer Familie, die an „Step One", einem Tagesbehandlungsprojekt teilgenommen hat.

Allein der Titel dieses Beitrags widerspricht einer Grundannahme über die Adoleszenz. Nach konventioneller Auffassung ist Familientherapie bei Jugendlichen kontraindiziert. Die Adoleszenz ist der Beginn eines Ablösungsprozesses von der Herkunftsfamilie als Teil der Identitätsfindung. Mit Familientherapie laufen wir aber Gefahr, die Familie statt dessen näher zusammenzubringen.

Es ist schwierig, wenn nicht gar unmöglich, sich von etwas zu trennen, was man nie erlebt hat. Vielen Jugendlichen, die Probleme mit Drogen haben oder hatten, gab das Zusammenleben in ihren Familien keine Geborgenheit. Wenn wir davon ausgehen, daß eine Fixierung auf eine frühe Entwicklungsstufe entweder durch Deprivation oder durch Verwöhnung bedingt ist, können wir besser verstehen, warum sich viele dieser Jugendlichen in einer festgefahrenen Lage befinden. Sie lungern bildlich gesprochen mit offenen Mäulern herum und warten darauf, gefüttert zu werden. Wenn man sie innerhalb eines familialen Rahmens nicht füttert, weichen sie häufig auf Drogen aus, die ihnen die Illusion einer pharmakologischen Befriedigung verschaffen. Es überrascht nicht, daß eine Trennung dieser Jugendlichen von ihren Familien und ihre Unterbringung in herkömmlichen therapeutischen Gemeinschaften nicht zu allzu großen Erfolgen geführt hat. Die Familie hat ihre Schwierigkeiten im Umgang mit dem Drogenmißbrauch und dem störenden Verhalten des Jugendlichen bereits anschaulich demonstriert. Aber es ist auch offenkundig, daß Rehabilita-

tionsmaßnahmen kein spontaner Entwicklungsprozeß sind. Nach unserer Erfahrung bewältigen viele Familien ihre Probleme und erlauben es dem Jugendlichen, die sich bei seiner Entwicklung stellenden Aufgaben zu erfüllen, wenn familientherapeutische Maßnahmen ein wesentlicher Bestandteil der Gesamtbehandlung sind.
In unserer von 9 bis 18 Uhr zusammenkommenden therapeutischen Gemeinschaft betrachten wir Familientherapie als den wichtigsten Behandlungsmodus. Wie in vielen anderen großstädtischen Ballungsräumen gibt es auch in der Stadt New York eine wachsende Population polytoxikomaner junger Menschen zwischen 12 und 18 Jahren. Die Familien, aus denen sie stammen, waren Armut, unzureichenden Wohnverhältnissen, Krankheit, Arbeitslosigkeit und den typischen Problemen von Familien mit nur einem Elternteil ausgesetzt. Der Jugendliche ist aber nicht nur das Produkt dieser Schwierigkeiten seiner Familie, sondern auch das des „Lebens in Armut". Zu diesem Lebensverlauf in den Ghettos unserer Innenstädte gehört das frühzeitige Experimentieren mit Drogen und Alkohol, um sich die Illusion von ein wenig Glück zu verschaffen. Alle Familienmitglieder sind am labilen Gleichgewicht der Familie beteiligt. Der Jugendliche wird häufig zum Sündenbock gemacht, wenn er versucht, sich störend zu verhalten oder wenn er auf irgendeine Weise das Gleichgewicht beeinträchtigt. Bei einer Aufnahme in therapeutische Gemeinschaften für Drogenabhängige replizieren diese Jugendlichen Probleme und Rollen, die sie bereits in ihren Herkunftsfamilien hatten. Auch in der therapeutischen Gemeinschaft finden sie sich in der Rolle des Sündenbocks wieder, isoliert und schließlich ausgeschlossen. Sie kehren heim, und der Kreislauf beginnt von neuem. Ihr Zuhause kann sie nicht halten. Häufig landen sie vor Gericht, in Schulen für schwer erziehbare Jugendliche und in Haftanstalten. Im günstigsten Fall sind sie mit 18 Jahren wieder auf der Straße und überleben nur auf eine für sich und für die Gesellschaft, in der sie leben, zerstörerische Weise.
Um Einfluß auf dieses Problem zu haben, mußten wir ein Behandlungskonzept entwickeln, das die gesamte Familie einbezieht. Dieses Konzept sollte nicht nur den Bedürfnissen des Jugendlichen in seiner

Familie, sondern auch den Bedürfnissen der gesamten Familie in ihrer Gemeinde gerecht werden. Jugendliche haben nach unserer Auffassung folgende Aufgaben: die Schule besuchen; Verabredungen mit Angehörigen des anderen Geschlechts treffen; Beziehungen zu Gleichaltrigen eingehen; vorläufige Berufspläne fassen; Rollen- und Generationsgrenzen abstecken; mit allmählicher Individuation beginnen; neue dyadische und triadische Beziehungen zu Personen in der unmittelbaren Umgebung eingehen. Damit Jugendliche diese Aufgaben erfolgreich bewerkstelligen, erachten wir eine Neustrukturierung der gesamten Familie für notwendig. Für die erwachsenen Familienmitglieder mußten wir von unmittelbarem Nutzen sein, um ihre Unterstützung zu gewinnen: Wir mußten ihnen ein rückhaltgebendes System bieten. Bei Familien mit nur einem Elternteil war dies noch zwingender erforderlich. Zu diesem stützenden System gehörten verschiedene Einrichtungen der Gemeinde, die angemessenen Wohnraum, finanzielle Unterstützung, Tagesbetreuung von Kindern arbeitender Mütter, Berufsausbildung und weitere Hilfeleistungen anbieten. Uns standen bestimmte, außerordentlich nützliche Mittel zur Verfügung. Die Familien suchten uns unweigerlich in einer Krisensituation auf. Sie konnte durch ein Gerichtsurteil entstanden sein, wenn der Jugendliche mit dem Gesetz in Konflikt geraten war, oder durch Erzieher, die ihn als „nicht erziehbar" beurteilt hatten, oder durch die Familie selber, wenn das störende Verhalten des Jugendlichen sie so sehr durcheinander gebracht hatte, daß ein allgemeines Chaos drohte.

Wir boten den Familien eine Ausweichschule an, die zum öffentlichen Schulsystem gehörte, und die der Jugendliche an sechs Tagen in der Woche zwischen 9 und 18 Uhr besuchen konnte. Die Familien mußten sich verpflichten, zumindest einmal in der Woche mit allen Familienmitgliedern zur Therapie zu kommen. Sie verpflichteten sich auch, in Notfällen telefonisch erreichbar zu sein und zu zusätzlichen Sitzungen zu erscheinen, wenn dies angezeigt sein sollte. Die meisten Familien waren wegen der Krisensituation, in der sie sich befanden, durchaus bereit, unseren Forderungen und allen Teilen des Therapievertrages zuzustimmen. In einigen Fällen machten Familien nach Abklingen der Krise Schwierigkeiten mit dem Einhalten der Verträge. Häufige Probleme waren: Eltern konkurrieren mit der therapeutischen Einrichtung; Furcht der Eltern, die Macht über den Jugendlichen zu verlieren; manchmal – besonders bei Familien mit nur einem Elternteil – Furcht, von den Kindern verlassen zu werden; ein gewisses Bedürfnis, Schuld für ihr Versagen von sich zu weisen und zu erklären, die neue Umgebung hätte ebenso versagt. Wir konnten solchen Einwänden begegnen, indem wir für die Eltern weiterhin nützlich blieben. Bei drastischen Verhaltensänderungen des Jugendlichen – wenn er beispielsweise in der Schule immer erfolgreich war und nun plötzlich eine Reihe von Mißerfolgen hat – nehmen wir willkürlich an, daß zu Hause etwas geschehen ist, das den Erfolg des Schülers beeinträchtigt. Wir haben in solchen Situationen daheim angerufen und die ganze Familie zu einer Therapiesitzung eingeladen. Häufig bedurfte es erheblicher Anstrengungen und guten Zuredens, bis sie bei uns erschien. Ausnahmslos erwies sich unsere Annahme als zutreffend; das schulische Versagen oder das störende Verhalten des Jugendlichen spiegelte eine Familienkrise wider. Wir leiteten dann eine Reihe intensiver Familiensitzungen ein. Manchmal arbeiteten wir nur mit den Erwachsenen der Familie, besonders wenn sowohl eine Mutter als auch ein Vater oder Vaterersatz vorhanden waren. Wenn der Jugendliche unweigerlich in die Krise hineingezogen wurde und sich nicht alleine befreien konnte, machten wir das Angebot, ihn für kurze Zeit in der therapeutischen Gemeinschaft wohnen zu lassen, damit die Eltern Zeit hätten, ihre Probleme unter sich zu bereinigen. Sie mußten sich verpflichten, mindestens dreimal pro Woche bis zum Ende der Krise zur Therapie zu kommen. Mit wenigen Ausnahmen empfanden die Familien dies als positives Angebot und als Beweis für unsere Bemühungen um die Eltern ebenso wie um den Jugendlichen. Wir versammelten die ganze Familie, bevor der Jugendliche in sie zurückkehrte. Neben der Arbeit an der eigentlichen Krise verbrachten wir beträchtliche Zeit damit, den Eltern Einsicht in die Notwendigkeit einer Neustrukturierung der ganzen Familie zu vermitteln. Wir unterstützten sie, neue Möglichkeiten auszuprobieren, miteinander umzugehen, und wir halfen ihnen, zwischen sich und ihre Kinder angemessene Grenzen zu setzen.

Eine typische Familie, die uns um Hilfe ersuchte, bestand aus Debby Marks[1], 45 Jahre alt, geschieden, Aufenthalt des Ehemannes unbekannt; Carl, ihrem ältesten Sohn, 23 Jahre alt; Sam, 18 Jahre; und Marcie, der identifizierten Patientin, 15 Jahre. Debby Marks hatte Marcies Aufnahme in unser Tagesbehandlungsprojekt beantragt, als sie aus ihrem zweiten Erziehungsheim verwiesen wurde. Diese Behandlungseinrichtung und zwei weitere Fürsorgeanstalten hatten Marcie als nicht erziehbar eingestuft. Das Sozialamt hatte sie vor Gericht gebracht, und sie mußte mit der Möglichkeit rechnen, in eine Schule für schwer erziehbare Kinder eingewiesen zu werden. Debby, ihre Mutter, befand sich in einem akuten Angstzustand. Sie erhielt einen Termin und erschien mit Marcie bei uns. Die Mutter führte die Unterhaltung. Sie erzählte von Marcies Aufenthalt in verschiedenen Einrichtungen und fand ständig Fehler an ihr, dabei weinte und schimpfte sie abwechselnd. Marcie rauchte währenddessen ununterbrochen, schaute niemanden an und beantwortete Fragen streitsüchtig und einsilbig. Im Erstgespräch mit diesen beiden Familienmitgliedern legten wir die Wahlmöglichkeiten dar, die Marcie offenstanden, und machten ihr deutlich, daß unser Tagesbehandlungszentrum in Frage käme, aber sie müsse die dort bestehenden Grundregeln als Teil eines Therapievertrags akzeptieren.
Wir erklärten Debby unmißverständlich, daß ihre ganze Familie an der Behandlung teilnehmen müsse. Wir lösten Marcie aus ihrer Situation mit der Bemerkung, daß ihr Verhalten zwar schwierig sei, aber eigentlich befände sich die ganze Familie in Schwierigkeiten, und Marcie sei für uns nur ein Teilaspekt des Problems. Marcie versuchte, an diesem Punkte einzugreifen und wollte das Gesagte verwenden, um ihre Mutter und ihren Bruder zu tadeln. Wir schlugen sehr be-

[1] Alle Namen wurden zur Wahrung der Anonymität geändert.

stimmt vor, die Sitzung hier zu beenden und am nächsten Tag eine weitere in Anwesenheit der ganzen Familie durchzuführen.
Beim Erscheinen der Familie zur zweiten Sitzung setzten sie sich auf eine Weise, die ihre Beziehungen zueinander und die Struktur der Familie anschaulich wiedergaben. Frau Marks und Carl, Alter 23, saßen zusammen und unterhielten sich sofort miteinander, während alle auf den Direktor des Behandlungszentrums warteten, der sich in dieser Therapiestunde zum Familientherapeuten und der Familie hinzugesellen wollte. Marcie saß abseits, und Sam war am weitesten vom Zentrum des Kreises entfernt, den die Gruppe gebildet hatte. Carl versuchte sofort, die Sitzung an sich zu reißen; er kritisierte Marcie, ihrer Mutter so viel Kummer zu bereiten. Wir griffen an diesem Punkt ein und wandten uns der Mutter als dem exekutiven Haupt der Familie zu. Wir fragten sie, wie sie das Leben daheim mit ihren drei Kindern empfände. Sofort teilte sie uns mit, daß Sam Alkoholiker sei und sie Hilfe benötige, um für ihn einen Therapieplatz zu finden. Marcie sei für ihre Magengeschwüre verantwortlich, erklärte sie. Sie mache sich ständig Sorgen und könne kein eigenständiges Leben führen. Marcie war nicht nur aus allen Einrichtungen, in die Debby sie gebracht hatte, hinausgeworfen worden, sondern hatte auch eine Abtreibung gehabt und mit Drogen und Alkohol experimentiert. Sie rauche unaufhörlich. Carl fügte hinzu, meistens rauche sie Marihuana. Nach Debbys Aussagen bereitete Carl ihr nie den geringsten Kummer. Er kümmerte sich um den Haushalt, überwachte Marcie, wenn die Mutter fort war, und ging sogar auf ein College. Nachfragen ergaben jedoch, daß er lediglich ein Gemeinde-College besuchte und arbeitslos war. Er war finanziell völlig von seiner Mutter abhängig. Carl verabredete sich nicht mit Mädchen, hatte keine Freunde und verbrachte seine Zeit mit Fernsehen und der Erledigung einiger kleiner Aufgaben im Haus. Er war offensichtlich ein depressiver passiver junger Mann.
In einer der folgenden Sitzungen erfuhren wir weiterhin, daß Sam eine Bewährungsstrafe verbüßte, weil er wegen seiner Beteiligung an Raubüberfällen und Diebstählen in der Nachbarschaft vor Gericht

gestellt worden war. Für eine kurze Zeit war er in einem Krankenhaus zur Ausnüchterung gewesen. Er bestritt jedoch, Alkoholiker zu sein und wollte nicht freiwillig an einer Behandlung teilnehmen, die sein Trinken thematisierte. Wir hatten den Eindruck – der auch von der Mutter bestätigt wurde –, daß Sam in geordnete Verhältnisse gebracht werden sollte, in denen er nicht an Schnaps kommen könnte und wo sich ihm eine Gelegenheit bieten müßte, anstelle des Trinkens etwas Sinnvolles im Leben zu finden.
In diesen beiden Sitzungen hatten wir die meisten unserer Fragen an die Mutter gerichtet. Wir hatten uns sorgsam darum bemüht, ihr zu demonstrieren, daß sie für uns die erwachsene Person in der Familie war und die Verantwortung für Entscheidungen über ihre beiden jüngeren Kinder trug. Wir wandten uns nun unmittelbar an Carl, als das Gespräch auf seine Pläne kam. Wir hatten wenig Erfolg mit unseren Versuchen, ihn sein Leben einmal kritisch betrachten zu lassen. Er fühlte sich offensichtlich als ein Elternteil und war nicht bereit, für sich eine andere Rolle in Betracht zu ziehen. In der dritten Sitzung leiteten wir in Anwesenheit der ganzen Familie die von uns als notwendig erachtete Neustrukturierung ein. Als Ergebnis unserer bisherigen Arbeit und der Diskussion in dieser dritten Sitzung willigte die Familie ein, daß Marcie von 9 bis 18 Uhr das Tagesbehandlungszentrum besuchen und jeden Abend heimkehren würde. Sam sollte in einer anderen Gegend in eine stationäre Behandlungseinrichtung aufgenommen werden, um etwas gegen sein Trinken zu unternehmen und Gelegenheit zu haben, sich persönlich Ziele zu setzen. Wir stellten das Konzept eines elterlichen Teams vor. Zuhause sollte Debby für das, was geschehen würde, verantwortlich sein. Im Tageszentrum war das Team von 9 bis 18 Uhr für Marcie verantwortlich; es sollte mit Frau Marks Verbindung halten, damit Marcie daheim und im Tageszentrum ähnliche Ziele und Grenzen gesetzt würden. Debby sollte uns telefonisch und persönlich erreichen können. Das elterliche Team sollte aus Frau Marks, dem Familientherapeuten und dem Direktor des stationären Behandlungszentrums, in dem sich Sam befinden würde, bestehen.

Das Behandlungsteam war einstimmig der Meinung, Sam in der nächsten Woche in einem stationären Behandlungszentrum unserer Modelleinrichtung unterzubringen und mit der Mutter mehrere Einzelsitzungen abzuhalten. Dieses Vorgehen war als Versuch gedacht, sie zu bewegen, zwischen Carl und sich funktionierende Grenzen zu setzen, damit er genügend Freiraum fände, sich um einen Arbeitsplatz zu kümmern und um allmählich normale Beziehungen zu Gleichaltrigen eingehen zu können.
In den folgenden Wochen gab es mit der gesamten Familie drei stürmische Sitzungen, in denen es um die Beziehung von Carl zu seiner Mutter und dem Mißbrauch seiner elterlichen Rolle in der Familie ging. Wir unterstützten die Familie bei der Neustrukturierung ihrer Interaktionen. Mit unserer Hilfestellung schränkte die Mutter Carls Funktionen in der Familie ein. Er hatte mehr Zeit als die anderen, und daher wurden ihm bestimmte Pflichten im Haushalt auferlegt. Er wurde daran gehindert, gegenüber Marcie wie ein Ersatzvater zu handeln und als Übermittler von Informationen zwischen seinen jüngeren Geschwistern und der Mutter zu fungieren. Frau Marks wurde unterstützt und ermutigt, alle ihre Kinder direkt anzusprechen, wenn sie ihnen etwas zu sagen hatte, und nicht immer Carl einzuschalten.
In den darauffolgenden drei Wochen waren die Berichte aus der Schule, die Marcie besuchte, sehr positiv, und ihre Interaktionen im Tageszentrum waren in Ordnung. Sam hatte sich eingelebt, er hatte nicht mehr getrunken und arbeitete anscheinend ganz gut. Carl blieb noch immer zu Hause und versuchte gelegentlich, Marcie in ihre abendlichen Unternehmungen hineinzureden. Gegen Ende der dritten Woche rief Carl an und teilte mit, seine Mutter habe Grippe und die Familie könne nicht kommen. Dies wurde durch Rückfrage bei Marcie überprüft, die bestätigte, daß die Mutter wirklich krank war und daß Carl wieder die Führung im Haus übernomme hätte. Marcie schlief im Unterricht, war äußerst ablenkbar, kämpfte mit den Gleichaltrigen im Wohnheim und kam an vier von fünf Tagen zu spät in die Schule. Sam war anscheinend von der Krankheit seiner Mutter nicht berührt. Zu Beginn der fünften Woche rief Frau Marks unter Tränen

an. Sie hatte das Gefühl, daß alles zusammengebrochen sei. Marcie und Carl hatten sich geprügelt und dabei Möbel zertrümmert. Sie hatte nicht wirksam einschreiten können und war nun verzweifelt. Wir setzten für den nächsten Tag eine Sitzung mit der ganzen Familie an. Nach ihrem Eintreffen nahmen sie wieder ihre alte Sitzordnung ein: mit Marcie und Sam an der Außenseite und der Mutter und Carl nebeneinander. Debby sah recht krank aus. Sie weinte während der ganzen Sitzung. Sie hatte das Gefühl, zuvor sei alles besser gelaufen, und sie könnte nicht ertragen, was mit Marcie geschehe. Carl sei eine große Hilfe gewesen, als sie krank war, und Marcie verhalte sich wie früher. Wir machten sie darauf aufmerksam, daß er die gleiche Rolle eingenommen hatte, die er zuvor innehatte, und daß Marcie dies unmöglich hinnehmen könnte. Wir schlugen vor, daß Marcie für einen beschränkten Zeitraum auf einer vierundzwanzigstündigen Basis in das Wohnheim ziehen sollte, bis sich Frau Marks besser fühle. Marcie nutzte dies, um ihrer Mutter einen Schlag zu versetzen und erklärte, sie wolle nicht zu Hause wohnen. Damit begann erneut der Kreislauf gegenseitiger Anschuldigungen – mit Tränen und anschließendem Rückzug. Der Therapeut intervenierte noch einmal und empfahl Marcie, diesen Schritt zu ihrem eigenen Nutzen zu tun; er erklärte, wie wichtig es für sie sei, an den von ihr erreichten Fortschritten weiter zu arbeiten. In der Zwischenzeit mußte die Mutter einwilligen, zu zwei Sitzungen allein und zu einer weiteren gemeinsam mit Carl zu erscheinen. Die Familie stimmte zu. In diesen Sitzungen wurden wiederum Grenzen zwischen Carl und der Mutter gesetzt. Debby willigte ein, Carl bestimmte Forderungen zu stellen. Sie meinte auch, daß es für ihn vielleicht besser sei, wenn er für einige Zeit zu seinen Großeltern mütterlicherseits ziehen würde. Die Großeltern wollten gerne, daß Carl bei ihnen lebte, und der Großvater war sehr darauf bedacht, daß Carl im Baubetrieb der Familie arbeitete. Wir hakten nach, und Frau Marks äußerte, daß sie einen Freund habe. Carl hatte Einwände gegen diese Bekanntschaft. Sie würde es als eine Erleichterung empfinden, Carl einige Zeit nicht im Haus zu haben. Wir pflichteten ihr bei und fragten, ob sie dies Thema ansprechen und in Gegenwart der anderen Kinder mit Carl besprechen könne. Bei diesem Vorschlag wirkte sie sehr erleichtert und erklärte, sie wolle dies gerne tun. In der letzten gemeinsamen Sitzung mit Carl, Marcie, Sam und der Mutter kamen sie überein, daß Carl bei seinen Großeltern bleiben und anfangen würde, im Betrieb des Großvaters zu arbeiten, bis er genug Geld verdiente, um sich allein zu unterhalten. Marcie sollte im Tageszentrum bleiben, aber nachts heimkommen, und Sam sollte in der stationären Einrichtung bleiben. Frau Marks kam auf ihre Verabredungen zu sprechen. Marcie gefiel die Idee, ihr gefiel auch der Mann, und sie fand die ganze Angelegenheit „sehr nett". Sam sagte, von ihm aus sei es in Ordnung. Carl fand es lächerlich, daß eine Frau im Alter seiner Mutter noch ein Rendezvous hatte. Er fand bei kaum jemandem Unterstützung, auch nicht beim Therapeuten, der andeutete, daß es für Carl vielleicht wichtiger sei, selbst einmal ein Rendezvous zu verabreden, und daß seine Mutter alleine zu entscheiden hätte, was sie tun wolle. Mit dieser Unterstützung wurde Frau Marks sehr bestimmt; sie sei absolut entschieden, ausgehen zu wollen, es sei ihre eigene Angelegenheit, und sie freue sich, daß der Mann, mit dem sie sich treffe, Marcie gefiele. Marcie kehrte nach einem zweiwöchigen Aufenthalt im Wohnheim nach Hause zurück. Die beiden Kinder Sam und Marcie nutzten auch weiterhin ihre Behandlungseinrichtungen. Die Familie war sechs Monate in Behandlung. Carl zieht allmählich von zuhause fort und Debby trifft sich noch immer mit dem gleichen Freund. Sie mögen einander anscheinend und können entstehende Konflikte durch Gespräche bereinigen – wenn nicht gleich, dann doch wenigstens einige Stunden später.

Bei der Behandlung jugendlicher Drogenkonsumenten im Familienkontext haben sich bestimmte Techniken als wirksam und erfolgreich erwiesen. Wir haben es der Familie und dem Behandlungssystem ermöglicht, die therapeutische Gemeinschaft als eine Erweiterung des Zuhauses und das Zuhause als Erweiterung der therapeutischen Gemeinschaft anzusehen. Dadurch begegnet man möglichen Manipulationen des Jugendlichen. Eltern empfinden dieses Vorgehen als hilfreich. In Krisen, wenn der Jugendliche die Familienstruktur mit störendem Verhalten überfordert, machen wir dem Jugendlichen das Angebot, im Wohnheim zu leben, um damit der Familie eine Gelegenheit zu geben, sich neu zu strukturieren und zu gesunden. In dieser Periode werden die ganze Familie und einzelne Familienangehörige intensiv behandelt. Nach Beilegung der Krise wird der Jugendliche wieder heimgeschickt. Unsere Hilfeleistung muß nach unserer Erfahrung konkret und direkt sein, um Erfolg zu haben. Häufig gelten unsere Anstrengungen der wirtschaftlichen Lage der Familie, den Wohnungen, Schulbesuch, Kleidung und anderen Bereichen und Problemen des alltäglichen Lebens. Es ist unser Globalziel, die gesamte Familie neu zu strukturieren, so daß jedes Individuum der Familie die Chance zu einer optimalen Entwicklung bekommt. Den Kindern wird ein direkter Zugang zu allen Erwachsenen ihrer Familie verschafft. Wir fördern klare und eindeutige Interaktionen zwischen den Ehepartnern. Grenzen um das Ehepaar oder zwei Partner werden deutlich und konsequent gemacht. Bei erweiterten Familien werden die Funktionen und die Einflußsphären der verschiedenen Generationen geklärt.

Häufig endet Familientherapie mit schwerpunktmäßiger Arbeit mit dem Ehepaar oder den Partnern, die zusammenleben oder dies vorhaben.

Die von uns vorgestellte Familie nahm an einem „Step One" („Der Erste Schritt", d. Ü.) genannten Tagesbehandlungsprojekt im Rahmen des Phoenix-Programms[2] der Stadt New York teil. Neunzig Prozent der Jugendlichen, die zu „Step One" kommen, haben eine Karriere von Schulversagen hinter sich. Sie wurden als schwer erziehbar, emotional gestört, delinquent und als Schulschwänzer hingestellt. Über siebzig Prozent werden wegen delinquenten Verhaltens vor Gericht gestellt. Die Mehrheit dieser Kinder kommt aus Familien mit nur einem Elternteil – meistens ist dies die Mutter. Die Schulver-

[2] Dieses Projekt läuft unter NIMH-Forschungsstipendium 1 H 80 MH 01049.

waltungsbehörde stellte für dieses Projekt zwei Lehrer und zwei Klassenzimmer für vierzig Schüler zur Verfügung. Die Lehrer berichten, daß weniger als zehn Prozent der Schüler schwänzen und weniger als zehn Prozent zu spät kommen. Annähernd neunzig Prozent der Leistungsbereiche dieser Schüler konnten so weit verbessert weden, daß sie einen High-School-Abschluß machen können, bevor sie 18 Jahre alt sind.
Es gibt immer mehr Berichte über das Versagen der Schulen in großstädtischen Ballungsräumen beim Umgang mit Jugendlichen aus innerstädtischen Ghettos. „Step One" und unsere Erfahrungen mit dem Tagesbehandlungs-Setting können durchaus als Modell für einen erfolgreicheren Erziehungsstil bei diesen gestörten Großstadt-Jugendlichen dienen. Bestimmt ließe sich ein durch folgende Merkmale charakterisierter Plan durchführen: kleinere Einrichtungen statt großer, teurer und unpersönlicher Gebäude; 20 Kinder pro Klasse, eine von 9 bis 18 Uhr geöffnete Schule mit Stunden, in denen keine Lehrer anwesend sind, sondern die für Gruppenaktivitäten mit Bezug zu der Behandlungseinrichtung, in der die Kinder die meiste Zeit verbringen, reserviert bleiben; ein breit gefächertes Unterhaltungsangebot; abendliche Sitzungen, in denen Eltern und Kinder zu Familientherapie- und erzieherischen Familiensitzungen zusammenkommen. Streß, der aus der Umgebung der Familie und aus ihr selbst resultiert, spiegelt sich häufig im Verhalten von Jugendlichen, die um ihre Identität ringen. Gerade die Gemeinschaft, in der der Jugendliche lebt, programmiert ihn für künftiges Versagen. Oft bleibt ihm als einziger Ausweg die Flucht in eine durch Alkohol und Drogen angeregte Phantasiewelt. Das Phoenix-Programm hat trotz seines Modellcharakters Erfolge, die als ein gutes Omen für eine breitere Anwendung im Schulsystem gelten können.

Literatur

1. Kaplen, S. L.: Structural Family Therapy for Children of Divorce: Case Reports, in: Family Process, 16, 1977, S. 75-83.
2. Minuchin, S.: Familie und Familientherapie, Freiburg: Lambertus [4]1981.
3. Minuchin, S., Montalvo, B., Guerney, B. G., Jr., Rosman, B. L., u. S. Chumer, F.: Families of the Slums, New York: Basic Books 1967, S. 352-378.
4. Narceso, J., u. Burkett, D.: Declare Yourself: Discovering the Me in Relationships. Englewood Cliffs, N. J.: Prentice-Hall 1975.
5. Sager, C. J.: Marriage Contracts and Couple Therapy. New York: Brunner/Mazel 1976.
6. Sager, C. J., Kaplan, H.: Handbuch der Ehe-, Familien- und Gruppentherapie. Bd. 1-3. München: Kindler 1973.
7. Walrond-Skinner, S.: Family Therapy: The Treatment of Natural Systems. London: Henley and Boston 1976.

5 Therapie mit mehreren Familien von Drogenabhängigen

Edward Kaufman, Pauline Kaufmann

Mehrfamilientherapie zur Behandlung von Drogenabhängigen läßt sich nach Meinung der Autoren am erfolgreichsten in einem stationären Rahmen durchführen (siehe auch: Multiple Family Therapy: A New Direction in the Treatment of Drug Abusers, in: American Journal of Drug and Alcoholic Abuse, 4 (4), 1977, S. 467 - 478, und National Drug Abuse Conferences von 1974 - 1978). Laqueur (6) führte Mehrfamilientherapie zum ersten Mal durch. Die Autoren ließen aber in ihren Behandlungsmodus noch andere Therapieformen einfließen: die soziale Netzwerkintervention (13), die multimodale Familientherapie von Ritchie (12), das Konzept der Stations- oder Bürgerversammlungen von therapeutischen Gemeinschaften in der Psychiatrie oder bei Synanon und eine Fülle von weiteren familientherapeutischen Techniken wie Familienskulptur oder Familienchoreografie (10), strukturelle (8) und systemische (3) Familientherapie. Ebenso fanden Gruppentechniken Berücksichtigung wie psychoanalytische und psychodramatische Gruppen, erlebniszentrierte, gestalttherapeutische und Encounter-Verfahren.

Gruppenzusammensetzung und Umgebung

Je stärker die Motivation und das Engagement des Patienten ist, desto leichter läßt sich die Familie in die Therapie einbeziehen, vor allem in eine Mehrfamilientherapie. Deshalb ist es äußerst schwierig, bei weniger intensiven Behandlungsverfahren wie den Methadonprogrammen oder in ambulanten psychotherapeutischen Kliniken Mehrfamilientherapie in Gang zu bekommen. In Tageskliniken und in einem stationären Rahmen ist es bereits einfacher. Am geeignetsten für die Einrichtung und Durchführung einer erfolgreichen Mehrfamilientherapiegruppe ist eine therapeutische Gemeinschaft. Man kann von der Familie verlangen, zu Gruppensitzungen in diese Einrichtung zu kommen, wenn sie den Patienten besuchen wollen. Außerdem kann dem identifizierten Patienten, der nun zum ersten Mal seit Jahren nicht unter Drogen steht, herzlich und vertrauensvoll und ohne Furcht vor einem Chaos begegnet werden. Es ist am günstigsten, wenn der identifizierte Patient die Familie selbst einlädt. Der Therapeut kann natürlich auch eine formelle Einladung verschicken oder daheim anrufen. Letzteres ist u. U. erforderlich, um eine sich sperrende Familie oder ein widerstrebendes Familienmitglied zur Teilnahme an der Therapie zu bewegen.

Einer der beiden Autoren hat vor kurzem eine vierjährige Behandlung eines an einem Methadonbehandlungsprogramm teilnehmenden Patienten abgeschlossen. Die Therapie war zunächst trotz der unterstützenden Mitarbeit einer pyschiatrischen Klinik und mehrerer Gruppentherapien wirkungslos. In dieser Zeit weigerte sich der Patient beharrlich, seine Mutter oder irgendein anderes Familienmitglied in die Behandlung miteinzubeziehen, obwohl er während des gesamten Behandlungsverlaufes bei seiner Mutter wohnte. Bundesstaatliche Richtlinien über die Schweigepflicht, vor allem in ihrer Auslegung bei Methadonbehandlungsprogrammen, und die Forderung der Behörde der Stadt New York, die unser Therapieprojekt finanzierte, keine Zwangsmaßnahmen anzuwenden, machten es unmöglich, auf einer Teilnahme der Familie zu bestehen. Schließlich, nachdem er mehrere Male eine Überdosis genommen und Entwöhnungskuren hinter sich hatte, willigte der Patient ein, sich in eine therapeutische Gemeinschaft aufnehmen zu lassen. Nach zwei Wochen in der Gemeinschaft erschien die Familie zur ersten Mehrfamilientherapiestunde, zu der man sie eingeladen hatte. Sofort wurde die maßgebliche Funktion der Mutter für die Behandlung deutlich. Zwei Tanten und ein älterer Bruder – von denen keiner zuvor erwähnt worden war – kamen regelmäßig. Die Anwesenheit der erweiterten Familie erwies sich im Verlauf der Behandlung für eine Neustrukturierung des Fami-

liensystems und zur Änderung dieses schwierigen Patienten als unerläßlich.
In einer stationären Einrichtung kann sich die Mehrfamilientherapiegruppe aus allen Familien der therapeutischen Gemeinschaft oder aus mehreren kleineren Gruppen, die aus drei oder vier sorgfältig zusammengestellten Familien bestehen, zusammensetzen. Wir haben Erfahrungen mit der ersten Variante gemacht, einmal weil wir nicht ausreichend Therapeuten für mehrere kleinere Gruppen hatten, und zum anderen, weil wir alle Familien als eine Gemeinschaft ansehen.
Normalerweise kommen zur wöchentlich stattfindenden Mehrfamiliengruppe insgesamt 40 bis 50 Personen, das sind ungefähr 10 bis 15 Familien. Zur Gruppe gehören die identifizierten Patienten und ihre Familienangehörigen im engeren Sinn sowie alle Verwandten, die einen Einfluß auf die Familie haben. Freunde und Partner werden einbezogen, wenn sie im sozialen Netz des Süchtigen eine wichtige Funktion haben und selbst keine Drogen einnehmen. Wenn sie Alkohol oder Drogen nehmen, kann man sie von der Gruppe so lange ausschließen, bis sie ihr eigenes, die Gruppe störendes oder zersetzendes Symptom unter Kontrolle haben. Ohne starre Richtlinien über den Ausschluß von Familienmitgliedern und Freunden ergibt sich eine ganze Menge wichtigen Materials. Einmal erschien der drogenabhängige Freund einer bestimmten Klientin mit seinem „einzigen Freund, der keine Drogen nimmt“ zur Therapiesitzung – ausgerechnet dem ehemaligen Mann dieser Klientin. Sie konnte die beiden noch bitten zu gehen, bevor die Sitzung anfing. Aber die zwischen ihr und ihrem Ex-Partner ausgelösten Gefühle weckten alte ungelöste Probleme, die anschließend in der Mehrfamilientherapie besprochen wurden.
Die Familien sollten informiert und interviewt werden, bevor sie zum ersten Mal an der Gruppe teilnehmen. Im Erstgespräch können ein Familienstammbaum und eine Familienstrukturkarte angelegt werden. Wenn sich in der Gruppe herausstellt, daß eine Familie Schwierigkeiten hat und familientherapeutische Sitzungen ohne die anderen Familien benötigt, sollten diese auch angeboten werden. Vielleicht müssen einige Familiengeheimnisse wirklich innerhalb der Familie

bleiben, aber im Normalfall werden die Gruppenmitglieder dazu angeregt, die in diesen Einzelsitzungen besprochenen Themen anschließend in die Mehrfamiliengruppe einzubringen, weil sie der Hauptbehandlungsmodus bleiben sollte. Ein erfahrener Familientherapeut arbeitet mit Drogenberatern der Einrichtung als Co-Therapeuten zusammen. Die Gesamtgruppe verhält sich wie ein weiterer Familientherapeut. Einzelne Familienmitglieder holen sich Hinweisreize vom Therapeuten und konfrontieren, beruhigen und stützen den Umständen entsprechend. Manchmal können die eigenen Bedürfnisse der Familie dem jedoch im Wege stehen, und ihr Ärger auf ihr eigenes Kind oder ihre selbstsüchtige Liebe überträgt sich auf die ehemaligen Süchtigen aller anderen Familien. Die Familien tauschen Erfahrungen aus und bieten einander und den Patienten auch außerhalb der Therapie Hilfe an. Manchmal begleiten Patienten einander bei Besuchen daheim, wo sie stützend wirken, und in der Mehrfamilientherapie erstatten sie dann Bericht über das beobachtete Verhalten. Die Mitpatienten können dem identifizierten Patienten auch bei der Durchführung von „Hausaufgaben", bei Besuchen daheim und in der Mehrfamiliengruppe helfen.

Die Gruppe sitzt in einem größeren Kreis. Die Co-Therapeuten verteilen sich in gleichen Abständen, um die ganze Gruppe beobachten zu können. Wir verwenden keine „Fischpool-Anordnung", bei der die Hauptfamilie in der Mitte des Gruppenkreises sitzt, weil dies die anderen Familien an der Identifikation und Beteiligung hindert. Die einzelnen Familien sitzen zusammen; ihre Sitzordnung wird sorgfältig beobachtet, weil sie für gewöhnlich strukturelle Muster wiedergibt. Man kann die Familienmitglieder bitten, sich auseinanderzusetzen, wenn zuviel geflüstert oder gestört wird. Die Gruppensitzung beginnt damit, daß sich jeder der Anwesenden vorstellt und Name und Funktion nennt. Ein Gruppenmitglied erläutert das Ziel der Gruppe. Meistens wird die Notwendigkeit betont, daß die Familien ehrlich zueinander sind und ihre Gefühle offen äußern. Manchmal wird in dieser einführenden Erklärung auch hervorgehoben, wie wichtig es ist, einzelne Faktoren im Zusammenhang dieser Familien

zu verstehen und zu verändern, weil sie zum Drogenmißbrauch geführt haben. Mit der ersten Familie wird für gewöhnlich eine Stunde lang gearbeitet.
Die im Brennpunkt stehenden Konflikte bestimmen die emotionale Stimmungslage und beeinflussen die von der ganzen Gruppe diskutierten Themen. Viele weitere Familien identifizieren sich mit diesen Konflikten, äußern ihre Gefühle, bieten Hilfe an und arbeiten an ähnlichen Konflikten. An einem Abend wird meist mit drei oder vier Familien intensiv gearbeitet. Fast alle Familien beteiligen sich verbal, und für gewöhnlich fühlen sich die Familien emotional angesprochen.
Die vor und nach der Gruppe stattfindenden informellen Kontakte sind außerordentlich wichtig. Therapeuten sollten sich in dieser prä- und postgruppalen Phase zu den Familien gesellen und mit ihnen interagieren. In vielen Kontakten vor der Gruppensitzung ergibt sich ausgezeichnetes Material für die Therapie. Die Interaktionen nach der Gruppensitzung können entweder Einsichten des Therapeuten bestätigen und seine Eindrücke bewerten oder die therapeutische Arbeit zunichte machen, wenn sie nicht beachtet werden. Familien von fernbleibenden Patienten werden aufgefordert, auch weiterhin teilzunehmen, um die von ihnen erreichten strukturellen Veränderungen aufrechtzuerhalten und dem identifizierten Patienten eine Rückkehr in die Behandlung zu erleichtern.

Das therapeutische Team

Das therapeutische Team kommt ohne das Vorhandensein eines in Gruppen- und Familientherapie erfahrenen und sich in großen Gruppen sicher fühlenden Therapeuten nicht aus. Des weiteren müssen mehrere Co-Therapeuten vorhanden sein, die zur Behandlungseinrichtung gehören, Feedback von der Gruppe zum Gesamtbehandlungsprojekt geben können und Wünsche des Projektes an die Gruppe vermitteln. Die Gruppe sollte auch zur Ausbildung von Drogenberatern in Familiendynamik und familientherapeutischen Techniken herangezogen werden. Allzuoft neigen jüngere Berater dazu, sich wegen eigener Konflikte zu sehr mit der Feindseligkeit eines Klienten gegenüber seinen Eltern zu identifizieren. Ähnlich können sich Berater, die selbst bereits Eltern sind, mit dem elterlichen System zu stark identifizieren. Die Drogenberater sollten daher an ergänzenden Fortbildungsprogrammen teilnehmen, die sich schwerpunktmäßig mit ihren eigenen Herkunftsfamilien befassen. Außerdem sollten die Berater an weiteren didaktischen Kursen teilnehmen und die Literatur durcharbeiten, insbesondere wenn sie einmal selbst Therapeuten werden wollen. Das Team der Co-Therapeuten sollte sich gemeinsam darum bemühen, daß abweichende Meinungen zugelassen werden, damit Raum für individuelle Unterschiede bestehen bleibt. Diese Haltung bietet ein elterliches Rollenmodell, das einmütig, aber nicht starr ist.

Speck (13) hat die Eigenschaften eines guten Netzwerktherapeuten genannt, die auch für Therapeuten, die Mehrfamilientherapie durchführen, zutreffen: „Ein Gefühl für den richtigen Zeitpunkt, Empathie mit emotionalen Höhepunkten, ein Gespür für Gruppenstimmungen und -strömungen und eine gewisse Ausstrahlung . . . Neben der Fähigkeit, bestimmen zu können, muß der Leiter jenes Selbstvertrauen haben, das sich erst nach beträchtlicher Erfahrung einstellt . . . , die Fähigkeit, sich zurückzuhalten, zu delegieren und Verantwortung abzugeben . . . , anstatt sie an sich zu ziehen." Der gute Mehrfamilientherapeut hat genau wie der Netzwerktherapeut die Rolle eines Theaterdirektors – aber mit mehr Gewicht auf dem therapeutischen als auf dem dramatischen Element. Interessanterweise hat auch Papp (11) den therapeutischen Aspekt des Theatralischen in der Mehrfamilientherapie hervorgehoben, vor allem bei der Technik der Familienskulptur. „Wahres Theater entblößt die oberflächlichen Hüllen bis auf das blanke Gerippe wahrhaftiger Bedeutung – es enthüllt eine verborgene Wahrheit und teilt eine universelle Erfahrung mit." Auch Minuchin (9) vertritt die Auffassung, daß der wirksame Therapeut „wie der Regisseur eines Stückes ist, der es auf die Bühne bringt, in Szene setzt, eine Aufgabe erteilt und von den Familienmitgliedern verlangt, innerhalb der neuen, von ihm auferlegten Einstellung zu funktionieren".

Für die Therapeuten, das Behandlungsprojekt und auch für die Familie ist Mehrfamilientherapie eine Verjüngungskur. Der Familientherapeut wird für eine große Zahl von Familien zu einer väterlichen oder mütterlichen Gestalt. Die Familien wachsen zu einem einzigen Familiennetz zusammen und bilden in vielerlei Hinsicht eine einzige Familie. Zeitweilig übernimmt der Therapeut elterliche Gewalt für alle diese Familien und ist dabei gleichzeitig das Kind von ihnen allen. Der Therapeut gibt und profitiert also aus seiner Vielfalt elterlicher und kindlicher Rollen; gleichzeitig muß sich der Therapeut von diesen emotionalen Verstrickungen freihalten und objektiv bleiben. Als Therapeut kann man sogar soweit gehen, seinem Co-Therapeuten und der Gruppe zu erklären: „Ich werde mich diesem Familiensystem anschließen, um es von innen heraus zu erleben. Holt mich heraus, wenn ich zu sehr hineingerate." Der Haupttherapeut sollte immer daran denken, daß eine seiner Hauptfunktionen darin besteht, von allen einzelnen Mitgliedern der Gruppe als ein Rückhalt gewährender Verbündeter angesehen zu werden. Er sollte sich auch zutrauen, störende Kommunikationen zu unterbrechen.

Familiendynamik und familientherapeutische Techniken

Nur die für die Mehrfamilientherapie am besten geeigneten dynamischen Muster und Techniken sollen an dieser Stelle diskutiert werden. Für gewöhnlich verwendet man in der Mehrfamilientherapie die gebräuchlichsten Techniken eines Behandlungsansatzes. In der Mehrfamilientherapie und in therapeutischen Gemeinschaften sind daher konfrontative Techniken und Encounterverfahren zum Erreichen struktureller Veränderungen häufig anzutreffen. Der Therapeut muß sich dem System als Ganzes und auch jeder einzelnen Familie anschließen. Neue Techniken können zuerst in die Mehrfamiliengruppe eingeführt werden und von da in das breitere Behandlungsprogramm oder umgekehrt.

In den Anfangsphasen der Behandlung hilft es den Familienangehörigen, einander von den Qualen zu erzählen, die sie mit ihrem Drogenabhängigen auszustehen hatten. Die Familie fühlt sich erheblich weniger einsam und isoliert beim Umgang mit einer so gewichtigen Krise, wenn sie ihre Last mit anderen Familien teilen kann. Die Familien sind von ihren süchtigen Angehörigen mit ähnlichen Tricks manipuliert worden; diese gemeinsame Erfahrung bildet den Anfang eines Bundes zwischen den Familien. Der süchtige Sohn oder die süchtige Tochter hat seine Familie belogen und bestohlen. Viele Familien haben dem Süchtigen Geld zugesteckt, um ihn vor Diebstählen und der Gefahr einer Inhaftierung zu bewahren. Die Familien werden nachdrücklich dazu angehalten, diese Verhaltensmuster nicht fortzusetzen. Die Familien erkennen ihre verdeckten feindseligen Gefühle eher als ihre vermeintlich wohltätigen Handlungen. Viele Süchtige, die mit den Anforderungen der therapeutischen Gemeinschaft Schwierigkeiten haben, versuchen, ihre Familien zu überreden, sie doch noch einmal daheim aufzunehmen, um sie vor den vermeintlichen „Übeln" der Gemeinschaft zu beschützen, gerade so, wie die Familie sie vor dem Gefängnis bewahrt hatte. Durch ein Eingreifen an diesem Punkt kann man viele Patienten davon abhalten, die Gruppe vorzeitig zu verlassen. Wir nennen dies „den Hinterausgang verschließen". Viele Familien sind dazu nur mit Gruppenunterstützung bereit. Andere Familien müssen erst erkennen, wie der Süchtige Schuldgefühle in ihnen auslöst und sie in seine Probleme verstrickt, bevor sie eine Wiederholung einer solchen symbiotischen Bindung verhindern können. Manchmal ist es in der Anfangsphase erforderlich, Gefühle von Ärger und Abneigung freizusetzen, bevor der Familie Änderungsstrategien empfohlen werden können. Man schafft eine Atmosphäre, die alle Familien ermutigt, offen zu sein und alles über jeden frei zu äußern. Aber das ist natürlich kein Freibrief, anderen unter dem Vorwand der Ehrlichkeit sadistisch weh zu tun.

Die täglichen Mahlzeiten sind eine wichtige Familientransaktion, die bewußt in der Therapie eingesetzt werden kann. Manchmal werden Eßwaren auch als kleine Geschenke für die ganze Gruppe mitgebracht. Das kann der Gruppe das Gefühl geben, eine große Familie zu sein. Diese Gaben ermöglichen es auch, Schuldgefühle der Familie abzubauen, und sie gestatten es ihr, das Bedürfnis zu befriedigen, etwas zu geben, ohne den identifizierten Patienten zu „infantilisieren". Im Verlauf der Therapie wird die Funktion herausgearbeitet, die der Familie beim Entstehen und bei der Fortsetzung des Drogenmißbrauchs zukommt. Man stellt fest, durch welche Verhaltensmuster manipuliert, Anerkennung ausgelöst oder Zwang ausgeübt wird, und macht ihren Effekt zunichte. Man verringert das Bedürfnis der Familie, den Süchtigen zum Sündenbock zu erklären oder seinen Rückzug, sein Schutz suchendes oder infantiles Verhalten weiter zu unterstützen. Neue Möglichkeiten, einander zu begegnen, werden gefördert. Viele Familien fühlen sich schuldig, wenn der Süchtige sie mit ihrer Rolle im Suchtzyklus konfrontiert. Das war zu Hause so, und es wiederholt sich in den Anfangsphasen der Mehrfamilientherapie. Wenn der Therapeut nicht eingreift, rächt sich die Familie, indem sie Schuldgefühle erzeugt und Wachstum behindert. Sie kann den Süchtigen sogar von der Behandlung abhalten. Wir fassen Drogenabhängigkeit als ein Problem auf, bei dem es keine Schuldigen geben kann. Die Eltern bedürfen wegen ihrer eigenen Schuldgefühle und wegen der Tendenz von Patienten und selbst von Beratern, sie anzuklagen, nachdrücklicher Unterstützung. Einige Eltern reagieren bereits auf ein öffentliches Eingeständnis, in ihrer Familie ein Problem zu haben, mit Gefühlen von Beschämung und Feindseligkeit. Solche Eltern benötigen einzelfamilientherapeutische Sitzungen, in denen sie gestützt werden. Die Überwindung ihrer Verlegenheit, Gefühle „öffentlich" in der Gruppe zu äußern, ist ein wichtiger Schritt zum offeneren Ausdruck von Gefühlen schlechthin. Die Drogenberater der Behandlungseinrichtung und Familienangehörige lenken die Gruppe oft von der Arbeit am Familiensystem zum identifizierten Patienten und seinen Problemen in der therapeutischen Gemeinschaft hin. Wenn dies geschieht, muß sich die Gruppe wieder mit dem Familiengeschehen befassen. Oft rücken die Berater auch andere Familienmitglieder, die Drogen nehmen, in das Zentrum der Aufmerksamkeit. Als Therapeut sollte man sie unterstützen, sich wieder auf das Familiensystem als Ganzes zu konzentrieren. Häufig stellen sich in der Mehrfamilientherapie Dinge heraus, die für Patienten zu erheblichen Nachteilen und Strafen auf der Station führen können. Deshalb ist es wichtig, daß die Familientherapeuten Einfluß auf Disziplinierungsmaßnahmen in der Behandlungseinrichtung haben, wenn nicht die Familienbehandlung unterlaufen oder sich ein destruktives Verhaltensmuster der Familie wieder einstellen soll.

Die Patienten frischen in der Mehrfamilientherapiegruppe Einsichten in Familiengeschehen wieder auf, die sie in ihren Einzeltherapien gewonnen haben. Viele Familien lernen in diesen Gruppen zum ersten Mal, direkt Liebe und Ärger auszudrücken. Gegebenenfalls wird tiefer emotionaler Schmerz gezeigt. Andere Familienmitglieder werden dann ermuntert, den Ausdruck solcher Gefühle zu unterstützen und ihn nicht etwa zu unterbinden oder zu verleugnen. Oft weint die ganze Gruppe zusammen oder pflichtet jemandem zustimmend bei. Die Familien versuchen, unter dem Vorwand trösten zu wollen, emotionalen Schmerz durch Küssen, Umarmen und gegenseitiges An-sich-Drücken abzuschwächen. Wenn Familien emotional isoliert sind, hilft es, solchen körperlichen Ausdruck von Zuneigung anzuregen.

Der identifizierte Patient ist ein Barometer für das Funktionieren der gesamten Familie. Wenn er sich fehlangepaßt verhält oder stört, kann man davon ausgehen, daß seine Familie unter vermehrtem Streß steht und auf frühere destruktive Interaktionsmuster zurückfällt. Dies trifft vor allem bei Tageskliniken für Jugendliche zu, die häufigen Kontakt zu den Eltern ermöglichen. Einerseits wird das Verhalten des identifizierten Patienten als teilweise durch die Belastung der Familie ausgelöst angesehen; andererseits geht seine Gleichaltrigengruppe in Encountersitzungen der therapeutischen Einrichtung davon aus, daß er für sein Verhalten die Verantwortung trägt. Als eine Erweiterung der therapeutischen Gemeinschaft unterstützen die Gleichaltrigen einander recht gut und meinen doch, daß jeder für sein Verhalten verantwortlich ist. Sie können wirkungsvoller eingreifen als Erwachsene. Häufig werden therapeutische Hausaufgaben erteilt, um strukturelle Veränderungen in der Familie fortzusetzen. Es werden nicht nur Familienaufgaben erteilt, sondern auch verschiedene Familienrollen für die Neustrukturierung der Familie zugewiesen. Schwache Bindungen zwischen Familienangehörigen werden gestärkt, indem man gemeinsame Aktivitäten anregt, die persönliche Nähe entstehen lassen, und indem man die zugrundeliegenden Befürchtungen und Interaktionsmuster herausfindet. Durch die Stärkung solcher Bindungen werden andere verstrickte Bindungen geschwächt. Ein erdrückend dominierendes Familienmitglied kann man bitten, mehrere Wochen lang nicht an Sitzungen teilzunehmen, damit Bindungen zwischen anderen Familienmitgliedern stärker werden können. Man kann das Leid, einen süchtigen Angehörigen in der Familie zu haben, dazu verwenden, einem übermäßig stark gebundenen Familienmitglied zu helfen, sich allmählich abzulösen.

Jede beliebige Anzahl weiterer therapeutischer Strategien ist der Neustrukturierung von Familien nützlich. Dabei hängt viel vom persönlichen Stil des Therapeuten ab. Wir selbst konzentrieren uns konsequent auf dysfunktionale Kommunikationsmuster. Wir setzen dadurch Grenzen, daß wir den Familienmitgliedern untersagen, füreinander zu denken oder zu fühlen. Wir weisen auf nichtverbale Kommunikationen hin, die auf andere Familienmitglieder Druck ausüben und sie überrumpeln, ihre Ausdruckskraft hemmen oder zu Doppelbindungen führen. Wir verlangen, daß Botschaften eindeutig ausgedrückt werden, wobei tieferliegende Bedeutungsanteile explizit gemacht werden sollen. Wir erteilen Familienmitgliedern auch Aufgaben, die eine Individuation fördern. Für alleinerziehende Mütter ist es äußerst wichtig, an ihrem eigenen Leben Freude zu finden, und Paare müssen lernen oder wieder lernen, aneinander Freude zu finden. Häufig muß man auf die Großeltern zu sprechen kommen und über Generationen hinweg bestehende Muster aufzeigen, bevor sich Eltern ändern können. Wirksam sind Interpretationen, die sich gleichzeitig auf die Verantwortlichkeit beider Seiten konzentrieren. Sie vermindern Schuldgefühle und das Sündenbock-Denken. Sie tragen auch dazu bei, die Position des Therapeuten als Verbündeten jedes einzelnen Familienmitgliedes zu erhalten.

Nach unserer Erfahrung sind Psychodramaübungen, in denen es um das Austragen und die Überwindung von Unstimmigkeiten, die Bildung von positiven Untergruppen, die Veränderung von Kommunikationsstilen, die Verbalisierung von Ärger, Zuneigung oder Freundschaft geht, zur Änderung von dysfunktionalen Systemen sehr nützlich. Man kann die Technik des „leeren Stuhles" einsetzen, um tieferliegende Gefühle – für gewöhnlich Ärger über den Rückzug oder den Verlust eines Angehörigen – herauszufinden. Die Familienskulptur (10) ist eine sehr wertvolle Technik für die Mehrfamilientherapie mit Drogenabhängigen.

In den späteren Phasen der Mehrfamilientherapie kommt es in den Familien zu intensiven, bisher unterdrückten Trauerreaktionen, die für eine gesunde Anpassung der Familie notwendig sind. Am leichtesten zeigen sich Gefühle über ein Geschwisterteil, das an einer Rauschmittelüberdosis gestorben ist. In noch späteren Behandlungsphasen wird es möglich, ein verlorenes Elternteil zu betrauern. In diesen Spätphasen der Mehrfamilientherapie werden auch Familiengeheimnisse und Mythen offenbart. Wenn sich die durch erste Veränderungen ausgelöste Angst gelegt hat, kann man fortgeschrittenere Aufgaben erteilen. In der Abschlußphase der Behandlung lösen sich die Familie und der identifizierte Patient von der Gruppe ab.

Die Kenntnis der spezifischen Dynamik einer Familie ermöglicht eine weitergehende „Familien"-Therapie mit einem Individuum und erbringt außerdem wichtiges Material für die Gruppen- und Einzeltherapie. Häufig erleben wir die überwältigende Wut des Patienten gegenüber Vater und Mutter. Manchmal ist diese Wut offenkundig zu vernichtend, um selbst in gemäßigter Form in der Anwesenheit des betreffenden Elternteils geäußert zu werden. Der Patient wird dann ermuntert, diese Wut zuerst in seiner Einzeltherapie auszudrücken, bevor er sie seiner Familie zeigt.

Mit Hilfe von Videobändern können die Familienmitglieder mit verleugneten Gefühlen konfrontiert werden. Durch wiederholtes Zurückspielen ist es möglich, daß sie bestimmte Interaktionsmuster erkennen, wie beispielsweise das Auslösen von Schuldgefühlen und Infantilisieren durch Botschaften, die gleichzeitig Zuneigung und Herabsetzung ausdrücken. Videobänder aus mehrfamilientherapeutischen Sitzungen sind ausgezeichnetes Lehrmaterial; sie können vom Verfasser angefordert werden.
Wir haben bereits erwähnt, daß sich Familien aus den Mehrfamilientherapiegruppen auch außerhalb von therapeutischen Sitzungen Rückhalt geben und dies auch noch nach Therapieabschluß tun. Diese Familien ersetzen häufig das gesamte soziale Netz des Süchtigen durch ein neues therapeutisches Netz.

Beispiel einer Gruppe

Wir möchten eine typische Mehrfamilientherapiesitzung beschreiben, um die Familiendynamik und die therapeutischen Techniken darzustellen.
Die zehn Familien und drei Therapeuten bildeten einen Kreis, der aus über 40 Einzelpersonen bestand. Die Gruppensitzung begann damit, daß jeder seinen Namen und seine Funktion in der Gruppe nannte. Ein Gruppenteilnehmer wurde gebeten, den Zweck der Gruppe zu erläutern. Er betonte insbesondere die Äußerung von Gefühlen und Konfrontation. In dieser Gruppensitzung wurde mit vier Familien intensiv gearbeitet, aber die verbleibenden Familien identifizierten sich stark mit ihnen.
Die erste Familie, mit der gearbeitet wurde, setzte sich aus dem identifizierten Patienten, einem 27jährigen Mann italienischer Abstammung, und seinem älteren Bruder, Mutter, Vater und Ehefrau zusammen. Die Mutter dominierte die Familie und ihren kommunikativen Austausch. Der Vater war körperlich behindert und konnte nicht arbeiten; die Mutter hatte daher den finanziellen Unterhalt der Familie

übernommen. Es wurde deutlich, daß der Vater wegen der Sorge um seinen süchtigen Sohn nicht auf seine Gesundheit achtete. Die Gruppe bedrängte den Vater, sich einen Termin beim Zahnarzt geben zu lassen. Als er ausweichend antwortete, übte sie Druck auf ihn aus, sich dazu zu verpflichten, was er auch tat. Der Sohn empfand Schuldgefühle und begann zu weinen und äußerte, er würde seinen Vater immer noch brauchen. Die Mutter weinte, als sie die Tränen ihres Sohnes sah und die drei umarmten einander. Wir hatten zuvor erfahren, daß der identifizierte Patient, seine Frau und sein Sohn die meisten Mahlzeiten vor Beginn der Behandlung im Hause der Mutter eingenommen hatten. Diese Tradition wurde fortgesetzt, wenn der Patient an Wochenenden heimkam, und die Frau und ihr Kind nahmen ihre Mahlzeiten dort auch an Wochentagen ein. Der Frau und dem Kind wurde die Aufgabe erteilt, die meisten Mahlzeiten während der Woche zu Hause einzunehmen, und die Kernfamilie wurde gebeten, an drei von vier Wochentagen in ihrer eigenen Wohnung zu essen. Die Mutter und der Vater des Patienten stimmten bereitwillig zu, diesen Individuationsprozeß zu verstärken. Der identifizierte Patient und seine Frau umarmten einander, was die Augen der meisten Gruppenmitglieder mit Tränen füllte.

Die nächste Familie, mit der wir uns befaßten, bestand aus einem 23jährigen Patienten, seiner Mutter und seinem Vater. Sie war, wie zwei weitere Familien der Gruppe, italienischer Abstammung. (Ein Co-Therapeut war Sizilianer.) Wir arbeiteten mit ihnen daran, eine in einer vergangenen Sitzung gewonnene Einsicht zu festigen. Sie hatten ihren Sohn vernichtend beleidigt und dies verleugnet. Diese Sequenz war ihnen auf Videoband gezeigt worden, um ihre Verleugnung zu durchbrechen. Sie hatten zugegeben, daß sie ihn vernichtend kritisiert hatten, und kamen so mit ihrer Wut auf ihn in Berührung. In dieser Stunde gelang es ihnen, ihren Sohn einmal nicht zu demütigen. Die Gruppe bedrängte die beiden, ihre drogenabhängige Tochter mit in die Therapie zu bringen.

Eine dritte Familie setzte sich aus dem identifizierten Patienten, einem 34jährigen Mann irischer Abstammung, seiner jüngeren Schwester und seinem Bruder zusammen. Die Mutter war in der Mehrfamilientherapie recht aktiv gewesen, nahm aber an dieser Sitzung nicht teil, denn ihre Familie war fortgezogen. Der Vater hatte kein einziges Mal teilgenommen, aber wegen seiner extremen Zurückgezogenheit war über ihn häufig diskutiert worden. Der Vater hatte sein Schlafzimmer seit drei Jahren nicht verlassen und kam auch nicht heraus, wenn sein Sohn zu Besuch kam. In dieser Therapiesitzung erkannte der Sohn, wie sehr er sich mit der emotionalen Isolation seines Vaters identifiziert hatte, bis hin zur Nachahmung seiner Körperhaltung. Ihm wurde geholfen, sein starres inneres Kontrollsystem zu spüren und zu empfinden. Seine Wut auf seinen Vater sollte das Thema kommender Gruppensitzungen sein. Er erkannte auch, daß er versucht hatte, gegenüber seinen Geschwistern Vaterfunktionen zu übernehmen, bis hin zur Vernachlässigung seiner eigenen Bedürfnisse. Die Schwester kam ihm entgegen und durchbrach teilweise seine Isolation durch ihre treffende Verteidigung seines Verhaltens. Ein anderer Patient, der zusammen mit seiner Mutter in der Gruppe war, identifizierte sich stark und schluchzte, weil er zu seiner eigenen Schwester keinen Kontakt hatte. Er wurde aufgefordert, zur Schwester des ersten Patienten zu reden, als ob es seine eigene wäre. Als er dies tat, empfand er eine tiefe Sehnsucht und Qual. Seine Mutter berührte und umarmte ihn. Um diese Infantilisierung abzuschwächen, forderte der Therapeut die Mutter auf, das zu unterlassen. Von seiner Mutter befreit, vermochte er heftig zu schluchzen, weil er seine Schwester vermißte und wegen seiner Schuldgefühle, sie von sich gestoßen zu haben. Wir kamen wieder auf die irische Familie zurück, konnten aber noch immer nicht die emotionale Isolation des identifizierten Patienten durchdringen. Er wurde darauf aufmerksam gemacht, daß es für ihn schwierig sei, Gefühle auszudrücken, weil er sich mit seinem Vater identifiziere und weil er das Bedürfnis habe, weiterhin der große Bruder ohne Schwächen zu bleiben.

Zusammenfassung

Wir möchten die Veröffentlichungen zur Mehrfamilientherapie zusammenfassen, die unsere Arbeit beeinflußt haben, und sie auf dem Hintergrund unserer eigenen Erfahrung erörtern. Laqueurs (6) Zielsetzung bei der Therapie von Schizophrenen sind mit unseren Behandlungszielen für Drogenabhängige identisch, nämlich eine „Verbesserung der Kommunikation zwischen allen Familienmitgliedern und ein besseres Verständnis der Gründe für das sich gegenseitig beeinträchtigende Verhalten". Laqueur erinnert uns daran, daß Mehrfamilientherapie „den Familien eine Gelegenheit gibt, indirekt voneinander durch Analogie, indirekte Interpretation, Nachahmung und Identifizierung zu lernen", so daß „die Ressourcen aller Familienmitglieder erfolgreicher genutzt werden, als wenn jede Familie für sich behandelt würde". Er weist darauf hin, daß man Schizophrenen – ebenso wie Drogensüchtigen – hilft, frühere symbiotische Beziehungen auf Objekte in der Gruppe zu übertragen. Laqueur betont auch, wie wichtig es für den Therapeuten ist, sich nicht in den mehrfachen, vom Patienten und seinem Partner gestellten Doppelbindungen fangen zu lassen, um dadurch zu demonstrieren, daß eine emotionale Distanz von diesen Interaktionsmustern möglich ist. Der Therapeut ist so ein Modell für eine erfolgreiche Indivituation. In ähnlicher Weise kann sich der identifizierte Patient mit anderen sich ablösenden Familienmitgliedern identifizieren und sich danach selbst mit weniger Angst ablösen, als dies sonst mit dieser Lernerfahrung möglich ist.

Leichter und Schulman (7) führten Mehrfamilientherapie in einem ambulanten Rahmen durch und wählten wie Laqueur drei bis vier Familien aus, so daß sich eine homogene, aber ausgewogene Gruppe zusammenfand. Sie bestehen auf der Teilnahme der gesamten Kernfamilie und haben die Gruppe gelegentlich auf den erweiterten Verwandtenkreis, d. h. Großeltern oder geschiedene Partner, ausgedehnt, wenn dies erforderlich war. Sie nennen Familientypen, bei denen Mehrfamilientherapie der Arbeit mit einer einzigen Familie vorzuziehen ist. Dazu zählen Familien, die isoliert sind oder deren System starr und zirkulär ist, insbesondere symbiotische Familiensysteme. Mehrfamilientherapie ist auch bei einem fehlenden Elternteil (meistens der Vater) nützlich, weil die Gruppe einen Elternersatz bietet. Leichter und Schulman stellten weiterhin fest, daß sich bestimmte Formen von Familiendynamik für eine Behandlung mit Mehrfamilientherapie besonders eignen. Die Fähigkeit zur Realitätsprüfung wird gestärkt, weil Wahrnehmungsverzerrungen einer Familie anderen Gruppenmitgliedern leicht ersichtlich sind, die dann auf sie in einer Form hinweisen, die ohne weiteres akzeptiert werden kann. Umgekehrt können andere Personen die Wirklichkeit ihrer eigenen Familie korrigieren. In ähnlicher Weise läßt sich die Übertragung auf ein Gruppenmitglied zur betreffenden Person in der eigenen Familie zurückverfolgen. Daß diese Wahrnehmung verzerrt ist, kann sich rasch herausstellen, weil die Person, die zur Überreaktion Anlaß gegeben hat, in der Gruppe real anwesend ist. Diese Gruppen haben als weiteres Ziel, durch Erleben der Universalität menschlicher Bedürfnisse und Emotionen eine Brücke zwischen einander entfremdeten Generationen zu schlagen. Erwachsene können in der Mehrfamilientherapie den Kindern anderer Familien eine konfliktfreie Erziehung geben, und Eltern und Kinder können gleichermaßen ihr Bedürfnis befriedigen, sich erziehen zu lassen. Die Illusion eines „guten" Kindes der Familie läßt sich bearbeiten, ebenso wie der Preis, den das Kind für diese Position in seiner Familie bezahlt. Manchmal ist sogar der Süchtige das „gute" Kind der Familie. Die meisten Familien können ohne Schwierigkeiten die Fehlfunktionen wahrnehmen und lernen, in ähnlichen Begriffen zu denken, um dieses Wissen dann auf ihre eigenen Familien zu übertragen. Leichter und Schulman (7) bemerken, „Mehrfamilientherapie bietet einen besonders fruchtbaren Boden für das Auftreten spontaner und unerwarteter neuer Einstellungen und Einsichten", die sich beinahe als „Nebenprodukt" eines ablaufenden Prozesses einstellen.

Papp (11) hat die Erfahrung gemacht, daß „hoffnungslose" Familien in Gruppen besser zurechtkommen. Nachdem sie sechs Monate lang versucht hatte, für ihre Gruppen zueinander passende Familien zusammenzustellen, versammelte sie eine aus den übriggebliebenen Familien der Warteliste bestehende Gruppe. Sie stellte „zufällig fest, daß es keine durch Rasse, Religion, Kultur, Bildung, psychiatrische Diagnose, politische Anschauung oder Vorurteile bedingte Schranken gibt, die sich nicht in einer Gruppe überwinden und zum therapeutischen Vorteil verwenden lassen“. Papps Pionierleistung, die Familienskulptur, hat den Verfassern sehr geholfen und ist insgesamt für die Mehrfamilientherapie äußerst nützlich. „Familienskulpturen“ oder „Familienchoreografien“, wie sie ihre Technik später bezeichnete, können einen gehemmten, intellektualisierenden oder ängstlichen Bummelverein in eine „aktive, lebendige, hochgradig anteilnehmende zielstrebige Einheit“ verwandeln.

Die Literatur über die spezifische Anwendung von Mehrfamilientherapie bei Drogenabhängigen ist spärlich. Ein sehr früher Artikel wurde von Hirsch (5) verfaßt, der eine Therapiegruppe diskutierte, die sich aus Eltern von heranwachsenden Drogenabhängigen im Riverside Hospital im Jahre 1958 zusammensetzte. In dieser Gruppe gab es keine intakten Familien, aber die jeweiligen Elternteile wurden ermuntert, einander ihre gemeinsamen Schwierigkeiten mitzuteilen. Seit 1958 sind Elterngruppen, von denen das süchtige Kind ausgeschlossen ist, besonders in therapeutischen Gemeinschaften nicht ungewöhnlich. Nach unserer Beobachtung hat die Einbeziehung der ganzen Familie in keiner Weise zu einer Verstärkung der Abwehr des Patienten oder zu einer Verschlechterung der Kommunikation geführt. Diese Elterngruppen waren jedoch eher pädagogisch als therapeutisch orientiert oder bemühten sich nicht um die Lösung tieferliegender Konflikte. Berger (2) und Bartlett (1) haben Mehrfamilientherapie mit Familien von Süchtigen durchgeführt. Bergers Gruppe traf sich lediglich monatlich in der therapeutischen Gemeinschaft des Quäkers Committee for Social Rehabilitation in New York City. Seine Gruppen hatten einen Verhaltenskodex, der die Wahrheit herstellen sollte, damit eine Auseinandersetzung mit der Vergangenheit und mit der Gegenwart ohne Vorwürfe oder Schuldgefühle möglich werden konnte. Sie konzentrierten sich auf Interaktionsmuster, die zu Selbsthaß sowie zu Eigenverletzung durch Verletzung der Eltern führten. Ein weiterer Schwerpunkt lag auf den zunächst nicht bewußten nichtverbalen Verhaltensweisen. Durch die Beobachtung, Interpretation und Reaktion anderer Personen wurden sie bewußt gemacht. Berger konzentriert sich ausschließlich auf „Krisenerzeuger", „Hilfestellung", „Nörgler", „Zurückweiser", „Prediger" und „Beschwichtiger". Innerhalb der größereren Gruppen wird eine kleinere Familiengruppe gebildet, mit zwei zu Anwälten der „Wahrheit" ernannten Patienten, einem für die Familie und einem für die Patienten. Bartlett (1) schreibt über eine Mehrfamilientherapie auf einer Drogenentzugsstation; diese Gruppe ist notwendigerweise von kurzer Dauer. In der ersten oder zweiten Sitzung verleugnet die Familie tiefergehende Probleme. In der dritten Gruppensitzung konfrontiert der Therapeut die Familie mit ihrem Verhalten und der zugrundeliegenden Dynamik und Struktur und macht die Rolle eines Familienmitgliedes als dominant und die des Süchtigen als Sündenbock, Dolmetscher, Vermittler und Gefühlsspender deutlich. In der vierten bis zur sechsten Sitzung wird entschieden, daß ein Behandlungsplan durchgeführt werden soll. Dies ist sicherlich keine einfache Entscheidung, und grundsätzlichere Themen wie die Durchsetzung von elterlicher Autorität und die Macht des Süchtigen, in anderen Angst entstehen zu lassen, müssen bearbeitet werden. Der Therapeut unterstützt die Eltern, daheim Veränderungen umzusetzen und die Hypothese zu akzeptieren, „daß Veränderungen möglich sind".

Bartlett (1) berichtet über eine Nachfolgeuntersuchung einer Gruppe von sieben von Kaufmann behandelten Familien, in denen fünf Patienten ein Jahr nach Therapieabschluß keine Drogen mehr nahmen und keine Geschwister süchtig wurden. Eine spätere Studie von Kaufmann zeigte, daß aus einer Gruppe von 45 jugendlichen Rauschmittelabhängigen am „Phoenix House" die Rückfallquote nach zwölfbis achtzehnmonatiger Behandlung bei 50 Prozent lag. Bei einer anderen Gruppe von 45 Personen, bei denen ihre gesamten Familien in die Behandlung miteinbezogen worden waren, sank die Rückfallquo-

te auf 20 Prozent. Rückfälle wurden durch ein einstündiges Tiefeninterview mit der Familie des Süchtigen und durch Rückfragen in der Schule oder an der Arbeitsstelle beurteilt. Hendricks (4) verglich eine Gruppe männlicher Rauschmittelsüchtiger, die Mehrfamilienberatung erhielten, mit einer Kontrollgruppe ohne Behandlung. Er beobachtete, daß ein Jahr nach der Entlassung 41 Prozent der Patienten der Behandlungsgruppe einen ambulanten Status im Vergleich zu 21 Prozent aller ambulanten männlichen Patienten behielten.
Nach unserer Auffassung ist Drogenabhängigkeit ein durch gesellschaftlichen Streß verstärktes Familiensymptom. Wir befassen uns hauptsächlich mit den Einflußkräften, die das Symptom erzeugen und aufrechterhalten, und mit den Faktoren, die innerhalb der therapeutischen Gemeinschaft dazu beitragen, diese Symptome aufrechtzuerhalten. Die Mitarbeiter und die Patienten bilden ein eigenes Familiensystem. Mit dem Symptom kann ähnlich umgegangen werden wie mit familialer Dysfunktion. Die Mehrfamilientherapiegruppe reagiert häufig wie ein Barometer, das das gesamte Funktionieren der therapeutischen Gemeinschaft offenlegt und Probleme oder den Zusammenhalt der Familie, die die therapeutische Gemeinschaft bildet, hervorhebt. Familien aus der Mittelschicht, insbesondere jene italienischer, griechischer, irischer oder jüdischer Abstammung, sind überwiegend verstrickt. Puertorikanische und schwarze Mütter haben meist zu starke Bindungen an ihre drogensüchtigen Söhne. Diese Familienstrukturen werden im Detail in Kapitel 2 beschrieben. Es sind die verstrickten Familien, die regelmäßig zur Therapie erscheinen; losgelöste Familien kommen nur selten oder gar nicht. In der mehrfamilientherapeutischen Behandlung sieht es daher so aus, als ob die meisten wenn nicht gar alle Familien von Süchtigen verstrickt wären. Die Vielfalt der Kulturen und Sprachen unserer Familien wurden oft durch die allgemeingültigen Aspekte der Familienprobleme überbrückt, aber sie bringen auch viele Schwierigkeiten mit sich, trotz der Anwesenheit von Therapeuten aus mehreren ethnischen Gruppen. In einigen Fällen ist mehr Distanz zwischen Familienmitgliedern ein notwendiges therapeutisches Ziel. Für viele Familien ist das Ziel jedoch

eine Wiederherstellung der Familienhomöostase. Sicherlich hat eine intakte Herkunftsfamilie eine heilende Wirkung und kann einem Mißbrauch von Drogen oft vorbeugen. Ebenso verhält es sich mit einer gesunden Kernfamilie, die sich aus dem Süchtigen, dem keine Drogen einnehmenden Ehepartner und den eigenen Kindern zusammensetzt.

In unserer heutigen Gesellschaft ist Mehrfamilientherapie insofern von Bedeutung, als sich bei ihr Familien einander öffnen und versuchen, auf ihren jeweiligen Lebenswandel einen positiven Einfluß zu gewinnen. Jede therapeutische Einrichtung, die Mehrfamilientherapie anwendet, wird durch sie bereichert und stimuliert. Nach unserer Erfahrung verringert sich die Zahl vorzeitiger Therapieabbrüche bei Mehrfamilientherapie, und sie hat für weitere Familienangehörige eine präventive Funktion. Sie schafft eine Subkultur, die als eine erweiterte, „gute" Familie fungiert, und bewirkt und fördert strukturelle Veränderungen der Familie, die einen Rückfall in den Drogenmißbrauch verhindern.

Literatur

1. Bartlett, D.: The Use of Multiple Family Therapy Groups with Adolescent Drug Addicts, in: M. Sugar, Hrsg.: The Adolescent in Group and Family Therapy, New York: Brunner/Mazel 1975, S. 262 – 282.
2. Berger, M. M.: Multifamily Psychosocial Group Treatment with Addicts and Their Families, in: Group Process, 5, 1973, S. 31 – 45.
3. Fogarty, T.: Evolution of a Systems Thinker, in: The Family, 1, 1974, S. 26 – 43.
4. Hendricks, W. J.: Use of Multifamily Counseling Groups in Treatment of Male Narcotic Addicts, in: Intern'l. J. Group Psychotherapy, 21, 1971, S. 34 – 90.
5. Hirsch, R.: Group Therapy with Parents of Adolescent Drug Addicts, in: Psychiatric Quarterly, 35, 1961, S. 702 – 710.
6. Laqueur, H. P., La Burt, H. A., u. Morong, E.: Multiple Family Therapy: Further Developments, in: J. Haley, Hrsg.: Changing Families, New York: Grune & Stratton, 1971, S. 82 – 95.

7. Leichter, E., u. Schulman, G. L.: Multi-family Group Therapy: A. Multidimensional Approach, in: Family Process, 13, 1974, S. 95 – 110.
8. Minuchin, S.: Familie und Familientherapie. Freiburg: Lambertus [4]1981.
9. Minuchin, S.: Structural Family Therapy, in: S. Arieti, Hrsg.: American Handbook of Psychiatry (Bd. 2), New York: Basic Books 1974, S. 178 – 192.
10. Papp, P.: Sculpting the Family, in: The Family, 1, 1973, S. 44 – 48.
11. Papp, P.: Multiple Ways of Multiple Family Therapists, in: The Family, 1, 1974, S. 25.
12. Ritchie, A.: Multiple Impact Therapy: An Experiment, in: J. Haley, Hrsg.: Changing Families. New York: Grune & Stratton, 1971, S. 36 – 44.
13. Speck, R. V., u. Attneave, C. L.: Social Network Intervention, in: J. Haley, Hrsg.: Changing Families, New York: Grune & Stratton, 1971, S. 312 – 332.

6 Drogenfamilien: ihre familiale Dynamik und eine Kurztherapie in drei Phasen

Dennis M. Reilly

Die in der Untersuchung dargestellten Ergebnisse eines ambulanten Behandlungsprojekts ohne Substitutionsdrogen für jugendliche Drogenkonsumenten und ihre Familien beruhen auf einer fünfjährigen Erfahrung des Southeast Nassau Guidance Center. Die meisten Klienten sind zwischen 12 und 25 Jahre alt, und die eingenommenen Drogen sind – in der Reihenfolge ihrer Häufigkeit – Marihuana und Alkohol, Barbiturate und Tranquilizer, Amphetamine, Kokain und Halluzinogene; nur 12 % nehmen Heroin, Methadon oder andere Opiate, viele sind polytoxikoman.

Betreut wird eine vorstädtische, überwiegend weiße Mittelschichtpopulation in Long Island im Einzugsbereich der Stadt New York, die ethnisch und ökonomisch homogen, geographisch aber so eng begrenzt ist, daß die Erfahrungen der Autorin und ihrer Mitarbeiter nicht ohne weiteres auf andere Behandlungseinrichtungen zu übertragen sind.

Als Resultat unserer Arbeit mit jugendlichen Drogenkonsumenten und ihren Familien sehen wir die Familien inzwischen wie eine Grenzfläche zwischen dem Einzelnen und der Gesellschaft an. Die Familie ist der Drehpunkt, der Angelpunkt, der Vermittler und Dolmetscher zwischen ihren Mitgliedern und der größeren Gesellschaft. Durch diese Funktion hat sie besonderen Einfluß auf die Sozialisation ihrer Mitglieder, entweder in „prosozialen“ oder „antisozialen“ Rollen. Sie wirkt wie eine halbdurchlässige Membrane, die den Einstrom von entweder prosozialen oder delinquenten Einflüssen durch Gleichaltrige, soziale Schichten, Gruppeninteressen, Medien, soziale

Wertmaßstäbe usw. aus der Außenwelt reguliert. Sie wirkt auch wie ein sozialer Sammellinsenmechanismus, der sozial abweichende Einflüsse für ihre einzelnen Mitglieder entweder selektiv vergrößern und verschärfen oder sie abblenden und herausfiltern kann. Es ist das gestörte Familiensystem, das seine einzelnen Mitglieder – und vor allem den identifizierten Patienten oder „Symptomträger" – für antisoziale, den Konsum von Drogen begünstigende Einflüsse von Gleichaltrigen, Medien oder der Subkultur empfänglich macht. Es ist das Bedürfnis des gestörten Familiensystems nach einem delegierten schwarzen Schaf, einem Sündenbock oder Abweichler in der Familie, das junge Menschen für die Übernahme delinquenter und mit Drogenkonsum verbundener Wertmaßstäbe und Verhaltensweisen anfällig macht. Es ist das gestörte Familiensystem, welches das schwarze Schaf schließlich in die Arme einer Gruppe von Gleichaltrigen treibt, die Drogen einnehmen. Dadurch wird verständlich, warum ein junger Mensch sich dafür entscheiden kann (26), sich „gezielt" einer Gleichaltrigengruppe anzuschließen, die Drogen einnimmt, und ein anderer Jugendlicher eine sozial angepaßte Gruppe wählt. Und schließlich ist es das gestörte Familiensystem, das den Drogenkonsumenten „ernennt" und ihn für sein Sündenbockamt „erwählt".

Charakteristische Interaktionen von Familien mit Drogenabhängigen

Wir haben an anderer Stelle ausgeführt (22, 23), daß es unsere Erfahrung gestattet, ein vorläufiges Profil von Familiensystemen zu zeichnen, die ihre Mitglieder zu Drogenverhalten hinführen. Ein derartiges Profil muß allerdings idealtypisch bleiben, weil im wirklichen Leben keine einzelne Familie alle seine Merkmale aufweist. Als Idealtyp muß es „kulturspezifisch" bleiben in dem Ausmaß, wie unsere Forschungsstichprobe nicht für die Gesamtpopulation von Drogenkonsumenten repräsentativ war. Das Profil ist relativ, ein Annäherungsversuch. Drogenfamilien weisen bestimmte Tendenzen in einem pathologischen Ausmaß auf, die weniger stark in allen Familien vorhanden sind. Mit diesen Einschränkungen im Bewußtsein können wir uns nun mit verbreiteten interaktionellen Problemen befassen, die sich in den von uns untersuchten Drogenfamilien gezeigt haben.

Negativismus

Drogenmißbrauchende Familien beschreiben ihr Familienleben oft als stumpf, ausweglos, entfremdet, schwunglos und seicht. Ihre Mitglieder fühlen sich voneinander isoliert, abgekapselt und ohne Zugang zueinander. Die Kommunikation findet vor allem auf negative Weise, als Kritik, Beschwerden, Vorwürfe, Nörgeln und Tadeln statt. In solchen Familien lernen die Mitglieder rasch, daß die Auslösung einer Krise die einzige Möglichkeit ist, in das System wenigstens etwas Leben und Aufregung bringen zu können. Rasch lernen die Kinder, daß sie sich nur stetige Aufmerksamkeit verschaffen können, wenn sie Ärger verursachen – „geölt wird nur das quietschende Rad". Braves Verhalten wird selten gelobt oder beachtet, sondern meist ignoriert, während „ungezogenes" Verhalten unweigerlich durch Aufmerksamkeit und Wellen vermehrter Aufregung und Anteilnahme verstärkt wird – in diesen Familien seltene und geschätzte Güter. Wenn die Kinder das Alter erreichen, in dem sie sich der Jugendsubkultur anschließen, sind sie bereits vorprogrammiert, einmal ein ungemein bequemes und todsicheres Mittel zu entdecken, um Aufregung im Familiensystem auszulösen und negative Beachtung von Erwachsenen zu provozieren: Drogenmißbrauch.

Inkonsequenz des elterlichen Erziehungsstils

In vielen dieser Familien sind die Eltern offenbar unfähig, klare und eindeutige Regeln oder Grenzen zu setzen, um das Verhalten ihrer Kinder zu lenken. Die gleiche Verhaltenssequenz, die in einem Moment von ihnen ignoriert wird, kann in einem nächsten belohnt oder bestraft werden. Oft stimmen die Eltern nicht miteinander überein, wann und wie sie strafen sollen. Die Kinder erhalten völlig verworrene und mehrdeutige Botschaften darüber, was richtig und was falsch ist, was hingenommen und was nicht mehr hingenommen wird. Diese Situation läßt in den Kindern eine enorme Begierde nach Eindeutigkeit und Struktur entstehen. Sie neigen dazu, etwas anzustellen, was ihre Eltern oder deren Vertreter dazu herausfordert, eine entschiedene Haltung einzunehmen. Diesen Zweck erfüllt Drogenmißbrauch oft auf eine vortreffliche Weise. Manchmal stellt der Jugendliche seinen Drogenkonsum sogar bewußt und offen zur Schau als Schrei um Hilfe, Beachtung und Aufmerksamkeit. Oder er läßt Drogen offen im Haus herumliegen, an Stellen, die seinen Eltern leicht zugänglich sind, oder er stellt seinen Drogenmißbrauch unverhohlen vor Lehrern oder Polizisten auf der Straße zur Schau.

Verleugnen der Eltern

Auf die vermehrten Versuche des Jugendlichen, „sich zu stellen", sich selbst „zu belasten" und geschnappt zu werden, reagieren seine Eltern mit vermehrtem Verleugnen dieser Vorgänge. Sie schaffen es, an sichtbaren Stellen „versteckte" Drogen zu übersehen, und sie bemerken auch nicht das veränderte Verhalten ihrer Kinder. Diese Verleugnung dauert an, bis außenstehende Autoritäten zu einem Einschreiten gezwungen sind. Und selbst dann, selbst zu diesem späten Zeitpunkt, antworten die Eltern häufig: „Nein, Sie täuschen sich, *mein* Kind kann es nicht gewesen sein!"

Stellvertretende Befriedigung für die Eltern

Die Eltern haben oft gute Gründe, den Drogenmißbrauch ihrer Kinder „nicht zu sehen" und deshalb auch nicht zu unterbinden. Es handelt sich um Eltern, die der heutigen Jugend die trotz bewußter Ablehnung und verbaler Verurteilung unbewußt zu Recht oder zu Unrecht unterstellten Freiheiten der Sinnenlust neiden. Sie selber schaffen es nicht, sich diese „verbotenen Früchte" zu gönnen, aber es bereitet ihnen erhebliche stellvertretende Befriedigung, sie insgeheim ihren Kindern zu gestatten. Ihren Kindern vermitteln sie deutlich diese pathologische Faszination, mag sie sich nun auf Drogen, Sexualität, Gewalt oder den allgemeinen jugendlichen Lebensstil beziehen. Schließlich sind ihre Botschaften über Drogenkonsum äußerst ambivalent, etwa in der Form, „daß ich dich ja nicht mit Drogen erwische", mit Betonung darauf, nicht von den Eltern erwischt zu werden oder sie „wissen" zu lassen, daß sie Drogen einnehmen.

Mißglückte Äußerung von Ärger

Diesen Familien fällt es meist sehr schwer, positive und negative Gefühle auszudrücken. Besonders bedrohlich ist der Ausdruck unverhohlenen Ärgers. Die Familienmitglieder haben ohnehin das Gefühl, Liebe, Zuneigung und Aufmerksamkeit zu entbehren. Dieser emotionale Mangelzustand erzeugt enorme Wut- und Frustrationsgefühle. Diese Wut wird verschwiegen und unterdrückt aus Furcht, daß sie zu weiterer Zurückweisung und Liebesverlust oder zu völligem Kontrollverlust über mörderische Impulse führen könnte. Statt den Ärger direkt auszudrücken, lernt der Jugendliche, ihn indirekt abzulassen. Die Einnahme von Drogen ist ein ausgezeichnetes Mittel für fehlgelenkte Wut. Sie kann passiv-aggressiv ausgedrückt werden, indem man sich nicht um die Eltern schert. Unter solchen Bedingungen ist der Drogenkonsum (und wichtiger noch, dabei erwischt zu werden) ein feindseliger und rebellischer Akt. Für einige Jugendliche ist der Drogenkonsum symbolischer Mord, eine Art Elternmordgeste. Dies wird durch die große Zahl von jungen Leuten veranschaulicht, die äußern, „wenn meine Eltern wüßten, daß ich Drogen nehme, würde sie das umbringen"; und die es dann umgehend so einzurichten wissen, daß sie auf eine für ihre Eltern möglichst peinliche Weise mit

Drogen erwischt werden. Die Einnahme von Drogen ist auch ein ausgezeichnetes Mittel, um Ärger als Selbstbestrafung gegen sich zu lenken. Unter Drogenkonsumenten ist dieser Mechanismus recht verbreitet und führt zu einem mehr oder weniger chronisch depressiven Zustand, einer Lebensweise, die sich selbst zuwiderläuft, einer Anfälligkeit für Unfälle, gelegentliche Selbstmordversuche oder Gedanken daran und einer Reihe von Todesfällen durch Überdosis, die in Wahrheit maskierte Selbstmorde sind.

Selbstmedikation

Es wurde allgemein festgestellt, daß der jugendliche Drogenkonsument meist nicht die einzige Person in der Familie ist, die stimmungsbeeinflussende Drogen einnimmt. Oft schützt sich die ganze Familie vor unangenehmen Zuständen und Empfindungen wie Angst und Depression durch Medikamente, die ihr Selbstwertgefühl heben, oder mit denen ihre Mitglieder sich lebendig und „menschlich" fühlen können. Das mag ein vom Arzt verschriebener leichter Tranquilizer sein, ein rezeptfreies Beruhigungsmittel, Alkohol, Zigaretten oder Süßigkeiten – die Botschaft jedenfalls ist deutlich: „Wenn im Leben etwas schwer zu bewältigen ist, dann nimm einfach was ein."

Pathogene Erwartungen der Eltern

In solchen Drogenfamilien stellen die Eltern häufig äußerst unrealistische Erwartungen an ihre Kinder. Wenn diese Erwartungen zu hoch gesteckt sind, wird Liebe von Erfolg abhängig gemacht. Der junge Mensch wendet sich dann Drogen zu, die für ihn eine Doppelfunktion erfüllen. Sie gestatten es ihm nicht nur, sich auf gehässige Weise für die Forderungen der Eltern zu rächen, sondern bieten auch eine maßgeschneiderte Entschuldigung für jegliches Versagen – „Was erwartet ihr von mir? Ich bin doch nur ein Fixer!" – oder Kiffer oder

Speedfreak. In anderen Fällen sind die Erwartungen der Eltern unrealistisch niedrig: fast von Geburt an haben die Eltern vorausgesagt, daß der Jugendliche versagen wird. Sie erwarten das Schlimmste, und ihr Kind hat gelernt, die sich selbst erfüllende Prophezeiung wahrzumachen und sein negatives Lebensskript durchzuspielen als Versuch, den Erwartungen seiner Eltern zu entsprechen und ihnen zu geben, was sie haben wollen.

Grundlegende Familienprobleme

Wir haben damit einige recht charakteristische Interaktionsmuster beschrieben. Allerdings bleibt die Frage bestehen, warum Familien sich auf so verhängnisvolle Weise verhalten. Wir glauben, daß die Antwort in zwei miteinander verbundenen, grundlegenden, in den meisten Familien anzutreffenden Problemen zu finden ist: unvollständige Trauerarbeit und geheimes Einverständnis mit dem symptomatischen Verhalten.

Unvollständige Trauerarbeit

Die Familien von Drogenabhängigen sind nach unserer Erfahrung intensiv mit Problemen wie Bindung und Trennung, Verschmelzung und Individuation, Abhängigkeit und Autonomie, Verlust und Wiedererlangen, Tod und Wiedergeburt beschäftigt. Die Eltern von jugendlichen Drogenkonsumenten haben häufig in ihren eigenen Herkunftsfamilien schwere emotionale Verluste erlitten. Sie leiden intensiv an dem Gefühl, ihre Eltern verloren zu haben – durch Tod, Scheidung, Ablehnung oder Vernachlässigung. Die aus diesen Verlusten resultierenden Konflikte wurden nie durchgearbeitet, die Trauerarbeit ist unvollständig geblieben, und die für solche Beziehungen so charakteristische Ambivalenz von Liebe und Haß wurden nie beseitigt. Noch immer bestehen Bindungen an verlorene Liebesobjekte,

und der Einzelne kann seine Gefühle nicht vollständig auf neue Liebesobjekte wie etwa seinen Partner oder seine Kinder in der Kernfamilie übertragen.
Die traditionelle Psychoanalyse hat dargelegt, wie solche unvollständige Trauerarbeit zu Melancholie führen kann, ein Gemütszustand, bei dem das eigene Ich mit dem verlorenen Objekt identifiziert wird. Durch Selbstkasteiung und mit selbstbestrafenden depressiven Symptomen trifft es stellvertretend und symbolisch das geliebte Objekt. So wird es gleichzeitig möglich, das Objekt zu erhalten und sich an ihm zu rächen (12).
Die Eltern von Drogenkonsumenten werden mit ihrer unvollendeten Trauerarbeit auf verschiedene Weise fertig (22). Häufig gelingt es ihnen, die schmerzliche Erfahrung einer Melancholie oder einer reaktiven Depression zu umgehen. Sie kämpfen gegen den Schmerz über erlittene Verluste und gegen Verlassenheitsgefühle an, indem sie ihre Verlust- und Trennungsgefühle auf ihre derzeitigen Familien projizieren. Ihre unbewältigte Trauer lebt unversehrt weiter und vergiftet die Beziehungen in ihrer Kernfamilie. Dies ist auch die Ursache für die stumpfe, ausweglose, negativistische, leblose und lieblose Atmosphäre, die für Drogenfamilien so kennzeichnend ist.
Um sein ambivalent geliebtes verlorenes Objekt zu erhalten und sich vor Verlustgefühlen und dem Gewahrwerden von Verlustgefühlen zu schützen, läßt der betreffende Elternteil sein ambivalent geliebtes Objekt zunächst in einem und dann in weiteren seiner gegenwärtigen Familienangehörigen wiederauferstehen. Er läßt ein verlorenes Elternteil oder Geschwisterteil im Partner oder in einem Kind wiederkehren. Kinder, die das Objekt solcher „irrationalen Rollenzuweisung" sind (11), werden „parentifiziert", ihre Rollen sind „festgelegt, bevor sie geboren wurden" (10). Aus ihnen werden Gespenster oder Geister der Vergangenheit. Die ursprünglich gegenüber dem verlorenen Objekt empfundene Wut wird auf das Kind verschoben, das zum designierten Stellvertreter bestimmt wird (3). Nach unserer Erfahrung ist es oft das drogeneinnehmende Kind, das seinem Elternteil die verlorenen Objekte wieder darstellen oder an ihre Stelle treten soll. Das

Kind erhält den Namen des verlorenen Objektes oder sieht ihm angeblich ähnlich. In der Familie kommt ihm die Rolle des schwarzen Schafes oder des Sündenbocks zu, dessen schlechtes Verhalten die ambivalente Bindung des Elternteils und feindselige, übermäßige Besorgtheit auslöst und herbeiführt. Identifikationen werden mit Beziehungen verwechselt, die Ichgrenzen sind schwach und Ichverschmelzung und Ichdiffusion sind ausgeprägt. Und weil die Eltern nie richtig den Verlust ihrer eigenen Eltern akzeptiert oder betrauert haben, sind sie unfähig, den Verlust ihrer Kinder und insbesondere des Kindes, das sie zum Stellvertreter des verlorenen Objekts erwählt haben, zu ertragen. Trotz der täuschenden Fassade von Abkapselung und Gleichgültigkeit sind alle Familienmitglieder in zähe, ambivalente Bindungen verstrickt und durch starke Trennungsangst aneinander gekettet. Und schließlich, wie Paul (21) hervorhebt, nehmen Familien, deren Angehörige schon früh in ihrer Lebensbahn nicht mit Verlusten fertig geworden sind, häufig einen Umgangsstil an, der durch „eine relativ geringe Empathie“, „mangelnden Respekt für Individualität“, Versuche, „das Voranschreiten der Zeit zu verleugnen“ und einen Hang, unwissentlich ein Familienmitglied „in einer unangemessen abhängigen Position“ zu halten, gekennzeichnet ist. Diese ausgezeichnete Beschreibung trifft auch auf die typische Drogenfamilie zu.

Geheimes Einverständnis

Der Drogenmißbrauch wirkt innerhalb von Familiensystemen als ein das innere Gleichgewicht erhaltender Regelmechanismus. Wir haben gesehen, daß er den Eltern als Rationalisierung für ihre feindliche übertriebene Anteilnahme am Drogenkonsumenten dient und ihn so in der ambivalenten gewünschten Rolle eines Stellvertreters hält. Durch den Drogenkonsum ist es möglich, sich das verlorene Objekt zu erhalten, Rache zu üben und überfällige Trauerarbeit weiter aufzuschieben. Die durch die Droge bedingten Belastungen und die mit ihr verbundene Trägheit und Schlaffheit reichen aus, um den jugend-

lichen Drogenkonsumenten daran zu hindern, sich aus dem Bannkreis seiner Familie zu befreien. Eine Trennung und das Erreichen von Autonomie werden dadurch verhindert; die Eltern müssen nicht den Kummer über ein verlassenes häusliches Nest ertragen. Drogenkonsum kann die Ehe der Eltern retten, weil er sie ausreichend von ihren persönlichen oder ehelichen Schwierigkeiten ablenkt. Er dient auch dazu, die emotionale Nähe zwischen den Eltern genau im Gleichgewicht zu halten – wenn die Partner zu weit auseinanderdriften und mehr Nähe wünschen, können sie sich zu einer Rettungsmission zusammentun, um die Seele des Drogenkonsumenten zu retten. Wenn die Beziehung für ihr Wohlbefinden zu nahe zu werden droht, kann der Drogenkonsument zwischen seine Eltern treten und ihnen Raum zum Atmen geben (24). Der Drogenkonsum verschafft den Geschwistern, die nichts mit Drogen zu tun haben, ein bequemes negatives Modell, das es ihnen erlaubt, sich im Vergleich zum Versagen des identifizierten Patienten erfolgreich zu fühlen. Schließlich haben die Symptome des Drogenkonsumenten häufig die Funktion eines Hilfeschreis der gesamten Familie: sie sind ein Zeichen, ein Signal, ein SOS einer Familie, die um Hilfe von außen bittet.
Unsere Ergebnisse über das Bestehen eines geheimen Einverständnisses in Familiensystemen von Drogenkonsumenten stimmen mit Berichten von anderen Forschern auf benachbarten Gebieten überein. Boszormenyi-Nagy und Spark (4) verstehen delinquente Heranwachsende als „loyale Verräter“, die eine negative Loyalitätsverpflichtung erfüllen. Stierlin (25) hat gestörte Jugendliche als „gebundene Delegierte“ bezeichnet, mit „delinquenten Missionen“ von Eltern, die stellvertretend durch ihre Kinder leben. Alexander und Dibbs (1, 2) weisen auf die zentrale Rolle hin, die der Konflikt um Abhängigkeit und Autonomie in Drogenfamilien einnimmt, und machen auf das Versagen der Eltern aufmerksam, eine Entwicklung des Drogenkonsumenten hin zu mehr erwachsener Verantwortung zu fördern. Harbin und Maziar (16) untersuchten die Literatur über Familien mit Drogenkonsumenten und fanden dort weitgehend übereinstimmend die Auffassung, daß familiale Faktoren diese Störung mit

verursachen. Noone und Reddig (20) verwenden Jay Haleys (15) Konzept eines Symptoms als Signal, daß die Familie an einem bestimmten Punkt in ihrer Lebensbahn steckengeblieben ist. Sie betrachten Drogenmißbrauch als Hinweis für ein Versagen der Familie, mit normalen Trennungskrisen und normalen Trennungsaufgaben fertigzuwerden. Aus ihrer Sicht ist Drogenmißbrauch für den Jugendlichen eine Möglichkeit, von seinen Eltern rebellierend abhängig zu bleiben und ein Weg, daheim zu bleiben, ohne das Gesicht zu verlieren. Cannon bemerkte in seiner Studie (6) über Drogenfamilien eine Neigung von Eltern, den Drogenkonsumenten zu „infantilisieren", ihn als schwache Persönlichkeit wahrzunehmen und zu ermutigen, sich eher Frustrationen zu entziehen als sie zu überwinden. Und schließlich ist eine neue Umfrage (13) bemerkenswert, der zufolge Jugendliche Drogenmißbrauch „als das größte Problem, das sich dieser Generation stellt" ansehen, knapp gefolgt von „der Unfähigkeit von Eltern und Kindern, zu kommunizieren und miteinander zurechtzukommen".

Behandlungskonzept

Bei unserer Patientenpopulation haben wir den größten Erfolg mit einer kurzen, dreiphasigen, zeitlich begrenzten Familientherapie. Wir versuchen, den Behandlungsverlauf auf fünfzehn Sitzungen zu beschränken und legen zu Beginn der Therapie diese Grenze deutlich fest. Wir haben festgestellt, daß dieses Zeitlimit äußerst zweckmäßig ist, um die Motivation und Konzentration der Patienten zu wahren; sie hilft bei der genaueren Festlegung von Therapiezielen und ermöglicht eine rechtzeitige Krisenintervention. Darüber hinaus zwingt eine zeitliche Begrenzung die Familie, sich den Problemen von Trennung, Verlust und Verlassenheit im Behandlungsprozeß und dem Therapeuten in vivo zu stellen. Eine Zeitgrenze beruhigt Familienmitglieder, die einer Behandlung zunächst ablehnend gegenüberstehen (auch das geht vorbei), und diejenigen Angehörigen, die befürchten, die Therapie würde endlos währen. Unser nachdrücklich geäußertes Vertrauen darauf, daß eine sinnvolle therapeutische Veränderung tatsächlich in nur fünfzehn Sitzungen eintreten kann, schafft einen mächtigen therapeutischen Placeboeffekt, eine einflußreiche therapeutische Suggestion und einen Funken Hoffnung für Menschen, die ihre Situation vielleicht schon als hoffnungslos angesehen haben. Schließlich fordert sie den Mythos wechselseitiger Hilflosigkeit, der ein lange bestehendes Drogenproblem begleitet, heraus.

Anfangsphase

Zu Beginn der Therapie konzentrieren wir uns darauf, das Familiensystem anstelle des Drogenmißbrauchs als Problem umzudefinieren. Wir stellen nach Bowens Formulierung den Mythos vom identifizierten Patienten oder die Vorstellung, daß allein der Drogenabhängige krank sei, in Frage. Wir fragen alle Familienmitglieder direkt, was ihnen an der Familie gefällt und was sie gerne ändern möchten. Vorwürfe werden von uns unterbunden und negative Äußerungen häufig anders interpretiert (15) oder als positive Anzeichen für Besorgnis und Anteilnahme umgedeutet (27). Der Schwerpunkt liegt darauf, wie sich die Situation ändern läßt und nicht darauf, wie die Dinge so wurden, wie sie jetzt sind. Der Therapeut lehrt und ist Vorbild für Kommunikationsfähigkeiten, den Einsatz von Verhaltensverträgen und gegenseitige positive Verstärkung. Man sollte das Aushandeln von Positionen und Kompromissen fördern. Die Familie wird mit ihrer Neigung konfrontiert, negatives Verhalten zu beachten; der Ausdruck von Gefühlen wird angeregt, und man hilft der Familie, „gutes" Verhalten zu loben, es zu beachten und zu belohnen und „schlechtes" Verhalten zu übersehen (18). Die Familie wird darin unterstützt, alltägliche Verhaltensweisen herauszufinden, die Drogenkonsum auslösen und verstärken. Sobald sie ermittelt wurden, ermutigt man die Familie, solche Verstöße zu unterbinden und andere Interaktionen als Ersatz zu finden. Zunächst hilft man den Familienmitgliedern, Ärger direkt auszudrücken und ihn offen statt verdeckt zu zeigen. Wenn das möglich geworden ist, kann der Therapeut die Gangart wechseln und scheinbar paradox nun Ärger als positives Anzeichen von Besorgnis und Anteilnahme umdeuten. Die Situation soll dadurch entschärft und die Familienmitglieder Kompromissen und der Verwendung von Verhaltensverträgen zugänglicher gemacht werden. In dieser Phase liegt der Schwerpunkt des therapeutischen Vorgehens ganz überwiegend darauf, die Familien neu zu strukturieren, Generationsgrenzen oder Subsystemgrenzen zu schaffen oder zu stärken (19), die Kinder und insbesondere den Drogenkonsumenten von der Verstrickung in die Ehekonflikte der Eltern zu befreien und die Eltern „neu zu vermählen".

Diese schwerpunktmäßige Arbeit an einer Neukonstruierung der Familie, an der Verbesserung des Eheverhältnisses, der Beachtung positiver Ereignisse und der Veränderung von sozialen Kontingenzen für alltägliche Verhaltensweisen reicht häufig bereits aus, um die erwünschten Verhaltensänderungen herbeizuführen. Wenn eine Familie auf diesen Ansatz gut anzusprechen scheint, und wenn wir etwa bei der vierten Sitzung eine Verringerung des Drogenmißbrauchs beobachten, verbleiben wir für die gesamte Dauer der Behandlung bei dieser Strategie unter Zuhilfenahme weiterer Techniken. Wir finden dieses Verfahren äußerst wirksam bei der Arbeit mit Arbeiterfamilien oder Familien, die stärker handlungsorientiert und einen auf die Gegenwart gerichteten, prozeßorientierten und Handlungsmöglichkeiten verschaffenden Ansatz schätzen (19). Einige Familien bleiben jedoch in dieser Anfangsphase stecken und zeigen nach der vierten Sitzung noch immer keine Bereitschaft, ihre alten, negativistischen Interaktionsmuster aufzugeben. Wir gehen dann zu einer zweiten Behandlungsphase über, in der wir uns stärker mit der Vergangenheit und ihren Auswirkungen auf die Gegenwart befassen.

An diesem Punkt beschäftigen wir uns gezielt mit nicht abgeschlossener Trauerarbeit. Besonders in Mittelschichtfamilien ist dies häufig notwendig, vor allem in übermäßig intellektuellen Familien, die Einsichten wollen und keine Fortschritte machen, bevor ihnen die Therapie das obligate „Aha-Erlebnis“ verschafft – die Einsicht in die tiefen Traumen der Vergangenheit, die sie sich von der Therapie erhofften.

Zweite Behandlungsphase

In dieser Phase helfen wir der Familie, die nicht zu Ende geführte Trauerarbeit sowie Konflikte um Trennung und Verlust, die die Wurzeln des Sündenbockdenkens der Familie sind, und ihre kollusive Investition in Pathologie bedingen. Wir fragen: „Welche Geister suchen die Familie heim? Wer ist von ihnen besessen, und wie können wir sie austreiben?“ Wir bemühen uns, Projektionen, Identifikationen und Verschiebungen, die das Familienklima vergiften, festzustellen. Wir fragen nach Objektverlusten der Eltern und versuchen zu bestimmen, ob eine nicht zu Ende geführte Trauerarbeit zu einer Wiederverkörperung eines verlorenen Objektes im Partner oder in einem der Kinder geführt hat.

Wir untersuchen auch den Prozeß der Namengebung in der Familie, denn Vornamen sind bei unserem Versuch, Identifikationen in der Familie aufzuspüren, wertvolle Hinweise. Wir erkundigen uns, nach wem die Eltern und die Kinder benannt wurden. Wie wurden die Namen ausgewählt? Durch wen? Welche Namen wurden fallengelassen? Welche Spitznamen gibt es in der Familie? Nach wem scheinen die Eltern und die Kinder zu geraten? An wen erinnern sie andere Familienmitglieder?

Ein römisches Sprichwort lautet: *nomen est omen.* Die Römer schrieben Namen determinierende, prognostische und prophetische Eigenschaften zu. Sie hatten damit recht. Im Unbewußten sind Namen magisch und mächtig. Mit der Namengebung wird dem Kind nicht nur eine Identität, sondern auch eine Identifikation verliehen. Wenn ein Vater namens Stefan seinen Sohn Stefan jr. nennt, können wir vermuten, daß er mehr als üblich auf die Funktion seines Sohnes als Ersatz, als Erweiterung seiner selbst setzt. Wir dürfen weitergehende Komplikationen erwarten, wenn er eine Tochter Stefanie nennen sollte.

Namen können auch fixierte elterliche Erwartungen, Befehle und Rollenzuweisungen widergeben und dann als sich selbst erfüllende Prophezeiungen wirken. Manche Eltern nennen ihre Tochter Eva, weil sie das Mädchen in der Rolle einer Versucherin oder Verführerin benötigen, oder sie geben ihr den Namen Virginia, weil sie unschuldig und jungfräulich sein soll. Sie könenn sie Dawn nennen („Morgendämmerung"; d. Ü.), weil sie in ihr in einer gemeinsamen Fantasie eine Erretterin sehen, die ihre Depressionen lindern und ihnen Hoffnung, Licht und einen neuen Beginn in eine schieflaufende Ehe und in ein trostloses Leben bringen wird. Ein schwacher, verweichlichter oder unfähiger Vater kann seinen Sohn Lance oder Viktor nennen oder ihm einen anderen Namen mit einem starken maskulinen, phallischen oder heroischen Klang geben. Eine Mutter, die ihren Vater verloren hat, vermag es nicht selten so einzurichten, daß sie als Ersatz ein Kind empfängt. Dieses Kind benennt sie dann nach dem Verstorbenen in dem Versuch einer wirklichen Wiedergeburt.
Mit Erkundigungen, wie Eltern und Kinder zu ihren Namen kamen und durch Erforschung der Auswirkung dieser Prozesse können wir den Eltern helfen, besser zu verstehen, wie sie sich und ihre Kinder auf tragische Weise durch eine Verwechslung an Projektionen mit wirklichen Beziehungen und von Geburt mit Wiedergeburt belastet haben. Während der gesamten Behandlungsphase ermuntert der Therapeut die Eltern, über ihre Herkunftsfamilie zu sprechen. Er hilft ihnen, zu erkennen, wie sie versucht haben, eine nachträgliche Herrschaft über in ihren Herkunftsfamilien entstandene archaische Beziehungsmuster im dazu ungeeigneten Kontext ihrer Kernfamilien zu erlangen. Die paradoxe Technik der „Symptomverschreibung" – nach Haley (14, 15) und Watzlawick (27) die Aufforderung des Patienten, Verhalten nun absichtlich auszuüben, das zuvor spontan war – kann in dieser Phase in abgewandelter Form eingesetzt werden. Und zwar kann man Eltern bitten, Listen zu führen, auf welche Weise sie der identifizierte Patient an ihr verlorenes Liebesobjekt erinnert oder diesem ähnelt. In Therapiestunden führt man Rollenspiele durch, bei dem sie dem identifizierten Patienten so begegnen sollen, als wenn er

wirklich ihr verlorenes Objekt wäre. Das zwingt sie, offen das zu tun, was sie bis dahin ständig nicht bewußt getan haben; dieses Vorgehen ist häufig zur Unterbrechung unangemessener Verhaltensweisen sehr viel wirksamer als intellektuelle Deutungen.
Gegen Schluß dieser Phase haben wir das Ziel, die verspätete Trauerarbeit über das verlorene Objekt endgültig abzuschließen. Wir fördern die Äußerung von zuvor blockierten Gefühlen – Verlassenheitsgefühle, Enttäuschung, Ärger und Schuld und später Traurigkeit, Sehnsucht, Vergeben, Zärtlichkeit und Hoffnung.

Schlußphase

Sobald die regressiven Bindungen der Eltern an ihre verlorenen Objekte durch Trauerarbeit gelockert wurden, können sie ihre Kinder besser loslassen und ihnen gestatten, sich zu trennen und zu individuieren. Sie benötigen ihre Kinder nicht länger als Reinkarnation oder Stellvertreter, weil sie selbst nicht mehr von den „Geistern" verlorener Objekte besessen sind, und müssen deshalb auch nicht mehr so besitzergreifend sein (22). Sie können ihre Kinder nun besser als wirkliche Personen mit eigenen Rechten behandeln und drängen sie nicht so leicht in starre, stereotype und ambivalente Rollen hinein.
In der letzten Sitzung blickt der Therapeut auf den Behandlungsverlauf und die erreichten Fortschritte zurück. Der Therapeut hilft jedem einzelnen Familienmitglied, seine Gefühle über das Ende der Behandlung und die Trennung vom Therapeuten durchzuarbeiten. Sehr nachdrücklich äußert er sein Vertrauen in die Fähigkeit der Familie, allein zurechtzukommen, selbständig zu funktionieren und künftige Probleme bewältigen zu können, ohne unbedingt eine weitere Behandlung zu benötigen. Wenn eine Rückkehr in die Behandlung jemals erforderlich ist, sollte sie nicht als Rückschlag oder Versagen definiert sein. Man bezeichnet sie vielmehr als eine Art Wiederholung, als Vorsorgeuntersuchung, als Auffrischungskurs oder Verstärkung vergangener Erfahrungen, die der Familie helfen sollen, über eine schwierige Phase hinwegzukommen.

Fallbeispiel

Größtenteils haben wir uns bisher mit dem unverheirateten, daheim bei seinen Eltern lebenden Drogenkonsumenten befaßt. Unsere Behandlungstechnik läßt sich aber auch auf andere Situationen übertragen, unter anderem auf den Fall eines verheirateten, mit seinem Partner im eigenen Haushalt lebenden Drogenkonsumenten. Das nachfolgende Fallbeispiel soll eine Reihe von Behandlungsinterventionen veranschaulichen.

Bill, 21, und seine Frau Dierdre, 22, waren seit einem Jahr verheiratet. Seit seiner frühen Jugend rauchte Bill Marihuana und ging mit seinen Freunden mehrere Male in der Woche trinken. Dierdre wußte dies, als sie Bill heiratete. In der letzten Zeit rauchte Bill jedoch häufiger und hatte begonnen, auch noch reichlich Amphetamine einzunehmen. Dierdre bestand darauf, daß Bill sich um eine Behandlung bemühte, und beide wurden einer Paartherapie zugeteilt.

Bill war der älteste von mehreren Geschwistern. Beide Eltern lebten; sein Vater war alkoholkrank. Die Mutter dominierte in der Ehe; nach Bills Aussagen behandelte sie den Vater oftmals wie eines von ihren Kindern. Sie beaufsichtigte ihre Kinder ständig und war sehr streng mit ihnen. Dierdre war Einzelkind. Auch ihre Mutter war der dominierende Partner gewesen, ihr Vater hingegen war „sehr freundlich, aber schwach und sein ganzes Leben kränklich" gewesen.

In der ersten Behandlungsphase definierte der Therapeut das Problem als die Ehebeziehung und nicht als Bills Drogenmißbrauch. Der Therapeut ließ das Paar nachprüfen, was sie aneinander mochten, welche schönen Zeiten es in ihrer gemeinsamen Vergangenheit gab und welche zärtlichen und glücklichen Augenblicke es jetzt noch gibt. Daß sie zur Beratung gekommen waren, war für den Therapeuten ein Zeichen für ihre Sorge umeinander und ein Beweis für ihre Reife, ihren Mut und ihren Blick in die Zukunft.

Dierdre beschwerte sich über Bills Drogen- und Alkoholmißbrauch. Bill entgegnete, sie übertreibe, und er hätte das Gefühl, daß sie durch ihre Mutter, die sie dazu gebracht hatte, sich der Al-Anongruppe anzuschließen, „angesteckt“ und „angeworben“ worden sei.

Der Therapeut erläuterte die Situationen, die Bills Drogenkonsum und seine Zechtouren auslösten. Sie begannen immer recht harmlos damit, daß Bill und Dierdre in einem Restaurant etwas tranken oder er auf einer Party eine geringe Menge Marihuana rauchte. Das Problem entstand durch Dierdres Versuch, Bill zu kontrollieren. Wenn beide ihr erstes Glas halb geleert hatten, ermahnte sie ihn, sich nicht zu betrinken. Das brachte ihn auf, und er fing an, ihr zum Trotz zu trinken. Sie vermehrte ihre Warnungen, und er trank mehr, bis er kaum noch stehen konnte.

Dem Paar wurde die Einsicht vermittelt, daß Dierdres Versuche, Bill zu kontrollieren, nur sein unerwünschtes Verhalten provozierten. Dierdre erhielt die Anweisung, auf der nächsten Party, die sie besuchen würden, Bills Alkoholgenuß oder seinen Drogengebrauch zu ignorieren. Es sollte seine Verantwortung bleiben, sich zu beherrschen. Sollte ihm dies nicht gelingen, müßte auch er und nicht etwa sie die unerfreulichen Folgen tragen.

Dierdre schaffte dies auch, trotz Bills Versuchen, sie zu einer Wiedereinnahme ihrer strengen Mutterrolle zu provozieren. Nachdem er einige Male mit schwerem Kopf aufgewacht war, schränkte Bill seinen Alkohol- und Drogenkonsum auf Partys ein.

Die Dierdre erteilte Anweisung, Bills Verhalten nicht durch Beachtung noch zu verstärken, führte innerhalb von vier Wochen zu einer Verringerung seines Alkohol- und Drogenkonsums. Nach der fünften Woche stellte er den Amphetaminkonsum völlig ein. In der siebenten Woche nahm er nach einem Streit mit Dierdre mehrere Aufputscher auf eine höchst theatralische und demonstrative Weise ein. Er hatte versucht, wie er später zugab, „Dierdre auf die Palme zu bringen“. Sie blieb ruhig, und er ließ von dem Versuch ab. Nach diesem Zwischenfall wiederholte sich der Mißbrauch von Amphetaminen nicht mehr.

Ein zwischenmenschliches Problem blieb jedoch bestehen. Bill befürchtete, daß Dierdre ihn durch seine Zugeständnisse an sich fesseln wollte. Sie war ihm zu fordernd und zu anstrengend und er hielt sie für eine Heulsuse. Dierdre ihrerseits fand Bill zu distanziert, unempfindlich und gleichgültig. Sie wünschte sich, daß er ihr nicht so häufig aus dem Wege gehen sollte, wie er es wohl tat, und daß er mehr Zeit zusammen mit ihr verbringen sollte. Ein Verhaltensvertrag wurde aufgesetzt, der beide Seiten verstärken sollte (8,17). Dierdre sollte es Bill gestatten, eine bestimmte Zeit mit den Kameraden unterwegs zu sein, im Tausch gegen seine Zusage, jeden Abend mit ihr eine bestimmte Zeit lang zu reden und ihr nahe zu sein.

In der zweiten Behandlungsphase, die wegen der Schwierigkeiten des Paares mit der Nähe zueinander notwendig war, konzentrierte sich der Therapeut auf den Prozeß der Namengebung und auf nicht vollendete Trauerarbeit der Partner aufgrund früherer Ereignisse in ihren Herkunftsfamilien. Dierdre erklärte, sie habe ihren Namen nach einer fiktiven folkloristischen Figur („die Sorgen-Dierdre") erhalten. Das war zumindest die Assoziation ihrer Mutter zu diesem Namen. Veronika, ihr zweiter Vorname, war der Name einer Figur in einer Fernsehspielserie, die ihre Mutter vor ihrer Geburt gesehen hatte. Außerdem war es, so hatte ihre Mutter ihr erklärt, der Name einer der trauernden Frauen in der neutestamentalischen Darstellung der Kreuzigung Jesu. Als Bill erfuhr, wie Dierdre zu ihrem Namen kam, scherzte er, „Mensch, das bist haargenau du. Bei solchem Namen ist es kein Wunder, daß du eine Heulsuse bist. Du bist eine wandelnde Schnulze – an dir ist alles eine Tragödie". Ihr ganzes Leben lang hatte Dierdre sich um irgend etwas Sorgen gemacht, besonders um die Gesundheit ihres Vaters. Er war zwei Monate zuvor gestorben, bevor das Paar mit der Behandlung begonnen hatte. Es stellte sich heraus, daß Dierdre unmittelbar nach dem Tode ihres Vaters begonnen hatte, sich vermehrt um Bills Gesundheit und seinen Alkohol- und Drogenkonsum Sorgen zu machen. Damals hatte sie Bill zum erstenmal als schwache Person erlebt, der sie und ihre Hilfe brauchte, wie ihr Vater sie gebraucht hatte. Ihre einseitige Beachtung der schwachen Anteile von Bills Persönlichkeit verstärkte ihn unbeabsichtigt und hatte zur Folge, ihren Vater in Bill wiedererstehen zu lassen. Nun konn-

te sie sich um Bill sorgen und sich für ihn opfern, wie sie sich zuvor für ihren Vater geopfert hatte.
Bill hatte den Vornamen seines Vaters erhalten. Besonders seine Mutter fürchtete, daß er wie sein Vater alkoholabhängig werden könnte. Deshalb war sie mit ihm strenger als mit den übrigen Kindern und gab sich oft besondere Mühe, ihn vor den Übeln des Alkohols zu warnen. Naturgemäß bewirkte dieses Vorhaben genau das Gegenteil dessen, was sie bewußt anstrebte. Bill war absolut davon überzeugt, wie sein Vater zu werden. Seine Reaktion war allerdings: „Zum Kukkuck, ich kann auch Spaß dran haben, wenn es ohnehin unvermeidlich ist!" Bevor er zwanzig Jahre alt wurde, war er ein „Mordsradaubruder". Nach seiner Ehe jedoch war er gesetzter geworden. Als der Tod von Dierdres Vater sie dazu brachte, Bill retten zu wollen, ihn zu kontrollieren, begann er, „allergisch" darauf zu reagieren. Sie erinnerte ihn mehr und mehr an seine beherrschende Mutter. Zum Teil gefiel es ihm, sich wieder bemuttern zu lassen – es gab ihm eine Entschuldigung dafür, Verantwortung abzutreten: „Es war, als ob ich nie von zuhause fortgegangen wäre. Ich mußte nicht auf mich achtgeben, weil es Dierdre für mich tat". Aber zum anderen Teil nahm er ihre Kontrolle und das Gefühl, gefangen, vernichtet und verschluckt zu werden übel; er lehnte sich auf. Seine Mutter oder Dierdre wollten, daß er weniger trank? – „Zum Teufel, dann trinke ich eben mehr!" Seine ambivalente Reaktion auf Dierdres Kontrollversuche verschlimmerten nicht nur die Symptome seines Drogenmißbrauches und seine Neigung, sich von ihr fernzuhalten und sie zu vermeiden, sondern sie verstärkten auch ihre entgegengesetzt wirkenden Versuche, ihn zu retten. Beide waren in einem circulus vitiosus gefangen.
Der Therapeut half Dierdre, sich ihrer lebenslangen Rolle als sorgende Person, als Retter und Märtyrer bewußt zu werden, und er stand ihr bei der verspäteten Trauer um ihren Vater bei. Das gab ihr die Freiheit, Bill als wirkliche, nicht mit ihrem Vater identische Person zu sehen. Es gestattete ihr ferner, seinen Alkohol- und Drogenkonsum realistischer zu sehen, nämlich als eigentlich unproblematisch, solange er und sie nicht insgeheim übereinkamen, daraus ein Problem zu

machen. Es gab ihr auch Sicherheit, Bill ein Stück weit loszulassen und ihm den Freiraum zu geben, den er anscheinend in seiner Ehebeziehung brauchte, wenn er sich nicht gefangen fühlen sollte. Der Therapeut half Bill, sich mit seiner lebenslangen Rolle als schwarzes Schaf und als Lückenbüßer für seinen Vater auseinanderzusetzen. Bill konnte erkennen, daß er nicht unbedingt dem Lebensplan folgen mußte, den seine Eltern unbeabsichtigt für ihn entworfen hatten. Wir halfen ihm, darüber zu trauern, daß die Liebe seiner Mutter ambivalent gewesen war, und sich damit abzufinden. Dadurch brauchte er Dierdre nicht mehr als Verkörperung seiner sich einmischenden, beherrschenden Mutter. Gleichzeitig gab es ihm Freiheit, gegenüber Dierdre mehr Nähe und Zuneigung zu zeigen. Gegen Ende der Therapie hatte sich die Beziehung von Bill und Dierdre sichtlich verbessert, und Drogenmißbrauch war kein Problem mehr.

Einschätzung

Der Erfolg dieser kurzen, dreiphasigen Familientherapie hat uns sehr ermutigt. Wenn die Familien nicht mehr auf den Drogenmißbrauch setzen, hört er gegentlich völlig auf. Häufiger nimmt seine Frequenz ab, oder die identifizierten Patienten steigen von härteren auf weichere, weniger gefährliche Drogen um. Gleichzeitig gibt es eine spürbare Verbesserung der Kommunikation in der Familie und der Beziehungsmuster. Natürlich bleibt ungewiß, wie weit sich diese Techniken auf andere Schichten oder Behandlungspopulationen verallgemeinern lassen. Sie erscheint uns jedoch potentiell übertragbar, zumindest auf Jugendliche. Einer der Vorteile dieser Methode liegt unseres Erachtens darin, daß sie recht eklektisch und flexibel ist. Abhängig vom jeweils gegebenen Fall kann man in einer bestimmten Behandlungsphase Techniken verwenden, die der strukturellen familientherapeutischen Schule oder der Kommunikationstheorie entlehnt sind. Häufig verhindert jedoch die Rivalität zwischen verschiedenen familientherapeutischen Schulen (7,9) eine kreative Synthese unterschiedlicher Ansätze, die notwendig vollzogen werden muß, wenn wir lebendige und hilfreiche Therapeuten bleiben wollen.

Literatur

1. Alexander, B. K., u. Dibb, G. S.: Opiate Addicts and Their Parents, in: Family Process, 14, 1975, S. 499 – 514.
2. Alexander, B. K., u. Dibb, G. S.: Interpersonal Perception in Addict Families, in: Family Process, 16, 1977, S. 17 - 28.
3. Boszormenyi-Nagy, I.: Intensive Familientherapie als Prozeß, in: I. Boszormenyi-Nagy, J. Framo, Hrsg.: Familientherapie. Bd. 1, Reinbek: Rowohlt 1975.
4. Boszormenyi-Nagy, I., u. Spark, G.: Unsichtbare Bindungen. Stuttgart: Klett-Cotta 1981.
5. Bowen, M.: Familienpsychotherapie bei Schizophrenen in der Klinik und in der Privatpraxis, in: I. Boszormenyi-Nagy u. J. Framo, Hrsg.: Familientherapie. Bd. 1. Reinbek: Rowohlt 1975.
6. Cannon, S. R.: Social Functioning Patterns in Families of Offspring Receiving Treatment for Drug Abuse. Roslyn Heights, NY: Libra Publications 1976.
7. Ferber, A., Mendelsohn, M., u. Napier, A.: The Book of Family Therapy. Boston: Houghton Mifflin 1973.
8. Fischer, J. u. Gochros, H.: Planned Behavior Change. New York: Free Press 1975.
9. Foley, V.: An Introduction to Family Therapy. New York: Grune & Stratton 1974.
10. Framo, J.: Beweggründe und Techniken der intensiven Familientherapie, in: I. Boszormenyi-Nagy u. J. Framo, Hrsg.: Familientherapie. Bd. 1. Reinbek: Rowohlt 1975.
11. Framo, J.: Das Wesen des Symptome in familientransaktioneller Perspektive, in C. Sager u. H. Kaplan, Hrsg.: Handbuch der Ehe-, Familien- und Gruppentherapie. Bd. 2. München: Kindler 1973.
12. Freud, S.: Trauer und Melancholie, Ges. Werk. Bd. 10. London: Imago 1946.
13. Gallup, G.: Drugs, Parent Relations Are Top Problems, in: Newsday, 18. Mai 1977.
14. Haley, J.: The Power Tactics of Jesus Christ. New York: Avon 1969.
15. Haley, J.: Die Psychotherapie M. H. Ericksons. München: Pfeiffer 1978.
16. Harbin, H., u. Maziar, H.: The Families of Drug Abusers: A. Literature Review, in: Family Process, 14, 1975, S. 411 - 431.

17. Knox, D.: Marriage Happiness: A Behavioral Approach to Counseling. Champaign, IL: Research Press 1971.
18. Liberman, R.: Behavioristische Ansätze für die Familien- und Ehepaartherapie, in C. Sager u. H. Kaplan, Hrsg.: Handbuch der Ehe-, Familien- und Gruppentherapie. Bd. 1 - 3, München: Kindler 1973.
19. Minuchin, S.: Familie und Familientherapie. Freiburg: Lambertus [4]1981.
20. Noone, R., u. Reddig, R.: Case Studies in the Family Treatment of Drug Abuse, in: Family Process, 15, 1976, S. 325 - 332.
21. Paul, N.: The Use of Empathy in the Resolution of Grief, in: Perspectives in Biology and Medicine, 2, 1967, S. 153 - 169.
22. Reilly, D.: Family Factors in the Etiology and Treatment of Youthful Drug Abuse, in: Family Therapy, 2, 1975, S. 149 - 176.
23. Reilly, D.: Legislative Testimony, in: Anomalies in Drug Abuse Treatment. State of New York Legislative Document No. 11, New York: New York Legislature 1975.
24. Reilly, D.: Theory of Family Therapy. Vortrag bei der Podiumsdiskussion der National Drug Abuse Conference, San Francisco, CA, 7. Mai 1977.
25. Stierlin, H.: Eltern und Kinder im Prozeß der Ablösung. Frankfurt: Suhrkamp 1975.
26. Sutherland, E., u. Cressey, D.: Principles of Criminology. Philadelphia, PA: Lippincott [5]1955.
27. Watzlawick, P., Weakland, J., u. Fisch, R.: Lösungen. Bern: Huber 1974.

7 Gruppentherapie mit den Geschwistern von jugendlichen Drogenabhängigen

Sandra B. Coleman

Ende der 60er/Anfang der 70er Jahre gibt es schon Hinweise auf ein wiederkehrendes Muster von Alkohol- und Drogenmißbrauch in Familien mit heranwachsenden Drogenabhängigen. Suchtverhaltensweisen können also erlernt und der jeweilig nachfolgenden Generation als „Erbe" hinterlassen werden. Daß Suchtverhalten von Großeltern über Eltern auf Kinder „weitergegeben" werden kann, ist durch Forschungsdaten belegt, aber nur wenig wurde bisher darüber veröffentlicht, wie groß der Einfluß von Süchtigen auf einen möglichen Drogenkonsum jüngerer Geschwister sein kann. Dies ist vor allem für die Arbeit der Familientherapeuten von großer Bedeutung und sollte entsprechende Aufmerksamkeit finden.

Dieser Artikel handelt schwerpunktmäßig von einem Projekt, das für die Geschwister von Drogensüchtigen eingerichtet wurde, um die wichtige, durch traditionelle Familientherapie geleistete Arbeit noch weiter zu verbessern. Das Konzept einer solchen Geschwistergruppe ergab sich aus unserer langjährigen Erfahrung mit Familientherapie, die wir mit Mittelschichtfamilien mit mindestens einem jugendlichen Angehörigen durchführten, der in einer therapeutischen Gemeinschaft von seiner Sucht (meist von Heroin) loskommen wollte. Folgende Beobachtungen, die wir in Familientherapiesitzungen machten, führten zur Einrichtung einer Geschwistergruppe.

Ein Hauptproblem bildeten immer wieder die Strategien, mit denen sich Familienmitglieder Aufmerksamkeit verschafften. Von dem Zeitpunkt ab, an dem die Eltern die Sucht eines ihrer Kinder entdeckten, waren sie ganz mit diesem Problem und seiner Lösung beschäftigt.

Ihre Hauptsorge galt dem Süchtigen; jüngere Geschwister (noch in der Latenzphase) mußten häufig Verantwortungen übernehmen, für die sie wenig vorbereitet waren. An sie wurden viele Anforderungen gestellt, ohne daß die Eltern sie weiter beachteten. Sie hatten keine offensichtlichen eigenen Probleme anzubieten und wurden deshalb zu passiven Beteiligten einer Entwicklung, in der ihr persönliches Trauma übersehen wurde. Sogar in familientherapeutischen Sitzungen, in denen sich Therapeuten um eine strukturelle Veränderung von Positionen und Interaktionen in der gesamten Familie bemühten, blieben die jüngeren Kinder am schwersten zugänglich. Sie entwickelten wohl Bindungen an den Therapeuten, weigerten sich aber, von sich etwas preiszugeben. Die Vermutung lag nahe, daß solche rigiden Abwehrmechanismen, die Unterdrückung und die Verdrängung ihrer Abhängigkeitsbedürfnisse und die Modellwirkung eines älteren drogenabhängigen Bruders oder einer Schwester das Risiko einer künftigen eigenen Sucht ziemlich groß werden ließen. Eine Suchtkarriere war in einigen Familien, in denen bereits zwei oder mehr Heranwachsende Drogen nahmen, noch wahrscheinlicher. Das typische familiale Muster war eine Mutter in einer dyadischen Beziehung zu ihrem süchtigen Sohn. Der zweite Süchtige der Familie ist nach unserer Erfahrung ein Mädchen, das sich in einer Allianz mit seinem Vater befindet. Die jüngeren Geschwister bleiben in einer Randposition, in der sie für ihre Rechte kämpfen müssen. Bei einer direkten Beobachtung dieser jüngeren Geschwister zeigte sich, daß, wenn außer dem Süchtigen noch weitere Kinder vorhanden waren, sie durch eine Koalition untereinander verbunden waren. Dieser Befund stimmt mit der Beobachtung von Caplow (2) überein, daß Geschwisterkoalitionen als Reaktion auf ein besonderes Verhältnis der Eltern zu ihren Kindern entstehen. Die jüngeren Geschwister wurden von uns aufgefordert, neben den Therapiestunden mit ihren Eltern und den älteren Geschwistern auch an mindestens einer weiteren Sitzung ohne ihre Eltern teilzunehmen. Als sie unter sich waren, zeigte sich deutlich, daß sich diese Kinder der verdeckten Familieninteraktionen sehr wohl bewußt waren und die Mittel und Wege verstanden, wie sie ver-

stärkt wurden. Sie kannten die Familiengeheimnisse und wußten auch, warum sie verborgen blieben. Sie wahrten diese Verschwiegenheit, indem sie gegeneinander Machtstrategien einsetzten. Das führte dazu, daß sie in Sitzungen mit der gesamten Familie die Handlungen der anderen stillschweigend duldeten. Neben der Loyalität gegenüber ihrer Familie hatten diese Heranwachsenden ein besonders starkes Empfinden füreinander, das durch die Drogenkrise der Familie noch gestärkt wurde. Sie identifizierten sich sehr miteinander, und das machte sie zu einem bedeutenden Einflußfaktor. Wir hatten den Eindruck, daß ein derartiges Subsystem vielleicht nur geringen Einfluß auf ältere Familienmitglieder, aber dafür eine um so größere Wirkung auf die Geschwister selbst haben könnte. Wenn einer von ihnen anfangen sollte, Drogen zu nehmen, würden die anderen es ihm wahrscheinlich nachmachen, und umgekehrt würden sie vielleicht, falls einer von ihnen Drogen ablehnen sollte, seinem oder ihrem Vorbild möglicherweise folgen.
Neben den dyadischen Beziehungen der jüngeren Geschwister einer einzelnen Familie bestand auch ein Beziehungsnetz zwischen den Geschwistern verschiedener Familien. Diese Tatsache ergab sich aus dem Umstand, daß drei der Familien in derselben Straße wohnten und die anderen im gleichen Stadtteil. Die Kinder besuchten die gleichen Schulen und waren seit früher Kindheit Spielkameraden. Auch ihre älteren Brüder und Schwestern waren häufig gemeinsam in die Welt der Drogen eingeführt worden. Zwischen den Geschwistern gab es also außerfamiliäre dyadische Koalitionen und Allianzen. Eine lose zusammengesetzte Geschwistergruppe bestand bereits, und es schien uns nur folgerichtig und an der Zeit zu sein, ihr auch eine formale Struktur zu geben.
Wir hatten auch den Eindruck, daß eine Therapie mit dieser Gruppe zu einer offeneren und konstruktiveren Kommunikation zwischen ihren Mitgliedern führen würde. Die Therapeuten sollten den Heranwachsenden helfen, neu erlernte Verhaltensweisen in ihre jeweiligen Familien einzubringen. Es gab drei allgemeine Schwerpunkte für die Gruppe: 1. den Ausdruck von Gefühlen in der Gruppe fördern;

2. den Gruppenprozeß als eine Möglichkeit nutzen, interpersonelle Reaktionen, Verhalten und dergleichen zu reflektieren; 3. eine vertrauensvolle Atmosphäre schaffen, in der Probleme mit der Familie, der Schule und Gleichaltrigen besprochen und einer Lösung nähergebracht werden könnten.

Im Verlauf des zweijährigen Bestehens der Gruppe nahmen achtzehn Jugendliche an ihr teil. Die Gruppe setzte sich aus sechs Geschwisterpaaren und sechs miteinander nicht verwandten Jugendlichen zusammen. Unter den Geschwisterpaaren gab es drei Bruderpaare, ein Schwesternpaar und zwei Paare mit Bruder und Schwester. Die übrigen Jugendlichen waren alle Mädchen. Für einen kurzen Zeitraum nahmen noch weitere Jugendliche an der Gruppe teil, aber die ursprünglich versammelte Kerngruppe blieb erstaunlich stabil. Die Gruppensitzungen fanden einmal wöchentlich statt und dauerten sechzig bis fünfundsiebzig Minuten. Zusätzlich zur Geschwistergruppe gab es periodische Versammlungen der Eltern zum Austausch von Informationen über das Verhalten der Jugendlichen daheim und in der Schule. Die Geschwister wollten an diesen Elterntreffen nicht teilnehmen. Die Vertraulichkeit über das Gruppengeschehen blieb gewahrt, denn die Eltern erhielten mehr einen Bericht über allgemeine Fortschritte als über eigentliche therapeutische Inhalte. Parallel dazu wurden die jeweiligen Familien familientherapeutisch behandelt. Mehr als zwei Drittel der Jugendlichen aus unseren Gruppen nahmen vor oder während des Zeitraumes, in dem die Geschwistergruppe bestand, an einer Familienbehandlung teil.

Der Gruppenverlauf

Die Eltern und die jüngeren Geschwister hatten ursprünglich unserem Vorschlag begeistert zugestimmt; dennoch erwiesen sich die ersten Monate als äußerst schwierig. Die Geschwister zeigten sich extrem ängstlich und reagierten ihre inneren Spannungen mit Prügeleien ab. Unsere Versuche, dieses hyperaktive Verhalten in konstruk-

tive und akzeptable Bahnen zu lenken, schlugen fehl. Die Gruppe war von einem diffusen Chaos umgeben, das oft auch nach dem Ende der Gruppenstunde nicht abebben wollte. Die allgemeine Destruktivität zwischen den Mitgliedern gewann oft so sehr die Oberhand, daß sie einander nach Verlassen des Gruppenraumes angriffen. Einmal erhielt ein zum Sündenbock erkorenes Mitglied der Gruppe von mehreren anderen Jugendlichen eine Tracht Prügel. Andere Gruppenmitglieder schauten bei diesem Vorfall passiv zu. Ihr Verhalten ähnelte dem der Jugendlichen in „Herr der Fliegen“ (3). Die Therapeuten wurden zu Wärtern und Aufsehern statt zu helfenden Beratern, die sie ursprünglich hatten sein wollen.
Wir versuchten verschiedene Techniken, um dieses exzessive motorische Verhalten zu kanalisieren. In den warmen Monaten wurde die Gruppe in Mannschaften eingeteilt, und wir veranstalteten mit ihnen im Freien Wettrennen, Fangen und Softball-Spiele. Diese „Freizeittherapie“ erwies sich als ein wirksames Ventil, obwohl sie natürlich von unserem ursprünglichen Vorhaben weit entfernt war. Allmählich holten wir die Gruppe wieder in das Gruppenzimmer zurück, in dem nun die Regel galt, einander zu respektieren und die Hände voneinander zu lassen.
In dieser Phase wurde motorische Spannung mit den therapeutischen Techniken der Familienskulptur und der Familiencollage abgebaut. Diese Methoden sind aus gruppen- und familientherapeutischen Verfahren hervorgegangen. Nichtverbale „Bilder“ dienen zur symbolischen Darstellung der Familien- und Gruppendynamik. Jedes Gruppenmitglied hatte Gelegenheit, die anderen Jugendlichen zu einem Tableau anzuordnen, das Rollen, Gefühle und Konflikte so wiedergab, wie sie vom Arrangeur wahrgenommen wurden. Solche Methoden erschließen häufig einen Zugang zu rigide verteidigten Prozessen und decken nichtverbale Probleme auf, deren Ausarbeitung normalerweise Monate erfordern würde.
Kurz vor dem Erntedankfest waren die Gruppenmitglieder innerlich genug gelöst, um das bevorstehende Festessen bildhaft – mit Gruppenmitgliedern in Familienrollen – zu porträtieren. Ein Mädchen, das

sich sonst stark über sprachliche Ausdrucksformen mitteilte, stellte die Überlegung an, daß sie diesen Feiertag deshalb so hasse, weil ihre Mutter jedesmal in Aufregung gerate, wenn ihre Großmutter mütterlicherseits eintreffe. Sie erklärte, daß sie ihre Mutter nicht gerne so erregt sehe und fragte sich, warum die Großmutter mit ihrer Mutter wie mit einem kleinen Kind sprach.

Dieser sichtliche Fortschritt im Verhalten der Gruppe machte die Therapeuten für die Zukunft der Gruppe zuversichtlich, aber das störende Verhalten hatte sich anscheinend nur vorübergehend gelegt. Wieder kam es zu mangelnder Beherrschung von Impulsen, und die Atmosphäre in den Sitzungen war enttäuschend gereizt. Offensichtlich mußten wir weitere Aktivitäten vorgeben, und mit einigen hatten wir auch den erwünschten Erfolg. Besonders zweckmäßig für die Kanalisierung von Feindseligkeiten war die „Zettelgruppe“, die wir aus dem stationären Behandlungsprogramm unserer Einrichtung übernahmen. Um genesenden Süchtigen zu helfen, ihre Impulse besser zu beherrschen, verlangten wir von ihnen, auf den unmittelbaren Ausdruck von Feindseligkeit zu verzichten und ihren Ärger über ein anderes Gruppen- oder Teammitglied auf ein Stück Papier oder einen Zettel zu notieren und in der Gruppensitzung vorzubringen. In der Gruppe stellte sich die Person, die den Zettel geschrieben hatte, und konfrontierte denjenigen, dem ihr Ärger galt, mit ihrer Wut. Beide Parteien sitzen dabei im Zentrum des Gruppenkreises, während die anderen zuschauen. Körperlicher Kontakt ist nicht gestattet, aber die vermehrte verbale Äußerung von Ärger wird unterstützt. Diese konfrontative Methode wurde für unsere Geschwistergruppe in abgewandelter Form übernommen, und sie war immer verfügbar und sinnvoll, wenn jemand sie brauchte. In einer besonders angespannten Sitzung kamen alle Gruppenmitglieder mit einer Tüte voller „Zettel“ für sämtliche Gruppenmitglieder, darunter auch den Therapeuten, in das Gruppenzimmer.

Zur Förderung der Kommunikation in der Gruppe erwiesen sich spontane Methoden immer als nützlicher als vorgeplante Aktivitäten. Gruppenzeichnungen und Gedichte boten sich als unmittelbares Ausdrucksmittel an, wenn Mitglieder schlecht aufeinander zu sprechen waren und mit einer direkten Auseinandersetzung noch nicht umgehen konnten, ohne gleich wütend zu werden. Es folgt als Beispiel ein Gedicht, das die Gruppe sechs Monate nach ihrem Beginn verfaßte:

Joe ist ein Wiesel,
Sue ist ein Esel.
Dina hat Frust,
wir haben keine Lust.
Bob ist 'ne Affenschande,
wir sind 'ne Rasselbande.
Serena ist die Queen,
Gail und Jon haben 'nen Spleen.
Loren macht Zunder,
Nel stinkt und soll sich trollen,
Kirk ist ein übler Kunde
und frißt sich ganz voll.
Dale ist ein Jude,
Hal leckt seine Wunde.
Jeff liebt Kim,
Rita mag Klimbim.
Mike ist ziemlich cool,
und die Gruppe schwimmt im Pool.

Solche „Nonsens"-Reime enthalten wichtige Einsichten über Einstellungen, Gefühle und Rollen der einzelnen Gruppenmitglieder. In zwei der wichtigsten Zeilen des Gedichtes geht es um Dinas Frust, der die ganze Gruppe ergreift. Dieser Teil der Verse verweist auf etwas, was zum Angelpunkt für den Erfolg oder das Scheitern der Gruppe werden sollte. Vom ersten Tag an zeigte die zwölfjährige Dina mehr diffuse Angst und war impulsiver als irgendein anderer Jugendlicher. Sie verlangte stets ein Maximum an Aufmerksamkeit für sich und kam jede Woche offenbar mit einem neuen Mittel in die Gruppe, um sie sich auch zu verschaffen. Sie war bereits reif, benahm sich wie eine sexuell verführerische junge Frau, an der jede Bewegung

in nicht allzu ferner Zukunft promiskuitives Verhalten versprach. Ihr Charisma schlug Wellen, so daß alle Gruppenaktivitäten mit ihren Launen auf- und abebbten. Immer stand sie im Mittelpunkt, und noch so viele Interventionen des Therapeuten vermochten nicht, dies zu ändern. Sie kaute Kaugummi, strickte undefinierbare Kleidungsstükke und hatte unkontrollierbare heftige Gefühlsausbrüche von einer Intensität, die die wackligen Fundamente der Gruppe beeinflußten und erschütterten. Es war deutlich, daß sie gefährdet war und die Situation nicht mehr in der Hand hatte, aber jedwede Unterstützung oder Einflußnahmen erwiesen sich als wirkungslos. Die Gruppe ignorierte sie manchmal, doch hatte Dina ein solch unheimliches Geschick, den Verlauf von Sitzungen zu beeinflussen, daß sie doch wieder alle Wut auf sich zog oder im Mittelpunkt des Gelächters stand. Kleinere Gruppeninterventionen, mit denen wir versuchten, bestehende Dyaden aufzulösen, halfen anderen Jugendlichen, aber nicht Dina. Alle ihre Freunde gaben ihrem Einfluß nach. Während andere Gruppenmitglieder sich mit einer Satzergänzungsaufgabe beschäftigten, bei der es um ihre Sensibilität ging, malte Dina feindselige Tiere.
Als wir den Eindruck bekamen, daß ihrem aggressiven Verhalten innerhalb der Gruppe nicht konstruktiv beizukommen war, fragten wir sie, warum sie überhaupt zu den Treffen käme. Ihre Antwort war: „Ich will gar nicht, aber meine Mutter läßt nicht zu, daß ich fortbleibe." Zuvor hatten Bemühungen, ihre Motivation zur Teilnahme an der Gruppe zu hinterfragen, nur dazu geführt, daß sie jeden Wunsch fernzubleiben, verleugnete. Aber der Druck war wohl doch zu groß geworden, und sie wurde ehrlich. Sie beruhigte sich, als wir ihr versicherten, daß wir ihr Fortbleiben unterstützen würden und sie zurückkommen könne, wenn sie dazu bereit sei. Fast hellseherisch wiesen die freien Assoziationen im Gedicht auf das hin, was sich als Verkörperung des Gruppencharakters in der Anfangsphase erweisen sollte und beinahe zu ihrem Scheitern geführt hätte.
Die Abwesenheit des lolitahaften Mitgliedes führte zu einer unmittelbaren und erstaunlichen Veränderung. In der Anfangsphase war es stets notwendig gewesen, einen Sack voller Techniken bereit zu ha-

ben, um Ordnung in einen anscheinend endlos währenden Mißklang zu bringen. Die zweite Phase war ganz anders. Es wurde ruhiger, und es war nicht mehr notwendig, Verfahrensregeln für einen erfolgreichen Ablauf der Gruppe vorzugeben. Die Mitglieder brachten spontan Probleme ein. Ein Kreis wurde gebildet, und wenigstens diese neue Sitzzuordnung wurde zu einer gewissen Tradition. Endlich sah das Ganze auch nach Gruppentherapie aus. Es kam nicht mehr zu Gewalttätigkeiten, die Untergruppen lösten sich in der größeren Masse auf, und die Gruppe bekam einen inneren Zusammenhalt. Eines Tages geschah einer der aufregendsten Fortschritte, als der Therapeut zu spät kam und die Gruppe ruhig und mit sich selbst beschäftigt vorfand.

Die Gründe für diese Veränderungen lassen sich nicht vollständig erklären. Obwohl Dina nach außen hin freiwillig gegangen war, könnte die Gruppe sie auf einer bestimmten Ebene auch dazu gedrängt haben. Identifizierten sich die anderen Jugendlichen so weitgehend mit ihrer Impulsivität, daß sie ihre eigene Vernichtung fürchteten, falls sie geblieben wäre? Und ist das als Anzeichen zu werten, daß die Gruppe zu einem wichtigen Bestandteil ihres Lebens geworden war, den sie zu erhalten wünschten? Sicherlich hatte Dina auf die Gruppe eine tiefe Wirkung ausgeübt. Es könnte sein, daß ihr Abschied eine symbolische Repräsentation des möglichen Schicksals der Gruppe war, was implizieren würde, daß sich die Jugendlichen für ihr Überleben entschieden. Anspielungen auf Dina waren nach ihrem Fortgehen selten, obwohl einmal die beiläufige Bemerkung fiel, daß die Gruppe ohne Dina viel besser sei. Wenn jemand versuchte, über ihr derzeitiges Verhalten zu berichten (was ihnen durch Gerüchte in der Schule oder in der Nachbarschaft bekannt geworden war), erinnerten die Gruppenteilnehmer einander rasch daran: „Wir reden nicht über Personen, die nicht anwesend sind.“ Vielleicht war die eingekehrte Ruhe auch das Ergebnis eines normalen Gruppenprozesses, oder vielleicht waren alle einfach erschöpft. Was auch immer die Gründe waren – der Wandel war gewiß willkommen.

Gruppenthemen

Die Sitzungen der Gruppe boten uns einen faszinierenden Einblick in das Empfinden und das Leben ihrer Teilnehmer. Die angesprochenen Themen waren umfassend und ergiebig und – allzu oft – tragisch.
Das häufigste wiederkehrende Thema war der Tod, entweder symbolisch oder real. Er hinterließ auf die Gruppenteilnehmer immer eine ernüchternde Wirkung. Die erste derartige Erfahrung seit Bestehen der Gruppe ergab sich, als Ritas dreiundzwanzigjähriger Bruder das Opfer eines Raubmordes in einem Haus wurde, das er zusammen mit anderen Studenten in Philadelphia bewohnt hatte. Es war eine Ironie des Schicksals, daß Ritas Bruder das einzige Familienmitglied war, das nicht von Drogen, Alkohol oder von übermäßigem Essen abhängig war (Rita, ihre Mutter und eine verheiratete Schwester waren alle übergewichtig; ihr Vater war alkoholkrank und durch die Familientherapie zum ersten Mal seit einem Jahrzehnt abstinent geworden, ihre Schwester kiffte). Rita und ihre Familie kamen unmittelbar nach dem Mord in die Therapie. Rita, die mehrere Monate lang nicht in der Gruppe erschienen war, erzählte nach dem Tod ihres Bruders schluchzend, daß sie in die Geschwistergruppe zurückkehren wolle. Mehrere Gruppenmitglieder begannen zu weinen, als Rita die traurige Geschichte erzählte. Sie weinte viel, und die Gruppe ging sehr auf sie ein. Jedes Mitglied berichtete von einer persönlichen Erfahrung mit dem Tod. Für ihr Alter hatten sie einige recht ungewöhnliche Verluste hinnehmen müssen; so war vor mehreren Jahren die vierjährige Schwester eines Jungen an Leukämie gestorben. Eine bemerkenswerte Auswirkung von Ritas Tragödie war, daß sie im Gegensatz zu ihrer früheren Randposition in der Gruppe ein integriertes und akzeptiertes Mitglied wurde.
Mehrere Monate später begann ein dreizehnjähriges Mädchen zu schluchzen. Ihr älterer Bruder war Diabetiker seit seiner Kindheit und hatte wieder angefangen, Drogen zu nehmen. In der Vergangenheit hatte die Kombination seiner körperlichen Erkrankung und die Einnahme von Heroin sein Leben so gefährdet, daß er schon dreimal

die Sterbesakramente erhalten hatte. Sue erklärte der Gruppe, daß es diesmal sicherlich tödlich enden werde. Wieder sprach die Gruppe über ihre früheren Erfahrungen mit dem Tod. Sie empfahlen Sue, mit ihrem Bruder zu reden und ihm ihre Befürchtungen mitzuteilen, wozu sie dann auch in der Lage war. Sie bezweifelte zwar, ob dies sein Verhalten ändern würde, aber sie gab zu, sich doch erheblich erleichtert gefühlt zu haben, als sie ihm so ehrlich entgegengetreten war.

Eines der jüngsten Mitglieder, Margo, schied im Frühjahr aus der Gruppe aus. Sie konnte den Streß und das ausagierende Verhalten der anderen nicht mehr ertragen. Als recht stilles Kind war sie viel zu bestimmt, als daß wir sie in ihrer Entscheidung hätten umstimmen können. In der Mitte des Sommers wurde ihr Hund von einem Auto überfahren. Eine Woche später kam Margo wieder in die Gruppe zurück. Sie weinte ausgiebig und erklärte jedem, wie zornig sie auf den unvorsichtigen Fahrer, einen ekelhaften Nachbarn, sei. Margo bereitete es erhebliche Schwierigkeiten, diesen Verlust zu überwinden, obwohl ihre Eltern ihr einen neuen Welpen kauften. Ihre Gefühle änderten sich nur wenig, bis ihr der Vorschlag gemacht wurde, den neuen Hund in die Gruppe mitzubringen. Nach dem hochwillkommenen Besuch des jungen Hundes erschienen in den nächsten Stunden andere Jugendliche mit ihren Haustieren im Schlepp.

Sexuelle Funktionen und sexuelles Verhalten waren ebenfalls wichtige Themen. Trotz anfänglichem Gekicher erwiesen sich die Diskussionen als offen und informativ. Die meisten Heranwachsenden hatten das Gefühl, daß ihre Eltern voreheliche sexuelle Kontakte ihrer Töchter nicht befürworteten, aber ihren Söhnen wurde ein größeres Ausmaß an sexueller Freiheit zugestanden. Die Einstellungen zu diesem Bereich waren überraschend reif, und die meisten Jugendlichen waren übereinstimmend der Meinung, daß Verantwortungsbewußtsein der wichtigste Faktor bei der Sexualität sei.

Weitere Probleme waren Konflikte mit ihren Geschlechtsrollen. Ein elfjähriger Junge beschwerte sich über eine ungerechte Bürde häuslicher Arbeiten, an denen sich nach seinem Gefühl auch die Mutter be-

teiligen sollte. Es war schwierig für ihn zu beurteilen, wie weit sein Ärger darauf zurückzuführen war, daß ihm „Frauenarbeit“ auferlegt worden war. Ein anderes Gruppenmitglied war mit sich nicht im reinen wegen der Art und Weise, wie sie ihren älteren Bruder versorgen mußte, „der immer belegte Brote möchte, wenn ich mich hinsetze und fernsehen will“. Seine Bestechungsgeschenke ärgerten sie, aber ihre Furcht vor Zurückweisung hinderte sie daran, sich ihm zu widersetzen. Die Gruppe half ihr, Mut zu fassen und mit ihm zu reden, und sie berichtete von einem positiven Ausgang des Gesprächs. Diese Beispiele weisen auf eine konstruktive Funktion der Gruppe hin. Nach achtzehn Monaten tauchten jedoch ernste Probleme auf. Zwei Themen, die gleichzeitig auftraten und wiederkehrten, verdienten Beachtung: das eine Problem war, daß Rauchen und Trinken für die Heranwachsenden zu zentralen Angelegenheiten wurden. Großtuerisch erzählte ein Mädchen, auf einer Bierparty gewesen zu sein; nachher war ihr schlecht, weil sie ein Sechserpack Bierdosen getrunken hatte. Es sei zwar nicht schön, sich zu übergeben, aber das Gefühl, berauscht zu sein, gefiele ihr wirklich gut und sie behauptete, keine Hemmungen zu haben, es noch einmal zu probieren. Ihre Geschichte brachte andere Gruppenmitglieder dazu, ähnliche „aufregende“ Alkoholerfahrungen zu machen. Ein Mitglied erklärte, mit elterlicher Erlaubnis eine Bierdose geleert zu haben. Dieser elfjährige Bursche hatte einen Vater, der sich gerade erst von seinem Alkoholismus erholte, und einen alkoholabhängigen Bruder, der zuvor Drogenkonsument gewesen war, und ein weiteres unter seinen Geschwistern, das wegen seiner Heroinsucht therapiert wurde.
Als der Therapeut die Gruppe mit den Folgen ihres Verhaltens konfrontierte, reagierten sie allgemein mit Verleugnen und Rationalisieren, aber gefühlsmäßig waren sie unbeteiligt. Es herrschte eine prahlerische Stimmung. Diese ließ sich auch an der Einstellung zum Zigarettenrauchen feststellen. Zwei Mädchen, beide dreizehnjährig, hatten von ihren Eltern die Erlaubnis erhalten, zu rauchen. Ein nichtrauchendes Gruppenmitglied machte den Vorschlag, daß diejenigen mit Raucherlaubnis auch in der Gruppe rauchen dürfen sollten. Ohne zu

zögern holten die beiden Mädchen ihre Zigaretten hervor und wollten sie anstecken. Eine therapeutische Intervention führte zu einer Diskussion über die Einstellungen und Belange aller Anwesenden hinsichtlich der Frage, ob das Rauchen in der Gruppe zugelassen werden sollte. Obwohl zwei Jungen erklärten, sie wollten ihre Gesundheit nicht durch rauchgeschwängerte Luft gefährdet wissen, stimmten viele der Geschwister für eine Raucherlaubnis. Es wurde eine Woche Bedenkzeit vorgeschlagen. Mehrere Geschwister erklärten den Therapeuten direkt: „Ihr sollt uns keine Eltern sein, also laßt uns selbst entscheiden." In der folgenden Woche standen die beiden Nichtraucher zu ihrer Position. Aber alle anderen und auch die zuvor Unentschlossenen stimmten dafür, das Rauchen zu gestatten.
Das zweite Problem war die Schule. Es kam immer häufiger dazu, daß die Schule geschwänzt wurde, zu befristeten Schulverweisen und Schwierigkeiten wegen des Betragens sowie zu regelmäßigen Disziplinierungen durch Lehrer. Ein Mädchen, das früher hohe Leistungen gebracht und ehrgeizige Karrierepläne gehabt hatte, teilte mit, daß sie vorübergehend von der Schule gewiesen sei, weil sie eine Aufforderung des Lehrers nicht befolgt habe, sich an einen anderen Platz zu setzen. Ein anderer Jugendlicher wurde vorübergehend wegen Rauchens suspendiert, und bei wieder einem anderen war häufiges Schwänzen der Schule das Hauptproblem, welches die Mutter zu der Entscheidung bewog, ihn in einen anderen Schulbezirk zu schicken, in dem sein Vater lebte, von dem sie sich vor kurzem getrennt hatte.
Diese Verschlechterung breitete sich zwar anscheinend auf alle Geschwister aus, aber eigentlich waren es nur vier Jugendliche, die im Vordergrund dieser Rebellion standen. Einer der vier war Dinas Bruder, der anders als seine Schwester immer eines der „anständigsten" Gruppenmitglieder gewesen war. Es war bemerkenswert, daß zu dieser kleinen Untergruppe nur Geschwister gehörten, die in derselben Straße eines Vorortes lebten.
Die Sorge, daß sich ähnlich störendes Verhalten auch auf die anderen Jugendlichen übertragen könnte, führte zur therapeutischen Entscheidung, einen mehrfamilientherapeutischen Ansatz einzusetzen (4).

Hinter dieser Intervention stand der Gedanke, daß der Aufstand im kleinen ein größeres, unerkanntes Familienproblem widerspiegeln könnte. Darüber hinaus war es absolut notwendig, daß die Eltern beim Setzen von Grenzen kooperierten. Wegen der räumlichen Beschränkungen unseres Büros wurde die Mehrfamilientherapie auf vier Geschwister aus der Gruppe, auf Dina und die jeweiligen Eltern beschränkt. Ältere Geschwister nahmen nicht teil, weil die meisten abwesend waren, entweder in ihren Schulen oder im Wehrdienst, oder weil sie sonstwie erfolgreich mit ihrem eigenen Leben beschäftigt waren. Keiner von ihnen nahm Drogen. Es ist wichtig zu wissen, daß alle drei Familien bereits eine Familientherapie hinter sich hatten und daß vorhandene strukturelle Muster und affektive Beziehungen verändert worden waren.

Die Familie G. bestand aus Mr. und Mrs. G. und ihren vier Kindern. Rita, ihre dreizehnjährige Tochter, war das einzige Familienmitglied, das an der Geschwistergruppe teilnahm. Rita war schon immer eine ausgezeichnete Schülerin und Sportlerin gewesen und hatte nie Strafen wegen schlechten Betragens in der Schule erhalten. Eine fünfzehnjährige Schwester hatte eine Alkoholabhängigkeit und eine Polytoxikomanie hinter sich, ein siebzehnjähriger Bruder war „anständig" und der älteste Bruder, zwanzig Jahre alt, hatte sich gerade von seiner Heroinsucht befreit. Mr. G. war die meiste Zeit seines erwachsenen Lebens alkoholkrank gewesen, hatte sich aber als Ergebnis der Familientherapie den Anonymen Alkoholikern angeschlossen und war seit zwei Jahren abstinent. Mrs. G., die Tochter eines alkoholkranken Vaters, hatte kürzlich in einem langen Kampf gesiegt und achtzehn Kilo von ihrem Übergewicht verloren. Sie und ihr Mann waren zu dieser Zeit in und mit ihrer Ehe sehr zufrieden.

Zur Familie R. gehörte Mrs. R., die von ihrem Mann getrennt lebte. Sie war als starke Trinkerin beschrieben worden. Die beiden Söhne in der Geschwistergruppe waren Kirk, zwölf, und Michael, der vierzehn war. Außerdem gab es noch zwei Töchter im Alter von sechzehn und zehn Jahren. Sieben Jahre zuvor war eine damals vierjährige Tochter an Leukämie gestorben. Dies war die einzige Familie, die am Drogenbehandlungsprogramm teilnahm, in der kein Jugendlicher Drogen einnahm. Sie waren aber wegen Mrs. R. Befürchtung, daß die Freunde aus der Nachbarschaft ihre Kinder nachteilig beeinflussen könnten, zur Familientherapie und in die Geschwistergruppe aufgenommen worden.

Die Familie M. setzte sich aus Mr. und Mrs. M. zusammen, die sich getrennt hatten, nachdem ihnen eine familientherapeutische Behandlung gestattet hatte, sich im gegenseitigen Einvernehmen aus einer unerquicklichen Partnerschaft zu lösen. Zu ihren Kindern gehörten ein zwanzigjähriger ehemals heroinabhängiger Sohn, eine achtzehnjährige Tochter, die eine starke Polytoxikomanie überwunden hatte, Dina, dreizehn, und Jonathon, zwölf. Jonathon nahm noch an der Geschwistergruppe teil, Dina war hingegen seit Beginn der Mehrfamilientherapie nicht mehr in die Gruppe zurückgekehrt. Weder Mr. noch Mrs. M. waren süchtig, aber der Vater von Mr. M. war alkoholkrank, und es gab noch mehrere weitere Alkoholkranke unter den Vorfahren der Familie. Diese drei Familien nahmen alle recht bereitwillig an der Mehrfamilientherapie teil; Mr. R. war der einzige Erwachsene, der ihr fernblieb.

Die Ergebnisse der Mehrfamilientherapie waren ermutigend. Innerhalb von drei Monaten kam der Verfall der Geschwistergruppe zum Stillstand, und das störende Verhalten verringerte sich. Mit Ausnahme von Dina begrüßten die Jugendlichen anscheinend die vermehrte Beaufsichtigung durch ihre Eltern. Es stellte sich heraus, daß zwei Problembereiche als Hauptfaktoren hinter dem jüngsten Geschwisteraufstand standen. Der erste Faktor war, daß die Eltern nicht genügend darauf achteten, was ihre Kinder trieben. Wenn sie ihre Kinder ins Bett schickten, glaubten sie, daß sie ihnen auch wirklich gehorchten. Sie waren sich nicht bewußt, wie wenig dazu gehörte, sich durch das Hinterfenster davonzustehlen und die Kameraden zu einer Serie von mitternächtlichen Streichen zusammenzutrommeln. Alle Eltern waren berufstätig, was dazu führte, daß es nach Schulschluß keine Aufsicht gab. Selbst wenn eine Familie versuchte, den eigenen Kindern Grenzen zu setzen, fehlte die Absprache mit den Nachbarn, so daß die Kinder immer einen Ausweg finden konnten. Es war nicht so, daß ein Elternteil, der mehr beaufsichtigen wollte, den anderen auszuspielen versuchte, sondern es war vielmehr die lockere Struktur einer der Familien, die gegen den Versuch einer anderen Familie, mehr Kontrolle auszuüben, ausgespielt wurde. Das Wirrwarr der nachbarschaftlichen Beziehungen verstärkte das chaotische destruktive Verhalten der Jugendlichen. Der zweite Faktor, der zu Spannungen führte, war die Mrs. M. unterstellte Affäre mit einem Farbigen, Mr. W., der ein zunehmend häufiger Gast im Hause M. wurde. Weder Jonathon noch Dina waren bereit, die neue Verbindung ihrer Mutter über Rassenschranken hinweg zu akzeptieren. Sie wandten sich an ihre Freunde um Hilfe, die mit massiver Mißbilligung reagierten. Am meisten litt Dina, und wieder einmal überrumpelte sie die Geschwistergruppe. Das war leicht zu erreichen, denn Mr. M. war der Lieblingsvater der Jugendlichen, der ihnen immer beim Reparieren ihrer Fahrräder und beim Auskurieren ihrer Verletzungen geholfen hatte. Dina brauchte nur wenig Zeit, um die anderen davon zu überzeugen, daß die Position ihres Vaters widerrechtlich eingenommen und mißbraucht wurde. Es ergaben sich noch einige weitere kleinere Probleme, aber hinter allen stand die Angst vor Mr. W. In einer Sitzung äußerte Jonathon mit entschuldigendem Ton, er habe den Eindruck, daß die vor kurzem geschehenen Regelverstöße der Jugendlichen Rückwirkungen auf die Eltern gehabt hätten. „Die Leute meinen immer, daß Kinder ihre Eltern nachahmen. Ich glaube, wir haben das Gegenteil getan, und unsere Kinder benehmen sich wie wir." Er fuhr fort und erwähnte einen Zwischenfall, bei dem mehrere von ihnen eine Nacht im Wald verbracht hatten, ohne um Erlaubnis zu bitten. Es wurde recht deutlich, daß sich die meisten jetzt ziemlich schuldbewußt fühlten.

Die Probleme wurden gelöst, indem konsequente Regeln aufgestellt wurden, die von allen benachbarten Eltern durchgesetzt werden sollten. Eine bessere Kommunikation zwischen verschiedenen Elternpaaren sollte nach unserer Meinung verhindern, daß allen Wünschen der Kinder stattgegeben würde. Die Beaufsichtigung und Anleitung der

Jugendlichen wurde verstärkt. Die Erwachsenen boten sich untereinander Hilfe an, und jeder von ihnen, der „an der Reihe" war, stiftete Frieden und erteilte Ratschläge. Darüber hinaus wurden die Grenzen zwischen den Generationen deutlich gemacht. Die Kinder fanden mit ihrer Loyalität zu Mr. M. Verständnis, aber sie wurden gebeten, das Recht seiner von ihm entfremdeten Frau auf ihr eigenes Leben zu respektieren. Mr. M. fühlte sich in seiner Position nicht bedroht und war nicht nachtragend, er wollte, daß „sich die Kinder um ihren eigenen Kram kümmern". Mrs. M. wurde mitgeteilt, wie sie ihre neue Beziehung vielleicht etwas taktvoller fortsetzen könnte, und sie nahm sich bald mehr Zeit für Dina und Jonathon.

Bei der Krise, die in der Geschwistergruppe aufgeflackert war, erwies sich die Mehrfamilientherapie als entschieden erfolgreich. Die Behandlung wurde deshalb so rasch akzeptiert, weil alle Familienangehörigen bereits Therapieerfahrung hatten und sie als eine Möglichkeit schätzten, um etwas für sich zu erreichen. Die Wirkung der Mehrfamilientherapie auf die Geschwistergruppe war fast schon zu spüren. Die Sitzungen wurden ruhiger, und die Untergruppen integrierten sich in die Gesamtgruppe. Ein Hauptereignis war Dinas Rückkehr. Obwohl es fraglich war, ob sie ihr annehmbar gemäßigtes Verhalten wahren können würde oder nicht, war es wichtig, ihr eine Chance zu geben.

Die Geschwistergruppe traf sich nach dem Ende der Mehrfamilientherapie noch drei Monate lang. Es entstanden keine neuen Probleme und bald wurde deutlich, daß die Gruppe so weit war, sich aufzulösen. Ihre Ziele waren erreicht, und die Jugendlichen machten sich gut. Eine letzte Zusammenkunft wurde veranstaltet und die Therapeuten und Geschwister versprachen, daß eine Fortsetzung des Kontaktes möglich sei, falls sich weitere Schwierigkeiten ergeben sollten. Mehr als ein Jahr später hat es den Anschein, als ob die meisten der Jugendlichen gut zurecht kommen. Die einzige und bekannte Ausnahme ist bedauerlicherweise Dina. Eine Zeitlang nahm sie Drogen, schwänzte die Schule und hatte Umgang mit einigen Jungen, die wesentlich älter waren als sie. Beim letzten Telefongespräch mit ihrer

Mutter erfuhren wir, daß sie eine örtliche Klinik zur Einzeltherapie aufsuche. Ihr Bruder Jonathon befand sich auf sicherem Boden und war ein beständiger Musterschüler. Rita G. konzentrierte sich auf ihre schulischen Leistungen und hatte etwas abgenommen. Auch den Brüdern K. ging es gut.

Zusammenfassung

Die Geschwistergruppe war ein Vorversuch, gruppentherapeutische Techniken in Ergänzung zur Therapie mit Familien von Süchtigen anzuwenden. Bei diesem Unterfangen arbeiteten wir mit den jüngeren Geschwistern (die noch nicht in der Adoleszenz waren) von Drogensüchtigen, weil sie in ihren Familien ein einflußreiches Subsystem sind und vielleicht noch mehr Macht unter ihren Altersgenossen haben. Wir hatten die Hoffnung, daß eine derartige Gruppe von Jugendlichen den unvermeidlich erscheinenden Antritt eines Erbes verhindern könnte, das zur Sucht führt.

Das Gruppengeschehen war zunächst von Angst und Störungen geprägt. Nachdem die Gruppe einen festen Zusammenhalt gefunden hatte, war es besser möglich, eine konzentrierte und therapeutische Arbeit durchzuführen. Die ursprünglich gesetzten Ziele konnten erst erreicht werden, nachdem einige ernsthafte Probleme ausgeräumt worden waren. Erst als eine kleine Untergruppe von Geschwistern und Eltern an wöchentlichen Mehrfamilientherapiesitzungen teilnahm, war es möglich, sie zu lösen.

Wir haben keine systematische Untersuchung mit einem streng angelegten Forschungsplan und strenger Methologie vorgenommen. Die Interventionen ergaben sich mehr aus praktischen Erfordernissen, als daß sie einem bestimmten Plan folgten. Eine post-hoc-Analyse ist daher alles, was wir bieten können.

Die Geschwister waren nicht gut in ihre Familien integriert. Das aus den älteren Geschwistern bestehende Subsystem hatte ursprünglich die Position der Eltern übernommen und, wie diese, suchtbezogene

Verhaltensweisen ausgelebt (5). Die Hauptkonflikte der Familie drehten sich um Fragen von Trennung und Individuation; anscheinend waren sie durch die Familientherapie für die Eltern und das Subsystem der älteren Geschwister gelöst worden. Die Therapeuten hatten sie, vielleicht in dem Versuch, sie vor einer Vermittlerrolle zwischen Eltern und Süchtigen zu bewahren, zu weit von der Familie ab in ein „übermäßiges Exil" gedrängt. Das Konzept von „Geschwistern im Exil" wurde von Banks und Kahn (1) behandelt, sie meinen, das gesunde Kind hätte die Funktion, die Familie in einem „schwierigen, aber stabilen Gleichgewicht" zu halten. Die Aufgabe des Therapeuten besteht darin, die Geschwister aus dieser Position herauszuholen. Außerdem hatte unsere familientherapeutische Behandlung möglicherweise die Familien nicht so tiefgehend verändert, als daß die Eltern die neuen Verhaltensweisen, die sie gegenüber den älteren Geschwistern praktiziert hatten, nun bei ihren jüngeren Kindern, die ähnliche Probleme hatten, anwenden konnten.
Die Geschwistergruppe war ein Ventil für Angst. Das Ausagieren konnte in der Gruppe geschehen, in der die Jugendlichen der Hilfe des Therapeuten vertrauten. Die Familiensysteme wurden auf der Ebene des nachbarschaftlichen sozialen Beziehungsnetzes neu strukturiert. Die Eltern lernten in der Mehrfamilientherapie, ihre exekutiven Funktionen wirksam ausüben, indem sie das Beziehungsnetz der benachbarten Familien als wichtige Unterstützung zu Hilfe nahmen. Banks und Kahn (1) haben den Eindruck, daß Familientherapeuten die Bedeutung der „Interaktion zwischen Geschwistern und die Therapie von Geschwistern" übersehen haben könnten. Vor zehn Jahren bemerkte Minuchin (5), daß Geschwister einander häufig in Krisenzeiten um Rat fragen. Unser Behandlungsprojekt demonstriert, daß es therapeutisch sinnvoll ist, den Geschwistern eine eigene Behandlungsgruppe zu geben. Ähnlich konzipierte Projekte mit systematischen Erfolgsparametern sind notwendig. Solche Gruppen könnten sehr wohl eine präventive Wirkung haben, denn die Geschwister von heute sind die Eltern von morgen. Falls es uns also gelingt, positiv einzugreifen, wenn die psychische Entwicklung eines Kindes durch

ein Familientrauma gestört wird, müssen sie vielleicht nicht für die Sünden ihrer Brüder und Schwestern bezahlen.

Literatur

1. Bank, S., u. Kahn, M.: Sisterhood-brotherhood is Powerful: Sibling Subsystems and Family Therapy, in: Family Process, 3, 1975, S. 311 - 337.
2. Caplow, L.: Two Against One: Coalition in Triads. Englewood Cliffs, NJ: Prentice Hall 1968.
3. Golding, W.: Herr der Fliegen. Fischer [12]1980.
4. Laqueur, H. P.: Kapitel in A. Ferber, M. Mendelsohn u. A. Napier, Hrsg.: The Book of Family Therapy. New York: Science House 1972.
5. Minuchin, S., Montalvo, B., Guerney, B. G., Rosman, B. L., u. Schumer, F.: Families of the Slums. New York: Basic Books 1967.

Teil II
Alkoholabhängige

8 Familientherapie mit Alkoholabhängigen: Ein Überblick

Peter Steinglass

Der Alkoholmißbrauch hat nicht nur bei Erwachsenen, sondern auch bei Jugendlichen so zugenommen, daß die sozialen und wirtschaftlichen Folgen deutlich zutage treten. In den Vereinigten Staaten sind es etwa 9 Millionen Erwachsene, die Alkohol mißbrauchen bzw. vom Alkohol abhängig sind; in der Bundesrepublik Deutschland beläuft sich diese Zahl gegenwärtig auf 1,5 bis 1,8 Millionen.
Dr. Steinglass berichtet über die Entwicklung der Familientherapie in den Vereinigten Staaten, vor allem im Hinblick auf die Berücksichtigung von Familienfaktoren für die Entstehung einer Alkoholabhängigkeit. Er greift zurück auf Datenmaterial, das er bereits veröffentlicht hat in: 1. The Biology of Alcoholism, hrsg. von B. Kissin u. H. Begleiter. New York: Plenum Press 1977 (Vol. 5); 2. Experimenting with Family Treatment Approaches to Alcoholism, 1950 - 1975. A. Review, in: Family Process, 15 (1), 1976, S. 97 - 123.

Den typischen Alkoholiker stellte man sich früher als obdachlosen, arbeitslosen, körperlich abgewirtschafteten Menschen mit spärlichen psychischen Fähigkeiten vor. Inzwischen ist deutlich geworden, daß dieses „Endstadium" der Alkoholabhängigkeit für die meisten keineswegs repräsentativ ist. Viele, wenn nicht gar die meisten Alkoholabhängigen, setzen ihr Leben in einem nach außen hin intakt und stabil wirkenden Familiensystem fort, wodurch sie als natürliche Klientel für Familientherapeuten prädestiniert sind. Wir werden in unserem Überblick über die bisherigen Veröffentlichungen sehen, daß Therapeuten, die sich auf Alkoholabhängigkeit spezialisiert haben, relativ spät auf das Gebiet der Familientherapie gestoßen sind; Familientherapeuten ihrerseits interessieren sich erst seit kurzem für die Alkoholabhängigkeit. Diese gegenseitige Nichtbeachtung ist keineswegs überraschend.

Früher war es die vorrangige Aufgabe einer klassischen Behandlungseinrichtung, eine Verschiebung des Alkoholproblems von einer moralischen zu einer medizinischen Frage zu bewirken. Diese Wandlung wurde als notwendige Voraussetzung angesehen, um die Verantwortung für die Behandlung vom strafrechtlichen System auf das medizinische Versorgungssystem zu übertragen. Mit diesem Ziel vor Augen, wurde das medizinische Krankheitsmodell propagiert. Ihm zufolge wird Alkoholabhängigkeit als Krankheit mit einer Ursache, einer Anzahl von Symptomen, einem typischen Verlauf und einer vorhersagbaren Prognose aufgefaßt. Das medizinische Modell sollte jedoch ursprünglich der Beschreibung von Krankheiten des Einzelnen dienen. Familientherapeutische Vorstellungen scheinen in diesem Zusammenhang fehl am Platz.

Aus der Perspektive des Familientherapeuten andererseits waren gestörte Kommunikationsmuster und strukturelle Unstimmigkeiten innerhalb der Familie Brennpunkt des klinischen Interesses. Obwohl dieser Aspekt in Familien mit einem alkoholabhängigen Mitglied kaum fehlen dürfte, erschienen der Mißbrauch von Alkohol und die mit ihm einhergehenden körperlichen und verhaltensmäßigen Folgen so nachhaltig, daß man sich eine erfolgreiche Behandlung anders als durch intensive Arbeit mit dem betroffenen Einzelnen schwer denken konnte. Trotz dieser Hindernisse wurden familientherapeutische Techniken mit zunehmendem Enthusiasmus in der Behandlung Alkoholabhängiger eingesetzt. Der zweite Sonderbericht über Alkohol und Gesundheit (16) für den U.S.-Kongreß nannte, dieser Entwicklung Rechnung tragend, Familientherapie „den bemerkenswertesten neuen, den Alkoholmißbrauch betreffenden Vorstoß auf dem Gebiet der Psychotherapie“.

Familientherapie als Behandlungsmodus

Die Erkenntnis, daß möglicherweise ein gestörtes Familienleben für die Genese von psychopathologischen Zuständen ursächlich bedeutsam sein könnte, reicht auf die frühesten psychoanalytischen Vorstellungen vom menschlichen Verhalten zurück. Alle psychodynamisch orientierten Theorien vom Menschen haben die Beziehungen in der Familie als die emotionale Grundlage angesehen, aus der heraus sich die Persönlichkeit des Erwachsenen entwickelt. Gestörte Familienbeziehungen führen deshalb mit größerer Wahrscheinlichkeit zu einem Auftreten von Neurosen, Psychosen und Persönlichkeitsstörungen. Die Idee, im Rahmen einer psychotherapeutischen Intervention zwei oder mehr Familienmitglieder gleichzeitig zu interviewen, entstand aber erst gegen Mitte der 50er Jahre und setzte sich erst in den 60er Jahren durch. Inzwischen hat sich die Familientherapie, obwohl sie eine relativ lange Anlaufzeit hatte, rasch als ein anregender und innovativer therapeutischer Ansatz durchgesetzt, und sie ist zum Bestandteil des Standardangebotes vieler gemeindepsychiatrischer Zentren und stationärer Behandlungsobjekte geworden.
Die Familientherapie entstand als Reaktion auf zwei grundlegende Beobachtungen der klinischen Praxis. Die erste war die wiederholte Erfahrung von Beschäftigten in psychosozialen Versorgungseinrichtungen, die mit psychotischen Patienten arbeiteten, daß ungeachtet der Intensität und der Form ihrer Arbeit abnorme Verhaltensweisen unweigerlich wieder auftraten, sobald der Patient heimkehrte und seinen früheren Lebenswandel wieder aufnahm. Die zweite klinische Beobachtung ist Dramatikern und Romanschriftstellern seit langem bekannt, aber von Praktikern wurde sie wegen ihrer Ausrichtung auf einzelne Patienten nicht im gleichen Maße gewürdigt, – daß nämlich jedes Familienmitglied seine einzigartige und häufig unterschiedliche Sichtweise der Ereignisse und Beziehungen in seiner Familie hat. Die erste klinische Beobachtung führte zu der Schlußfolgerung, daß Fortschritte eines einzelnen Patienten nur durch gleichzeitige und ergänzende Fortschritte auch der sozialen Umgebung des Individuums –

d. h. seiner Familie – abgesichert werden können. Die zweite Beobachtung führte zur Schlußfolgerung, daß die individuellen Unterschiede der Wahrnehmung des Familienlebens durch Patienten vom Kliniker nur dann analysiert werden konnten, wenn er selbst die Familie unmittelbar beobachtete. Das hieß, daß man die ganze Familie zu einem gleichzeitigen Gespräch einbestellen mußte.

Die genannten klinischen Beobachtungen erhielten eine bemerkenswerte Rückendeckung durch zur selben Zeit veröffentlichte Forschungsergebnisse über die Beziehung zwischen Schizophrenie und Familienleben. Diese Arbeiten, insbesondere die von Bateson u. a. (15) über die Doppelbindung, das von Wynne und Mitarbeitern (28) vorgeschlagene Konzept der „Pseudomutualität", Wynne und Singers Arbeit (22, 23, 29) und das Konzept der Familien-„Strukturverschiebung" von Lidz u. a. (18) ließen darauf schließen, das Schizophrenie anscheinend in Verbindung mit bestimmten Mustern gestörter Familienfunktionen entsteht. Aus diesen verschiedenen theoretischen Konzepten wurde die entscheidende Schlußfolgerung gezogen, daß es in manchen Fällen vorteilhafter sein könnte, die ganze Familie statt nur den Einzelnen zur Betrachtungseinheit zu machen. Ein kleiner weiterer logischer Schritt führt uns zur Folgerung, daß auch die therapeutischen Interventionen auf die ganze Familie anstatt nur auf ihr symptomatisches Mitglied gerichtet sein müssen. Ackerman faßte diese Verlagerung des Interessenschwerpunktes vom Individuum auf die Familie (2) bei seiner Gegenüberstellung von psychoanalytischen und familientherapeutischen Behandlungsmethoden zusammen: „Bei der psychoanalytischen Behandlung stehen im Brennpunkt des Interesses innere Manifestationen von Störungen der Einzelperson. Bei der Familienbehandlung stehen Verhaltensstörungen eines Systems von miteinander interagierenden Persönlichkeiten – der Familiengruppe – im Brennpunkt." Auf dem derzeitigen Entwicklungsstand wird der Begriff „Familientherapie" zur Beschreibung einer Vielzahl von therapeutischen Techniken verwendet. Bowen (7) z. B. führte in seinem Artikel mit einem Überblick über das erste Jahrzehnt Familientherapie zwölf deutlich unterschiedene Ansätze oder Formen auf, die alle als rechtmäßige Form von Familientherapie in Frage kommen. Foley (13) reduziert diese Ansätze auf vier grundlegende unterschiedliche Typen: Familienbehandlung, multimodale Familientherapie nach Ritchie, Netzwerktherapie und Mehrfamilientherapie.

Wegen dieser Vielfalt der Formen und Strukturen der therapeutischen Rahmenbedingungen kam das GAP-Komitee (14) in seinem Bericht „The Field of Family Therapy“ zu dem Schluß, daß Familientherapie „keine Behandlungsmethode im herkömmlichen Sinne“ ist. Mit Hinweis darauf, daß es „keine allgemein anerkannten Verfahrensweisen gibt, die von den sich als Familientherapeuten verstehenden Praktikern angewandt werden“, folgern sie, daß die Gemeinsamkeit in der Überzeugung von der Beziehung zwischen individueller Pathologie und Familienpathologie sowie dem Glauben an die therapeutischen Vorteile einer gemeinsamen Behandlung der Familie besteht.

Familientherapeuten haben trotz der anhaltenden Debatte über die äußeren Bedingungen der therapeutischen Situation (z. B., auf wen die Therapie gerichtet sein sollte: das elterliche Paar, die ganze Familie, den erweiterten Familienkreis, das soziale Netz; oder welcher Zeitplan für die Behandlung gewählt werden sollte: die traditionellen wöchentlichen Sitzungen der Familienbehandlung, der intensive zweiwöchige Zeitplan der multimodalen Familientherapie nach Ritchie, die Marathonform der Netzwerktherapie) dennoch einen Bestand an gemeisamen Schlüsselkonzepten, der für alle familientherapeutischen Ansätze gültig ist.

Schon früher sind familientherapeutische Ansätze gelegentlich in der Arbeit mit Familien, die ein alkoholabhängiges Mitglied hatten, angewendet worden. Sie wurden von Therapeuten eingesetzt, die auf dem Gebiet der Familientherapie noch Anfänger waren, und die Ergebnisse wurden oft durch eine eher willkürliche Anwendung unzureichend verstandener Techniken beeinträchtigt. Deshalb sollen hier die Schlüsselkonzepte kurz dargestellt werden, die Familientherapie von anderen Behandlungsformen unterscheidet.

Die Familie als System

In Anlehnung an Konzepte der allgemeinen Systemtheorie fanden Familientherapeuten es sinnvoll, Familien als operationale Systeme aufzufassen. Bei dieser Sichtweise wird die gesamte Familie zur primären Organisationseinheit. Individuen innerhalb der Familie stellen Untersysteme dieser primären Organisationseinheit dar. Im Zentrum des Interesses stehen Muster der Wechselbeziehungen dieser Bestandteile, und daraus leitet sich das Interesse von Therapeuten für interaktionelles Verhalten, strukturelle Muster der Familie und das Gleichgewicht oder die Stabilität des Systems als Ganzes ab. Der systemisch denkende Familientherapeut muß jede einzelne Verhaltenskomponente interpretieren: 1. unter Berücksichtigung der Art und Weise, in der alle Bestandteile (oder Individuen) zu diesem Verhalten beitragen und es ermöglichen, und 2. wie sein eigenes Verhalten alle Mitglieder der Familie beeinflußt. Krankheit wird neu definiert als strukturelles oder funktionelles Ungleichgewicht in der Familie und wird nicht wie früher als Schwierigkeit aufgefaßt, die ein einzelnes Individuum in der Familie erlebt. Die Therapie bemüht sich gezielt um ein verbessertes Verständnis der Strukturen und der Funktionsmuster in der Familie und um eine Korrektur der Instabilität, die zu Streß und Belastungen im System geführt hat.

Das Konzept der Homöostase oder des relativen Gleichgewichts

Dieses Konzept, zuerst von Don Jackson (15) eingeführt, greift auf einen von Cannon zur Beschreibung von Regelmechanismen in physiologischen Systemen verwendeten Begriff zurück und überträgt ihn auf Familiensysteme. Der Kerngedanke ist, daß Familien ein Gefühl von Gleichgewicht oder Stabilität anstreben und eingebaute Mechanismen besitzen, um jeder Abweichung von einem vorgegebenen Stabilitätsniveau gegensteuern zu können. Die erreichte Stabilität ist nicht notwendigerweise ein gesunder Zustand. Bei einer Familie könnte beispielsweise ein Teil dieses Stabilitätsmusters chronisch psychopathologisches Verhalten, wie etwa chronischer Alkoholmißbrauch, sein. Jacksons Konzept impliziert jedenfalls, daß Familien ungeachtet der Qualität der Stabilisierung über eingebaute Mechanismen zur Wiederherstellung ihres spezifischen Empfindens von Gleichgewicht verfügen, wenn etwas geschieht, das dieses Gleichgewicht stört.

Die „Rückkoppelungsschleife"[1] ist der Hauptmechanismus zur Aufrechterhaltung der Homöostase. Der negative Rückkoppelungsmechanismus wird auf Familien am häufigsten zur Beschreibung zweier miteinander verknüpfter Verhaltensweisen übertragen, die meist von zwei oder mehreren Individuen der Familie ausgeübt werden. Die Verhaltensweisen sind miteinander verknüpft, befinden sich aber in Konflikt, weil das Auftreten des einen das Auftreten des anderen hemmt. Ein Muster bildet sich heraus, bei dem auf das Verhalten A unweigerlich das Verhalten B folgt, was nun seinerseits die weitere Äußerung des Verhaltens A hemmt oder verhindert. Das Endergebnis ist eine Rückkehr zum vorherigen Funktionsniveau (der homöostatischen Ebene) der Familie. Ein klinisches Beispiel für solch eine negative Rückkoppelungsschleife ist ein Ehepartner, der jedesmal, wenn das alkoholabhängige Familienmitglied einen Entwöhnungsversuch unternimmt, „unter die Leute will" oder Alkohol mit nach Hause bringt, oder verlangt, in ein Restaurant zu gehen, wo dann Alkohol bestellt wird.

Diese Rückkoppelungsschleife ist einer von einer Reihe anderer Mechanismen, die Familientherapeuten zur Erklärung von ineinandergreifenden Prüfvorgängen und Gleichgewichtsreaktionen postuliert haben, deren Auftreten sie in Familien beobachten, und deren Endergebnis eine bemerkenswerte Stabilität interaktioneller, von den mei-

[1] In der Physiologie ist die „negative Rückkoppelungsschleife" ein von Cannon geprägter Begriff zur Beschreibung der Schiene Hypophyse - endokrine Drüsen, die den Hormonspiegel im Körper kontrollieren. Mit Zunahme des Hormonausstoßes in einem Teilbereich der Schiene nimmt der Hormonausstoß am anderen Ende der Schiene ab und umgekehrt.

sten Familien im klinischen Rahmen ausgeübter Verhaltensweisen ist. Die *Kybernetik*, ein von Norbert Wiener (27) eingeführter Begriff, wurde zu einem überzeugenden theoretischen Modell für die Erklärung dieser selbstregulierenden Mechanismen in Familien. Obwohl sie ursprünglich zur Erklärung von Regelprozessen in physiologischen Systemen dienen sollten und bei der Entwicklung von logischen Konzepten in der Informatik sehr produktiv waren, erwiesen sich Wieners Konzepte auch auf dem Gebiet menschlichen interaktionellen Verhaltens als äußerst fruchtbar. Die kybernetische Regulierung ist das Schlüsselkonzept, mit dem man das Fortbestehen und die Aufrechterhaltung chronischer Verhaltensmuster in Familiensystemen zu erklären versucht. In dieser Hinsicht wird es auch für Familientheoretiker, die interaktionelle Faktoren zu erklären versuchen, die einen chronischen Alkoholmißbrauch aufrechterhalten, zu einem Schlüsselkonzept.

Das Konzept des „identifizierten Patienten“ oder „Sündenbocks“

Der vielleicht revolutionärste Einfluß der Familientherapie auf die Psychiatrie war die Neudefinition von psychopathologischen Zustandsbildern in familientheoretischen Begriffen. Aus dem schizophrenen Einzelnen wird die schizophrene Familie. Aus dem alkoholabhängigen Einzelnen wird die Alkoholfamilie. Aus dem antisozialen Einzelnen wird die antisoziale Familie. Diese Neudefinition geschieht mit Hilfe des Konzepts des identifizierten Patienten. Nach diesem Konzept ist das symptomatische Familienmitglied – sei es nun schizophren, alkoholabhängig oder psychopathisch – nicht einfach ein gestörtes Individuum, das auch unabhängig vom Verhaltenskontext eindeutig symptomatisch wäre. Vielmehr wird der etikettierte oder identifizierte Patient vom Familiensystem, dessen Mitglied er oder sie ist, ausgewählt, um für die ganze Familie der besonderen Störung Ausdruck zu verleihen.

So wird zum Beispiel der antisoziale Jugendliche als Person aufgefaßt, die die von allen Familienmitgliedern geteilten antisozialen Fantasien ausagiert, und das schizophrene Individuum wird als jemand verstanden, der durch psychotische Interaktionsmuster den innerhalb der gesamten Familie ausgelösten Streß und die Belastungen manifestiert. Eine Ausweitung dieses Konzepts führt zu der Folgerung, daß ein solchermaßen erwähltes Individuum durch den Ausdruck seines Symptoms das Funktionieren anderer Familienmitglieder schützen oder stabilisieren kann. Entsprechend kann das alkoholabhängige Familienmitglied durch sein Trinken die Familie vor überwältigenden Depressionen oder unerträglichen Aggressionen bewahren. Ein derartiges Interpretationsmodell kann beispielsweise zur Erklärung für die Manifestation von signifikanter Depression bei einem nicht-alkoholabhängigen Partner herangezogen werden, die dann auftritt, wenn der Alkoholabhängige mit dem Trinken aufhört.

Kommunikationsmuster

Familientherapeuten haben sich mit den Kommunikationsmustern von Familien mit der gleichen Begeisterung befaßt, wie die Analytiker mit dem Traummaterial. Die Kommunikation – sowohl verbal als auch nichtverbal – wird als Widerspiegelung grundlegender struktureller und interaktioneller Muster verstanden, die das Verhalten der Familie steuern, und steht deshalb in therapeutischen Sitzungen im Brennpunkt der Aufmerksamkeit. Einige Familientherapeuten vertreten sogar die Ansicht, daß die Verbesserung von Kommunikationsmustern das einzige therapeutische Ziel sein sollte. Nach dieser Auffassung wird die Familie, sobald sie normale Kommunikationskanäle verwendet, auch in der Lage sein, alle Konflikte, die sich ihr stellen können, anzugehen und zu bewältigen.
Beim Alkoholismus hat sich das Interesse auf die Eigenart der Kommunikationsmuster im Rauschzustand gerichtet. Der Gegensatz zwischen Kommunikationsmustern der gesamten Familie im nüchternen und im Rauschzustand wird von einigen Familientherapeuten als ent-

scheidend für das Verständnis der Dynamik von alkoholabhängigen Familien angesehen.

Verhaltenskontext

Ein Grundpfeiler der individualtherapeutisch orientierten psychodynamischen Psychiatrie ist die Rolle von inneren Konflikten als Bestimmungsfaktor von Verhalten, das nach dieser Auffassung durch interne motivationale Kräfte determiniert wird und aus Konflikten zwischen individuellen Wünschen und der äußeren Realität resultiert. Obwohl motivierende Faktoren auch außerhalb des Bewußtseins liegen können, ruht der Prozeß, der zur Verhaltensäußerung führt, im Individuum selbst, und steht deshalb auch unter individueller Kontrolle. Das behavioristische Modell postuliert ebenfalls, daß dieser Prozeß im Individuum selbst ruht, auch wenn es für das Zustandekommen von Verhalten einen anderen Mechanismus annimmt. Familientherapeuten arbeiten mit mehr als nur einem Individuum und sind deshalb nicht nur an internen Prozessen, sondern auch am Verhältnis von individuellenVerhaltensweisen zum Interaktionsfeld, in dem das Verhalten ausgeübt wird, interessiert. Dieses Verhältnis wurde als „Kontext" von Verhalten bezeichnet. Der Verhaltenskontext – er wird für gewöhnlich als eine Kombination der Rahmenbedingungen und der Rollenbesetzung verstanden – vermag das Verhalten jedes einzelnen Individuums im kontextuellen Feld vorzubestimmen, indem gewisse Wahlmöglichkeiten oder Bereiche von Verhalten, das ein Individuum erfolgreich ausüben kann, von vornherein eingeschränkt sind. Der Familientherapeut ist besonders an der Koppelung von bestimmten Verhaltensweisen mit bestimmten Verhaltenskontexten interessiert, die in einer gegebenen Familie wiederkehren. Solche Koppelungen entwickeln sich oft zu charakteristischen Interaktionsmustern. Diese Interaktionsmuster können, wenn sie für die Familieneinheit als Ganzes potentiell zerstörerisch sind, im therapeutischen Feld zum Hauptansatzpunkt für diagnostische Arbeit werden.

Aus diesen Gründen reicht es nicht, wenn der Therapeut bei der Beschreibung des Trinkverhaltens nur das Quantum und die Häufigkeit des Alkoholkonsums aufzeichnet. Das Trinkverhalten muß auch in Beziehung zum Verhaltenskontext, innerhalb dessen es auftritt, und der charakteristischen, beim Vorhandensein von Alkohol auftretenden Beziehungsmuster zwischen Familienmitgliedern untersucht werden.

Grenzen

Familientherapeuten sind an Interaktions*feldern* interessiert, und deshalb müssen sie auch den Eigenschaften der Grenzen, die die Teilnehmer des Feldes voneinander trennen, sowie der Grenze, die das gesamte Feld umgibt oder es von der Außenwelt trennt, Aufmerksamkeit schenken. Aus diesen Gründen befassen sich Familientherapeuten mit den Eigenschaften von Grenzen, die einzelne Mitglieder der Familie voneinander trennen – z. B. Generationsgrenzen – und mit den Beziehungen der Kernfamilie zur Außenwelt. Starre und undurchlässige Grenzen zwischen der Familie und der Außenwelt führen zur Isolation der Familie und verhindern damit die Nutzung außerfamiliärer Ressourcen zum Vorteil ihrer Angehörigen. Übermäßig durchlässige Grenzen andererseits zerstören die Gefühle von Gruppenintegrität und Verbundenheit der Familie und verhindern häufig, daß sich die Mitglieder wie eine wirkliche Einheit verhalten. Alkoholfamilien zeichnen sich durch starre Grenzen aus, die zu einem charakteristischen Gefühl von Isolation innerhalb der Gemeinschaft führen. Zu den therapeutischen Interventionen gehört daher auch eine eingehende Untersuchung solcher Phänomene mit interpersonellen Grenzen.

Die Anwendung der Familientherapie auf die Behandlung des Alkoholmißbrauchs

Das vom Autor aufgestellte interaktionelle Modell beruht auf systemischen Konzepten vom Funktionieren von Familien. Mit diesen

Konzepten wird postuliert, daß Familien beeinflußbare (operationale) Systeme sind, die den für alle Systeme geltenden Gesetzen gehorchen, darunter die Bedeutung einer inneren Strukturierung, dem Streben nach Ausgleich (Homöostase), dem Kreislauf ursächlicher Ereignisfolgen und Rückkoppelungsmechanismen als Merkmale, die die Eigenart der Interaktion zwischen Bestandteilen des Systems (in diesem Fall den Mitgliedern der Familie plus Alkohol) bestimmen.
Der Alkoholkonsum und das Verhalten im Rauschzustand werden danach beurteilt, wie sehr sie das Zusammenleben der Familienmitglieder beeinflussen. Der Autor stellt die Behauptung auf, daß Alkohol kraft seiner weitreichenden verhaltensmäßigen, kulturellen, gesellschaftlichen und gesundheitlichen Folgen im Leben einiger Familien eine so beherrschende Position einnehmen kann, daß er für sie in ihrem interaktionellen Leben zu einem ordnungsstiftenden Prinzip wird. Wir bezeichnen solche Familien als „Alkoholsystem". Das Vorhandensein oder Fehlen von Alkohol wird zur wichtigsten einzelnen Variablen, die interaktionelles Verhalten nicht nur zwischen dem identifizierten Trinker und anderen Mitgliedern der Familie, sondern auch zwischen nichttrinkenden Mitgliedern der Familie bestimmt.
Dieses Modell impliziert das Bestehen eines feinen und sensiblen Gleichgewichts zwischen Alkoholgenuß und alltäglichem Funktionieren der Familie. Wir haben sogar vermutet, daß in einigen Fällen Alkohol von Familien unbewußt als stabilisierender und nicht als zerrüttender Faktor für ihre Interaktionen angesehen wird. Oberflächlich betrachtet stört er zwar, aber von einer anderen Warte aus betrachtet hat der Mißbrauch von Alkohol ein regelmäßiges, voraussagbares und starres Verhaltensmuster geschaffen, das Unsicherheit über das interne Leben der Familie und ihrer Beziehungen zur Umwelt drastisch reduziert hat.
Die Gelegenheit, Verhalten im Rauschzustand unmittelbar zu beobachten, führte nicht nur zu einzigartigen theoretischen Hypothesen, sondern auch zu ganz neuen Schlußfolgerungen für therapeutische Interventionen. Wenn Alkoholabhängige tatsächlich zur Erhaltung des Systems beitragen, was in klinischen Begriffen ausgedrückt be-

deutet, daß ihnen im Leben der Familie eine wichtige dynamische Funktion zukommt, dann haben Therapeuten, die mit Alkoholismussymptomen in einem Familienkontext umgehen, zuallererst die Aufgabe, den Betroffenen diese Beziehung zwischen Alkohol und Familienleben aufzuzeigen. Wenn das Trinkverhalten des identifizierten Patienten in einer Phase von Streß oder Belastung neu in einer Familiensituation auftaucht, kann man Trinkverhalten auch als ein Streßsignal oder -symptom ansehen, und eine Krisenintervention ist nicht erforderlich. Wenn Alkoholgenuß hingegen Teil eines fortgesetzten interaktionellen Musters innerhalb des Familiensystems ist, sind herkömmliche völlige Abstinenz anstrebende Interventionen völlig fehlangezeigt.

Aus diesem theoretischen Modell folgt, daß Familientherapie nicht so sehr ein Verfahren zur besseren Behandlung des identifizierten Alkoholabhängigen durch Einbeziehung von Familienmitgliedern ist, sondern die ganze Familie oder die Ehebeziehung als solche sollten als Patient angesehen werden. Die therapeutischen Interventionen sind interaktionell und nicht intrapsychisch ausgerichtet, die Behandlungsziele sind eine bessere Funktionsweise, mehr Flexibilität und eine Freisetzung des Wachstumspotential des gesamten Familiensystems, nicht aber die schwerpunktmäßige Arbeit an der Verringerung des Alkoholkonsums beim identifizierten Patienten.

In einer Arbeit von Davis und anderen (9) wird dieses theoretische Modell in zwei wichtige Richtungen ausgeweitet. Zum einen beziehen sie verhaltenstheoretische Konzeptionen ein, und zum anderen weisen sie darauf hin, wie wichtig es ist, uns bei unserem noch sehr einfachen Verständnis von chronischem Alkoholmißbrauch stärker auf symptomerhaltende als auf verursachende Faktoren zu konzentrieren. Aufgrund von klinischen Erfahrungen ist es jedoch sinnvoller, alkoholbezogene Verhaltensweisen als letzte gemeinsame Endstrecke verschiedener Wirkfaktoren aufzufassen. Die Einbeziehung verhaltenstheoretischer Konzepte in das systemische Modell ermöglichen Offenheit in der therapeutischen Praxis und erschließen gleichzeitig neue therapeutische Strategien.

Davis u. a. (9) postulieren folgendes: 1. Der Mißbrauch von Alkohol hat gewisse Folgen, die der Anpassung dienen. 2. Diese *adaptiven Folgen* sind ausreichend verstärkend, um als primäre, die Gewohnheit des Trinkens aufrechterhaltende Faktoren, ungeachtet möglicher zugrundeliegender Ursachen, zu wirken. 3. Die besonderen adaptiven Konsequenzen oder „Primärfaktoren“ können bei jedem Menschen verschieden sein; sie können sich auf unterschiedlichen Ebenen zeigen – darunter auch auf der intrapsychischen Ebene, der partnerschaftlichen Ebene und der Ebene der Aufrechterhaltung eines relativen Gleichgewichts (Homöostase) in Familien oder in einem weiteren sozialen System. Die letzte gemeinsame Endstrecke aber ist der positiv verstärkte chronische Mißbrauch von Alkohol.

Zwei Hauptanwendungsbereiche werden für diesen Ansatz genannt. Erstens muß der Therapeut untersuchen, inwieweit das Trinkverhalten dem Individuum oder einer Familie als adaptive Funktion dient. Die fehlangepaßten Konsequenzen des Alkoholgenusses sind offensichtlich leicht aufzufinden. Die Suche nach adaptiven Konsequenzen verlangt größeres praktisches Können. Zweitens schlagen diese Autoren vor, daß man, nachdem man die positiven Konsequenzen des Alkoholgenusses einmal ermittelt hat, die Therapie so konzipieren kann, daß sie dem Patienten hilft, adaptives Verhalten auch auszuüben, wenn er nüchtern ist, und wirksame Verhaltensweisen zu erlernen.

Davis und seine Mitarbeiter haben in einem neuen, weiterentwickelten Modell viele dieser früheren Ideen einbezogen; sie nennen es „Modell der Aufrechterhaltung von Alkoholmißbrauch“ (25). Das Modell beruht im wesentlichen auf drei Konzepten: der Auffassung, daß interaktionelles Verhalten auf zwei verschiedene Zustände bezogen ist – den nüchternen und dem Rauschzustand; der Vorstellung, daß gewohnheitsmäßiges Verhalten vorhersagbar ist oder Muster erkennen läßt, und der Hypothese, daß Alkoholgenuß in der „Alkoholfamilie“ zu einem Teil des Problemlösungsverhaltens geworden ist.

Das Modell beinhaltet auch die Annahme, daß man sich jede Familiengruppe mit drei Grundproblemen konfrontiert vorstellen kann:

das erste Problem ist eine erhebliche psychologische Verwirrung eines einzelnen Mitgliedes, auf die die Familie mit einer Reaktion der Anpassung antworten muß. Das zweite Problem besteht in einer Reihe von Sackgassen, die im Verhältnis von zwei Familienmitgliedern zueinander entstanden sind, die sich aber nicht auf eine innere Störung eines Einzelnen zurückführen lassen. Das dritte Problem ist eine ernsthafte Schwierigkeit, die sich der Familie als Gruppe bei der Anpassung an ihre unmittelbare Umgebung stellt (gesellschaftliche Determinante von Verhalten). Mit dem Modell wird weiter postuliert, daß sich Probleme in einem dieser Bereiche ansammeln können, bis sie einen Notstand herbeiführen, der zu einer fundamentalen Störung der Familie zu führen droht. An diesem Punkt bemüht sich dann die Familie um ein Wiedererlangen ihres Gleichgewichts und um eine Stabilisierung. In der Alkoholfamilie wurde diese Stabilisierung an den Übergang vom nüchternen in den Rauschzustand gekoppelt. Weiterhin wird in dem Modell angenommen, daß zwei Merkmale des Alkoholgenusses den stabilisierenden Effekt möglich machen. Zum einen wird das neue, mit dem Rauschzustand einhergehende Verhaltensmuster unmittelbar zur Stabilisierung der Familie verfügbar (zurückzuführen auf die raschen, mit den physiologischen Wirkungen des Alkohols verbundenen Verhaltensänderungen). Und zum anderen wird das Verhalten konventionell und stereotyp und birgt wenig Überraschungen in sich. Die letztgenannte Eigenschaft ist zur Stabilisierung besonders nützlich. Die Aufrechterhaltung von Alkoholmißbrauch wurde in einem Diagramm (Abb. 1, S. 180) dargestellt.
Wie aus dem Diagramm ersichtlich wird, liegt der Schwerpunkt des Modells auf der Koppelung des chronischen Trinkverhaltens mit dem Problemlösungsverhalten. Das sich ergänzende individuelle und interaktionelle Verhalten, das ausgeübt wird, wenn Alkohol zum System hinzukommt, ist nach dieser Interpretation spezifisch auf die Bedürfnisse der Familie abgestimmt. Bei einigen Familien zum Beispiel muß man sich vorstellen, daß das Gleichgewicht durch eine Zunahme der interaktionellen Distanz (der Trinker verschwindet zum Trinken im Keller), durch Verringerung des körperlichen Kontaktes (kein Sex

Abb. 1: Aufrechterhaltung von Alkoholmißbrauch

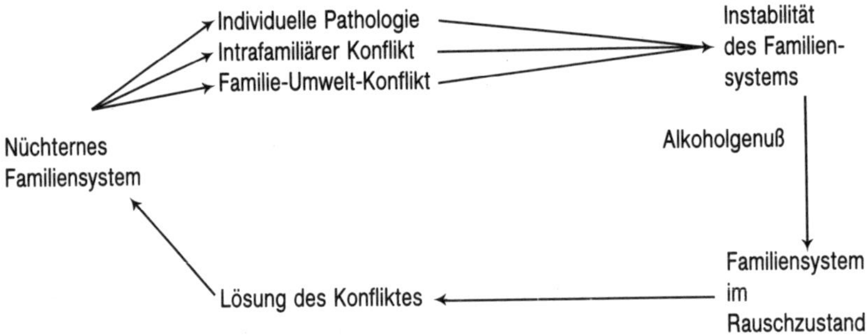

mit einem Betrunkenen) oder durch Reduktion von Spannungen in der Familie (gewohnte Verhaltensmuster verursachen weniger Spannung als neuartige) wiederhergestellt wurde; während in anderen Familien Alkohol mit verringertem interaktionellem Abstand (Kontakt durch Kämpfen, wenn der alkoholabhängige Ehepartner getrunken hat), Enthemmung (Alkohol gestattet ritualisiertes sexualles Verhalten) oder Aufrechterhalten sozialer Distanz zur Umgebung (Kämpfe mit Nachbarn im Rausch) verbunden sein kann. Auch Bowen (6) verwendet ähnliche Konzepte und meint, daß sich Alkoholmißbrauch potentiell in Begriffen der Familiensystemtheorie erklären läßt. Bowen würde sogar behaupten, daß die Dysfunktion des Alkoholabhängigen nur mit Unterstützung seiner gesamten Familie fortbestehen kann. Deshalb wird eine Behandlung, die Verhaltensmuster dieser anderen Familienmitglieder verändert, per Definition, die für die Existenz des Alkoholmißbrauchs notwendige Grundlage beseitigen. Bowen äußert dazu, „wenn es möglich ist, das System der Familienbeziehungen zu ändern, wird die Dysfunktion des Alkoholmißbrauchs gebessert, obwohl diese Fehlangepaßtheit vielleicht gar nicht Teil der Therapie war".

Diese Aussage von Bowen ist die beste, gegenwärtig in der Literatur zu findende Rechtfertigung von Familientherapie bei Alkoholmißbrauch. Derzeit ist sie wahrscheinlich ein zu „dicker Brocken" für die

Therapeuten. Ein integrativer Ansatz, der vor allem die weitreichenden Verhaltenskonsequenzen des Alkoholkonsums berücksichtigt, ist bei unserem heutigen Wissensstand wahrscheinlich sinnvoller. Bowens Ansichten repräsentieren jedoch die Meinung und die Aussagen eines einflußreichen Familientherapeuten zum Problem des Alkoholmißbrauchs, und als solche verdienen sie unsere Beachtung.

Familienbehandlung bei Alkoholabhängigkeit

Die Berichte über die Anwendung von Familienbehandlung bei Alkoholabhängigkeit waren bis heute auf gelegentliche Veröffentlichungen von Falldarstellungen beschränkt, die für eine Anwendung von familientherapeutischen Techniken sprechen. Mit Familienbehandlung kommen wir nun auf eine Technik zu sprechen, die durch gemeinsame Gespräche mit beiden Ehepartnern bzw. durch Gespräche mit zwei oder mehreren Angehörigen einer Kernfamilie oder erweiterten Familie gekennzeichnet ist. Gleichzeitige, in getrennten Räumen stattfindende Gespräche und therapeutische Techniken, bei denen mehrere Familien an einer gruppentherapeutischen Behandlungsform teilnehmen, werden später in diesem Kapitel diskutiert.
Das Ausmaß, in dem familientherapeutische Techniken tatsächlich zur Behandlung von Alkoholmißbrauch eingesetzt werden, ist an den zur Verfügung stehenden Publikationen wahrscheinlich nicht abzulesen. In vielen Behandlungszentren ist es für Therapeuten Routine, weitere Familienangehörige beim Erstgespräch zur Urteilsbildung heranzuziehen. Techniken der Familienbehandlung stehen den Behandlungsteams häufig zur Verfügung. Noch sind wir allerdings nicht so weit, daß sich Familienbehandlungszentren routinemäßig der Behandlung von Alkoholmißbrauch gewachsen fühlen. Herkömmliche familientherapeutisch arbeitende Einrichtungen lehnen die Arbeit mit Familien, die ein identifiziertes alkoholabhängiges Mitglied haben, häufig ab, selbst wenn die Familie eigentlich wegen anderer Probleme kommt. Das trifft besonders auf Einrichtungen zu, die mit Fa-

milien der unteren Mittelschicht und Unterschicht arbeiten, bei denen die bevorzugte Maßnahme eine rasche Überweisung in ein Landeskrankenhaus zum Entzug ist, ohne Rücksicht auf die Eigenart des spezifischen Beschwerdebildes.

Meeks und Kelly (19) haben eine interessante Studie zur Beurteilung der Wirksamkeit von familientherapeutischen Techniken in der Entwöhnungsphase der Behandlung des alkoholabhängigen Familienmitgliedes durchgeführt. Sie ist die repräsentativste und einflußreichste aller klinischen Studien zur Familienbehandlung. Obwohl nur fünf Familien behandelt und untersucht wurden, ist dieser Bericht als Pilotstudie für uns von erheblichem Interesse.

Meeks und Kelly sind familientherapeutischen Theorien verpflichtet; sie arbeiteten mit Techniken, die ein Pionier der familientherapeutischen Bewegung, Virginia Satir, entwickelt hat. Die beiden akzeptieren eine Grundprämisse, von der alle Familientherapeuten ausgehen: daß die Einheit der Behandlung die Familie selbst und nicht ein einzelnes Mitglied ist, und daß eine Familie als psychologische Einheit interne Prozesse aufweist, die der Familie als Ganzes ein charakteristisches emotionales Gleichgewicht geben. Weiterhin akzeptieren sie die Prämisse, daß dysfunktionales Verhalten eines Familienmitgliedes eigentlich für die ganze Familie als funktional angesehen werden muß, weil dieses Verhalten die von der Familie benötigte psychologische Balance oder das innere Gleichgewicht wiederherstellen hilft.

In ihrer Studie wurde Familienbehandlung im Anschluß an ein intensives siebenmonatiges Programm in einer Tagesbehandlungseinrichtung mit Einzel- und Gruppentherapie durchgeführt. Im Verlauf dieses Programms wurden die Familienmitglieder wieder zunächst getrennt vom alkoholabhängigen Patienten behandelt. Mit Beginn der Nachbehandlungsphase wurden die Familienmitglieder jedoch ausschließlich zu gemeinsamen Gesprächen eingeladen, und das alkoholabhängige Mitglied wurde kein einziges Mal getrennt von seiner Familie einbestellt. Die Familien wurden über Zeiträume von 10 bis 12 Monaten hinweg betreut. Die verwendeten Behandlungstechniken waren nach Richtlinien konzipiert, die von Satir (21) aufgestellt worden sind. Im Brennpunkt des Interesses standen die traditionellen familientherapeutischen Bereiche Interaktion, Kommunikation, Rollenausübung und Neudefinition von Problemen der Familie, weniger individuelle Probleme. Die Therapieziele gehen auf Ackerman (3), einem weiteren Pionier der Familientherapie, zurück. Zu ihnen gehörte eine genauere Bestimmung von bestehenden interaktionellen Konflikten, eine verbesserte und offenere Kommunikation über diese Konflikte, ein besseres Verständnis der intrapsychischen Bestimmungsfaktoren von zwischenmenschlichen Konflikten und mehr Gegenseitigkeit bei den Rollenbeziehungen in der Familie. Zu den Beurteilungskriterien der Behandlung gehörten auch das Trinkverhalten des identifizierten Patienten; wichtiger jedoch war eine verbesserte Interaktion der Familie und ein besseres Gleichgewicht der Familienbeziehungen. Weitere Variablen, die ein verbessertes Funktionieren der Familie anzeigten, waren Bereiche wie Problemdefinition, die Kommunikation innerhalb der Familie, Beziehungsmuster und Strategien beim Problemlösen. In der Studie sollte auch eingeschätzt werden, wie sehr die Familie am Behandlungsprozeß Anteil nahm, wie sehr es der Therapeut vermochte, das alkoholabhängige Mitglied aus seinem Status als „identifizierter Patient“ herauszuholen, und die innere Anteilnahme des Therapeuten.

Meeks und Kelly haben den vorläufigen Charakter ihrer Untersuchung unterstrichen, dennoch waren sie von ihren Erfahrungen begeistert. Sie kamen zur Schlußfolgerung, daß Techniken, die das Alkoholproblem in der Familie neu definieren, sehr vorteilhaft angewendet werden können. Je mehr das Trinkverhalten nur als ein Teilaspekt der Familieninteraktion erkannt wird, desto wahrscheinlicher wird es, daß das alkoholabhängige Familienmitglied sein „Etikett“ abschütteln und neue Interaktionsmuster in der Familie einführen kann.

Esser (10, 11, 12) kam in seinen Berichten über seine Erfahrung mit Familienbehandlung im holländischen Stadtteil von Haarlem zu ähnlichen Schlußfolgerungen. Auch in dieser Therapiestudie lag der Schwerpunkt auf der Entwöhnungs- oder Nachbehandlungsphase der Therapie. Die Familientherapie wurde als eine mögliche Erweite-

rung der Behandlung über die Hospitalisierung und die klinische Betreuung des identifizierten Alkoholabhängigen hinaus zu mehr soziotherapeutisch ausgerichteten Verfahren für die ganze Familie angesehen. Die Familie des Alkoholabhängigen wurde als eine „Gruppe unter Streß“ aufgefaßt, aber dieser Streß steht gleichermaßen zu gestörten Interaktionen wie zu den verhaltensmäßigen Auswirkungen des Alkoholgenusses in Beziehung. Die Wiederaufnahme der Kommunikation, die schwerpunktmäßige Arbeit an Rollenkonflikten und die Befreiung des Alkoholabhängigen aus seiner Rolle als „identifizierter Patient“ werden auch von Esser als zentrale Problembereiche angesehen, denen sich Therapeuten widmen müssen.
Diese klinischen Berichte lassen sich am besten als verheißungsvoll, aber nicht bewiesen, als begeistert, aber überwiegend impressionistisch charakterisieren. Sie geben offensichtlich das Ausmaß der allgemeinen Begeisterung über die Familientherapie bei Alkoholmißbrauch wieder, z. B. der Bericht über Alkohol und Gesundheit von Kelly (16) und der Bericht über Alkoholmißbrauch von Chaftez u. a. (8), aber sie lassen Fragen hinsichtlich der umsetzbaren Wirksamkeit dieser Techniken unbeantwortet.

Paartherapie und Mehrfamilientherapie in Gruppen

Die Gruppentherapie mit mehreren Paaren ist eine besonders populäre Form der Familientherapie, die gegenwärtig zur Behandlung von Alkoholmißbrauch angewandt wird. Bei dieser Technik wird in einem Gruppensetting und mit Gruppenprozessen gearbeitet, um Paare bei der Überprüfung ihrer ehelichen Interaktionsmuster und der Beziehung dieser Muster zum Trinkverhalten zu unterstützen. Sie bewahrt zumindest von der Form her eine gruppentherapeutische Struktur, und sie wirkt auf die Therapeuten anziehend, die Gruppentherapie als die Behandlung der Wahl ansehen. Sie berücksichtigt jedoch auch die Bedeutung von familialen Faktoren bei der Verschlimmerung des Alkoholmißbrauchs und ist offen für die sich mehr und mehr durch-

setzende Ansicht, daß die Behandlung des Alkoholmißbrauchs ohne Einbeziehung wichtiger Familienmitglieder weniger erfolgreich ist.
Auf dem Gebiet der Familientherapie hat sich die Paartherapie in Gruppen als eine spezialisierte Form der Mehrfamilientherapie (17) entwickelt, bei der sich in Therapiesitzungen zwischen drei bis zu zwanzig Familien versammeln, die nicht nur aus der Generation der Erwachsenen, sondern auch aus Kindern und aus Angehörigen der auf drei Generationen erweiterten Familie bestehen. Die Paartherapie in Gruppen ist nach Ansicht von Familientherapeuten der Versuch, innerhalb eines Gruppenrahmens zu arbeiten, wobei eine bessere Ehebeziehung eine weitreichende Wirkung auf alle Beziehungen innerhalb der Familie haben soll.
Auf dem Gebiet des Alkoholmißbrauchs ist die Paartherapie in Gruppen im Gegensatz zu der historischen Entwicklung in der Familientherapie primär aus dem Wunsch heraus entstanden, Ehepartner in eine Gruppentherapie einzubeziehen, was von der Arbeit mit Paaren in einem Gruppenrahmen unterschieden werden muß. Dieser Unterschied hat bedeutende Auswirkungen für die daraus resultierende Therapieform, obwohl er auf den ersten Blick vielleicht geringfügig erscheinen mag.
Wenn der Therapeut in Gruppentherapie ausgebildet wurde und sich für Gruppenprozesse interessiert, wird dieser Schwerpunkt auf Gruppen als Gesamtheit auch in der Gruppentherapie von Paaren erhalten bleiben. Wenn der Therapeut jedoch eine Ausbildung in Familientherapie erhalten hat, wird der Schwerpunkt der Arbeit bei dem Paar als einer interaktionellen Einheit liegen, und die Beziehung zwischen dem Paar und anderen Paaren in der Gruppe wird als Modell für die Interaktion mit der Umwelt angesehen. Alkoholikerpaare und Alkoholikerfamilien sind häufig sozial isoliert, vor allem wenn der Alkoholabusus zunimmt: Paartherapie in Gruppen bietet dann eine sehr gute Möglichkeit zur Arbeit an Problemen wie sozialer Isolation und Interaktion mit der Umwelt.
Der Autor und seine Mitarbeiter (24, 25) haben Untersuchungen über Paartherapie in Gruppen als Teil ihrer Forschungsstudien zum

interaktionellen Verhalten von Alkoholikerfamilien durchgeführt. Am „National Institute in Alcohol Abuse and Alcoholism (NIAAA) Laboratory for Alcohol Research“ wurde ein experimentelles Behandlungsprojekt eingerichtet, bei dem ein oder zwei alkoholabhängige Mitglieder eines Paares an einer intensiven, sechswöchigen Paartherapie in Gruppen teilnahmen. Obwohl das Behandlungsprojekt in einem hervorragend ausgestatteten Institut stattfand, das die Beobachtung von interaktionellen Verhaltensweisen ermöglichte, erwies sich der Behandlungsprozeß selbst als höchst ungewöhnlich. Die Arbeit der NIAAA-Gruppe beruhte fest auf familientherapeutischen Konzepten.

Das experimentelle Behandlungsprogramm wurde in drei Phasen eingeteilt: eine zweiwöchige ambulante Anfangsphase, in der sich die Gruppen zu drei Sitzungen pro Woche trafen; eine zehntägige stationäre Phase, in der drei Paare gleichzeitig in eine stationäre Einrichtung aufgenommen wurden, und schließlich eine ambulante Nachbehandlungsphase mit zwei Gruppentreffen pro Woche. Im Anschluß an das sechswöchige intensive Behandlungsprogramm kamen die Gruppen in sechswöchigen Intervallen über sechs Monate hinweg zu Nachfolgesitzungen zusammen

Die stationäre Phase, und sicher das am meisten innovative Merkmal, war Kern des Programms. Die Krankenhausumgebung selbst war eine neugestaltete stationäre Abteilung eines gewöhnlichen Landeskrankenhauses. Diese Abteilung wurde vom Forschungsteam als eine „simulierte Wohnumgebung“ beschrieben, das den Paaren eine häusliche Atmosphäre vermitteln und es ihnen gestatten sollte, ihr gewohntes interaktionelles Verhalten so genau wie möglich zu reproduzieren. Von allergrößter Bedeutung war jedoch die Tatsache, daß Alkohol in den ersten sieben Tagen der stationären Behandlung frei zugänglich war. Die Ehepaare wurden gebeten, ihrem gewohnten Trinkverhalten nachzugehen, solange sie sich auf der Station befanden. Dieses letztgenannte Merkmal des Behandlungsprogrammes wurde aus Untersuchungen von experimentell herbeigeführten-Rauschzuständen als mögliche Ergänzung der Therapie übernommen; und die theoretische Grundlage war die Vorstellung von der Rolle, die Alkohol bei der Aufrechterhaltung von fixierten interaktionellen Mustern innerhalb von Familien spielten. Dem Paar wurde die freie Verfügbarkeit von Alkohol damit erklärt, daß der Therapeut durch die Beobachtung des Rauschverhaltens die Funktion des Alkoholgenusses im alltäglichen Leben des Paares besser verstehen könnte. Bei diesem Behandlungsprogramm wurde eine Vielzahl verschiedener Techniken eingesetzt, um die von jedem Paar gezeigten Interaktionsmuster zu untersuchen und um die Interaktion im nüchternen Zustand der Interaktion im betrunkenen Zustand gegenüberzustellen. Zu diesen Techniken zählten Videoaufnahmen und deren Wiedergabe, Rollenspieltechniken, die Beobachtung des Paares durch Einwegscheiben mit anschließendem Feedback, die Analyse von Sprach- und Kommunikationsmustern, die Hervorhebung von nichtverbalen Verhaltensweisen und die Analyse von Körperhaltungen, die Arbeit mit Drei-Generationen-Familien. Alle diese Techniken wurden bereits früher von Familientherapeuten in einem traditionellen Rahmen verwendet.

Die Forscher faßten die Paargruppen als ein eigenes, aus drei verschiedenen Elementen oder Ebenen bestehendes gesellschaftliches System auf: Einzelpersonen, Paare und die Gesamtgruppe. Diese Gruppenform sollte deshalb ein ausgezeichnetes Objekt für die Beobachtung der Beziehungen zwischen individueller Dynamik und der Dynamik zwischen dem Paar sein, weil die Therapeuten gleichzeitig Gelegenheit erhielten, das Verhalten des Paares beim Aushandeln seiner Position in einer Gruppe von Fremden zu beobachten (vielleicht analog zur Situation der Familie in der Gesellschaft). Der therapeutische Zielbereich war jedoch immer das Paar, und die individuelle Dynamik und das gesamte Gruppenverhalten wurden jeweils im Hinblick auf ihre Beziehung zu jedem der drei Paare gesehen.

Das NIAAA-Paarprogramm ist offensichtlich eine radikale Abkehr von der traditionellen Behandlung der Alkoholabhängigkeit, und es ist auch das beste Beispiel für eine Behandlung auf der Grundlage familientherapeutischer Prinzipien. Wir wollen daher die Hauptmerkmale zusammenfassen, die dieses Programm so einzigartig machen. Erstens nahm das Programm intakte Ehepaare aus der Mittelschicht auf, die trotz des chronischen Alkoholmißbrauchs eines ihrer Mitglieder eine beträchtliche wirtschaftliche und interaktionelle Stabilität bewiesen hatten. Zweitens beharrte das Programm nicht nur nicht auf dem herkömmlichen Abstinenzmodell als Behandlungsziel, sondern stellte sogar unter Beweis, daß Rauschverhalten der sinnvollen Ergänzung der Therapie dienen kann. Drittens richtete sich die Therapie an das Paar, statt nur den alkoholabhängigen Partner als das „Problem" anzusehen. Viertens hatten Patient und Ehepartner einen ähnlichen Status, da beide stationär in einem psychiatrischen Krankenhaus waren, und die Behandlungsziele wurden nach Prüfung der Beziehungen zwischen Alkoholkonsum, Verhalten im Rauschzustand und Interaktionen festgelegt. Und schließlich war das Hauptbehandlungsziel der Therapeuten eine verbesserte Familienfunktion. Alle diese Merkmale sind eine direkte Übertragung der Familientherapie auf die Behandlung der Alkoholabhängigkeit, auf die wir später noch näher eingehen werden.

Unter Hinweis auf den experimentellen Charakter dieser Pilotstudie haben der Verfasser und seine Mitarbeiter hinsichtlich der Behandlungserfolge zur Vorsicht gemahnt, obwohl alle Paare positiv auf dieses Behandlungsverfahren reagierten. Es wurden zwar nur zehn Paare behandelt, sie nahmen aber alle trotz der hohen Anforderungen bis zum Schluß teil und berichteten über eine tiefe emotionale Wirkung, die sie insbesondere auf die Erlebnisse in der stationären Phase zurückführten. Die Begeisterung der Patienten für die therapeutische Arbeit war besonders für diejenigen Therapeuten beeindruckend, die wußten, daß alle Paare bei vorangegangenen therapeutischen Maßnahmen gescheitert waren. Auch die Therapeuten waren am meisten von den Erfahrungen in der stationären Phase begeistert, weil das Verständnis für die Zusammenhänge zwischen Suchtverhalten und Interaktionen bei den Paaren leichter geweckt werden konnte.

Al-Anon-Familiengruppen

Al-Anon ist eine in den USA entstandene Selbsthilfebewegung, die ursprünglich gegen Ende der 40er Jahre parallel (aber unabhängig) zu den Anonymen Alkoholikern entstand. Heute existieren weltweit über fünftausend Al-Anon-Gruppen.

Al-Anon-Familiengruppen sind den Anonymen Alkoholikern als Gemeinschaft von Gleichgesinnten nachempfunden.. Bei Al-Anon beteiligen sich als Gleichgesinnte der Ehepartner, Kinder und nahe Angehörige des Alkoholabhängigen, der seinerseits in der Regel, aber nicht unbedingt, Mitglied einer Gruppe der Anonymen Alkoholiker ist. Das typische Mitglied ist die Ehefrau eines alkoholabhängigen Ehemannes aus einer Familie der oberen Mittelschicht mit starker religiöser Bindung. Al-Anon-Gruppen sind einmal als „bemerkenswerte Selbsthilfeform der Gruppentherapie und Gruppenerziehung“ (1) beschrieben worden.

Al-Anon ist den Anonymen Alkoholikern in Struktur und Funktion ähnlich. Die Gruppen existieren größtenteils außerhalb des traditionellen medizinischen oder sozialen Versorgungssystems, wobei die Mitglieder durch Mundpropaganda, Zeitungsinserate und die Unterstützung kirchlicher Gruppen geworben werden. Die Gruppentreffen gleichen den Anonymen Alkoholikern in ihrem religiösen Aufbau, ihrer Betonung von Anonymität und ihrem strukturierten Rahmen zum Erreichen von Selbsthilfe. Zum Vorgehen in diesem Programm gehören die „Zwölf Schritte“, die von den Anonymen Alkoholikern übernommen wurden, ergänzt durch die „Zwölf Traditionen“, einer Reihe von Aussagen über Verfahrensweisen, die die Merkmale von Al-Anon und die Ziele und Grenzen einer bestimmten Gruppe umreißen (siehe S. 190). Das Gruppentreffen selbst ist unter Vorsitz eines Gruppenleiters halbstrukturiert und dreht sich für gewöhnlich um verschiedene Möglichkeiten, wie sich Gruppenmitglieder an die Zwölf Schritte anpassen oder diese in ihr Leben aufnehmen können.

Die zwölf Schritte der Anonymen Alkoholiker

Erster Schritt
Wir gaben zu, daß wir dem Alkohol gegenüber machtlos sind - und unser Leben nicht mehr meistern konnten.

Zweiter Schritt
Wir kamen zu dem Glauben, daß eine Macht, größer als wir selbst, uns unsere geistige Gesundheit wiedergeben kann.

Dritter Schritt
Wir faßten den Entschluß, unseren Willen und unser Leben der Sorge Gottes - wie wir ihn verstehen - anzuvertrauen.

Vierter Schritt
Wir machten eine gründliche und furchtlose Inventur in unserem Inneren.

Fünfter Schritt
Wir gaben Gott, uns selbst und einem anderen Menschen gegenüber unverhüllt unsere Fehler zu.

Sechster Schritt
Wir waren völlig bereit, all diese Charakterfehler von Gott beseitigen zu lassen.

Siebter Schritt
Demütig baten wir ihn, unsere Mängel von uns zu nehmen.

Achter Schritt
Wir machten eine Liste aller Personen, denen wir Schaden zugefügt hatten und wurden willig, ihn bei allen wiedergutzumachen.

Neunter Schritt
Wir machten bei diesen Menschen alles wieder gut - wo immer es möglich war -, es sei denn, wir hätten dadurch sie oder andere verletzt.

Zehnter Schritt
Wir setzten die Inventur bei uns fort, und wenn wir Unrecht hatten, gaben wir es sofort zu.

Elfter Schritt
Wir suchten durch Gebet und Besinnung die bewußte Verbindung zu Gott - wie wir Ihn verstanden - zu vertiefen. Wir baten Ihn nur, uns Seinen Willen erkennbar werden zu lassen und uns die Kraft zu geben, ihn auszuführen.

Zwölfter Schritt
Nachdem wir durch diese Schritte ein geistiges Erwachen erlebt hatten, versuchten wir, die Botschaft an Alkoholiker weiterzugeben und unser tägliches Leben nach diesen Grundsätzen auszurichten.

Mit freundlicher Genehmigung der Deutschen Kontaktstelle der Anonymen Alkoholiker.

Ablon (1) hat den umfassendsten Versuch einer Analyse der bei Al-Anon stattfindenden Gruppenprozesse unternommen. Sie hat den Eindruck gewonnen, daß alle erfolgreichen Al-Anon-Mitglieder eine grundlegende Lehre und drei Prinzipien für den Umgang innerhalb der Gruppe für sich akzeptieren. Die grundlegende pädagogische Lehre ist das Akzeptieren der Auffassung der Anonymen Alkoholiker von Alkoholismus, der für sie „eine Besessenheit des Geistes und eine Allergie des Körpers“ ist. Diese Auffassung impliziert, daß das alkoholabhängige Familienmitglied weder aus Unverantwortlichkeit heraus noch aus Gemeinheit gegenüber anderen Familienmitgliedern handelt. Vielmehr leidet der Alkoholiker an einer Krankheit, die völlig außerhalb seines oder ihrer Macht steht, und in diesem Sinne wird anderen Familienmitgliedern geraten, es „nicht persönlich zu nehmen“. Für gewöhnlich wird auf die Analogie zu einer Krankheit hingewiesen; den Al-Anon-Familienmitgliedern wird erklärt, daß der Alkoholiker sein oder ihr Trinken nicht mehr beeinflussen kann als der Krebspatient oder Diabetiker die mit seinen Krankheiten einhergehenden organischen Veränderungen.
Die drei von Ablon besonders hervorgehobenen Prinzipien sind: 1. „ein liebevoller Gleichmut gegenüber dem Alkoholiker“, indem das Familienmitglied die Tatsache hinnimmt, daß es nur auf sein eigenes

Verhalten Einfluß hat, und sich damit abfinden muß, daß nur der Alkoholiker selbst Lösungen für sich finden kann; 2. die Wiederherstellung von Selbstachtung und Unabhängigkeit; 3. das Vertrauen auf eine „höhere Macht", ein religiöser Akzent, wie er auch bei den Anonymen Alkoholikern vorherrscht.

Es ist schwierig, Al-Anon-Familiengruppen mit herkömmlichen Therapiegruppen zu vergleichen. Am ehesten könnte man sie als stützende oder Einsicht anstrebende Gruppen charakterisieren, analog zu anderen religiös orientierten Gruppen, wie etwa den Quäkern. Das Gruppenmitglied wird angeregt, sich in den vielen von anderen Gruppenmitgliedern mitgeteilten Geschichten wiederzufinden und sein Leben an die operationalen von der Gruppe befolgten Handlungsprinzipien anzupassen oder anzugleichen. Weitere Interaktionen zwischen Gruppenmitgliedern werden meist nicht gefördert, und eine direkte Auseinandersetzung zwischen Gruppenmitgliedern wird gewöhnlich strikt unterbunden. In dieser Hinsicht gewähren die Al-Anon-Gruppen eine behutsamere Unterstützung als die Anonymen Alkoholiker. Al-Anon-Gruppen werden wegen ihres religiösen Bezugsrahmens und ihrer antiintellektuellen und antiwissenschaftlichen Tradition häufig von Fachleuten nicht sehr hoch eingeschätzt. Trotzdem bilden sie derzeit das größte, Familien mit alkoholabhängigen Mitgliedern einbeziehende Behandlungsprogramm. Die meisten operationalen Prinzipien sind den theoretischen Vorstellungen, die der Familientherapie zugrundeliegen, diametral entgegengesetzt (die Auffassung vom Alkoholabhängigen als hilfloses Opfer eines Krankheitsprozesses ist das krasseste Beispiel), doch haben andere eine auffallende Ähnlichkeit mit vielen von Familientherapeuten vertretenen Gedanken. Zum Beispiel ähnelt das Prinzip des „liebevollen Gleichmuts" der von Familientherapeuten vertretenen Meinung, daß Familien sich nur bewegen und verändern können, wenn jeder Angehörige sich auf Veränderungen des eigenen Verhaltens konzentriert, anstatt zu versuchen, andere im Familiensystem zu manipulieren oder zu ändern.

In den meisten Studien über Al-Anon-Familiengruppen wurden begeisterte anekdotische Berichte über vorteilhafte klinische Ergebnisse der beteiligten Familien wiedergegeben. Die einzige Studie, die eine systematische Evaluation (4) vorgenommen hat, gelangte zu der Schlußfolgerung, daß die meisten Al-Anon-Mitglieder mit dieser Therapieerfahrung zufriedener waren als mit irgendeinem anderen Therapiekontakt, den sie zuvor hatten. Die Familienmitglieder führten dieses Gefühl besonders auf ihr neues und verändertes Verständnis von Alkoholismus zurück. Beiläufig sei bemerkt, daß es männliche Alkoholabhängige leichter hatten, abstinent zu werden und zu bleiben, wenn ihre Ehefrauen gleichzeitig an Treffen der Al-Anon-Gemeinschaft teilnahmen.

Zusammenfassung

Unsere Durchsicht der bisherigen Veröffentlichungen gibt uns ein Gefühl des verhaltenen Optimismus hinsichtlich der Anwendung von familientherapeutischen Techniken bei der Behandlung der Alkoholabhängigkeit. Wenn auch die meisten Studien mit einem begeisterten Plädoyer für eine verstärkte Anwendung von Familientherapie enden, ist doch deutlich, daß es zu diesem Zeitpunkt noch zu wenige Fakten gibt, die entweder die Wirksamkeit von Familientherapie für sich genommen oder den relativen Wert von Familientherapie im Verhältnis zu traditionellen Behandlungsformen erhärten.

In der Psychotherapieforschung bestehen noch Kontroversen über die Zweckmäßigkeit der gegenwärtigen Methoden. Aber die Therapeuten, die sich mit der Alkoholabhängigkeit befassen, sind der wohl berechtigten Meinung, daß Familientherapie die Behandlungsform der Zukunft ist.

Weniger deutlich ist jedoch, wie diese familientherapeutischen Techniken im einzelnen aussehen. Wir stellen uns die Ansätze wie folgt vor: 1. „Reine“ Familientherapie, die auf einer systemischen Interpretation der Alkoholabhängigkeit beruht; 2. Gruppen- oder Individualtherapie; 3. ergänzende therapeutische Arbeit mit weiteren Familienmitgliedern, aber unter Rückgriff auf eine eher traditionelle, individualtherapeutisch orientierte psychodynamische Grundlage; 4. für die Arbeit mit Ehepartnern speziell entwickelte Techniken, meist eklektischer Natur; 5. stützende Verfahren für Ehepartner und Kinder des Alkoholabhängigen, damit diese mit den aus der Sucht des Angehörigen resultierenden Schwierigkeiten besser fertigwerden.

Wie wir gesehen haben, ist Familientherapie bei Suchtkrankheit nicht an eine bestimmte Einrichtung (z. B. Tagesklinik) gebunden. Die einzige Vorbedingung, die allgemein anerkannt wird, ist das Vorhandensein einer intakten Familie.

Wenn die derzeitige Begeisterung für Familientherapie anhalten sollte, ist es wahrscheinlich, daß zukünftige Behandlungsprogramme in zwei unterschiedliche Ansätze auseinanderfallen werden: einen familienorientierten psychosozialen Ansatz, der primär bei Alkoholabhängigen der Mittel- und Oberschicht mit intakten Familien angewendet wird, und einen biomedizinischen Ansatz, der Pharmakotherapie, verhaltenstherapeutische Techniken und Gruppentherapie verbindet und überwiegend für alleinstehende und ledige Alkoholabhängige in Frage kommt.

Drei Auswirkungen sollten hervorgehoben werden. Die fundamentalste, obwohl nicht die am meisten offensichtliche Auswirkung ist ein Wandel von theoretischen Konzepten und Begriffen. Diese Veränderung, die sich aus den der Familientherapie zugrundeliegenden theoretischen Vorstellungen ergibt, definiert die Auffassung über Krankheitsprozesse, Fehlanpassungen, Ursache-/Wirkungsbeziehungen, Motivation usw. neu. Diese logisch weitergedachten Vorstellungen haben einige Psychiater dazu bewegt, die Existenz einer Untergruppe von Familien anzunehmen, bei denen Alkoholgenuß Interaktionen stabilisiert und deshalb als adaptiv und nicht als dysfunktional gelten muß (9, 26). Zumindest implizieren die theoretischen Konzepte der Familientherapie, daß der Alkoholiker lediglich ein etikettiertes Opfer ist, das von der Familie als Sündenbock ausgegrenzt wurde, und seine Familie durch den wiederholten Zyklus von Rauschverhalten vor ihren Schwierigkeiten, miteinander und mit der Außenwelt zurechtzukommen, bewahrt.

Die zweite bedeutende Auswirkung einer vermehrten Anwendung familientherapeutischer Techniken ist die sich wandelnde Definition des eigentlichen Patienten. Zu diesem Aspekt zählt nicht nur die augenfällige Veränderung, daß nun auch nicht-alkoholabhängige Familiemitglieder am Behandlungsprozeß beteiligt werden müssen, sondern es bedeutet auch, weil der Familientherapeut die gesamte Familie als Patienten ansieht, daß sich die therapeutischen Bemühungen sowohl auf alkoholabhängige als auch auf nicht-alkoholabhängige Mitglieder richten muß. Der Übergang zu Familientherapie hat einen bedeutenden Wandel des sozioökonomischen Status der Patientenpopulation mit sich gebracht. In früheren Jahren arbeiteten herkömmliche Alkoholismusbehandlungszentren mit Alkoholikern aus der Unterschicht und der unteren Mittelschicht, von denen viele ihre Arbeitsstelle verloren hatten und von ihren Familien getrennt lebten. Die Anonymen Alkoholiker und Al-Anon bieten ihre Dienste meist Einzelnen und Familien der Mittel- und Oberschicht an; familientherapeutische Techniken hingegen wurden meist bei intakten Mittelschichtfamilien angewendet.
Über die Veränderung des Niveaus der sozioökonomischen Schichtzugehörigkeit hinaus hat es eine Veränderung beim Einsetzen von Intervention dort gegeben, wo man früher einen chronischen Krankheitsprozeß annahm. Durch die bessere Verfügbarkeit von familientherapeutischen Techniken ist es wahrscheinlicher geworden, daß Therapeuten zu einem viel früheren Zeitpunkt in den Prozeß des Alkoholismus eingreifen. Eigentlich kommen viele Familien gar nicht wegen verheerender Alkoholprobleme, sondern wegen verheerender Probleme mit der Familienkommunikation, wegen Konflikten zwischen Eltern und Kind und wegen sexueller Schwierigkeiten zum Therapeuten. Das Vorhandensein eines schädigenden Trinkmusters bei einem oder bei mehreren Mitgliedern ergibt sich unter Umständen erst, wenn die Fallgeschichte erhoben wird.
Die dritte Auswirkung folgt aus den veränderten Therapiezielen. Das überkommene Ziel einer isolierten Verhaltensänderung ist im Kontext von Familientherapie wenig sinnvoll (20). Beträchtliches klini-

sches Material spricht dafür, daß Abstinenz als isolierte Verhaltensweise häufig zunehmenden Druck im Familiensystem mit sich bringt, oftmals bis zur Auflösung einer Ehe. Es war die Erkenntnis, daß neben dem identifizierten Alkoholiker weitere Familienmitglieder am Behandlungsprozeß beteiligt werden und Veränderungsprozessen unterworfen sein müssen, um das Trinken erfolgreich einzuschränken, die zur vermehrten Anwendung familientherapeutischer Technik geführt hat. Obwohl die meisten in diesem Kapitel dargestellten Studien eine Verringerung des Alkoholkonsums als wichtigstes Zeichen für eine erfolgreiche Behandlung ansehen, werden zunehmend weitere Familienvariablen, wie die Kommunikation innerhalb der Familie, ihr soziales Funktionieren, die Beziehung zum erweiterten Familienkreis und Anzeichen von Symptomatologie bei Kindern als relevante Erfolgskriterien verwendet.

Schaut man sich einmal die in familientherapeutischen Kliniken behandelten Familien mit alkoholabhängigem Mitglied an, dann ist dieser Wandel vielleicht noch augenfälliger. Traditionelle Familientherapeuten mögen sogar so weit gehen, Alkoholismus als ein sekundäres Problem aufzufassen, und haben Behandlungsziele, die vorrangig auf Problembereiche beim Funktionieren der Familie gerichtet sind, wobei die Verringerung des Alkoholkonsums als erstrebenswertes sekundäres Resultat betrachtet wird, das sich aus primären Veränderungen in der Qualität des Familienlebens ergibt.

Diese Auswirkungen summieren sich zu einem drastischen Wandel der Vorstellungen vom Alkoholismus. Alkoholismus ist in Begriffen der Familientheorie nur eine Reaktion aus einem breiten Bereich von Verhaltensweisen, die von Familien in ihren fortwährenden Funktionen ausgeübt werden. Obwohl es eine offensichtliche und dramatische Verhaltensweise ist, stellt sie nur die Spitze eines Eisberges dar. Nach dieser Analogie ist Alkoholismus äquivalent zu Fieber oder jugendlicher Delinquenz. Es mag zwar sinnvoll sein, dieses Verhalten im diagnostischen und im Behandlungsprozeß als primär einzuschätzen (analog zum Fiebermessen oder der Therapiegruppe für jugendliche Ausreißer), aber zunehmendes Wissen führt uns auf die Bedin-

gungen, die diesem Verhalten vorausgehen. Die Aussagen der Familientherapie, logisch weitergedacht, sprechen also gegen eine künstliche Gruppierung von Familien nach Verhaltenssymptomen wie beispielsweise nach Alkoholmißbrauch. Noch weiter interpretiert bedeutet dies, daß Familien mit einem alkoholabhängigen Mitglied, die unter ihren Problemen leiden und um Hilfe nachsuchen, eher in Familienbehandlungszentren als in Alkoholikerzentren betreut werden sollten. Und weiterhin, wenn sich Familientherapie als die Behandlung der Wahl für Alkoholiker der Mittelschicht und Oberschicht mit intakten Familien erweisen sollte (wie auf eine bislang nur vorläufige Weise von den in diesem Kapitel dargestellten Studien angedeutet wird), wird es unsere Aufgabe sein, solche Familien in Familientherapieprogramme zu integrieren und die getrennten Alkoholismusbehandlungsprogramme abzuschaffen.
Alle diese Fragen unterstreichen die Bedeutung eines vollständigeren Verständnisses von familientherapeutischen Techniken, bevor wir weitgehende Behauptungen über ihre praktische Anwendbarkeit aufstellen können. Trotz der durchaus unterstützenswerten Begeisterung für familientherapeutische Verfahren bei Alkoholismus sollte diese Therapieform auch weiterhin objektiv beurteilt anstatt unkritisch begrüßt werden. Diese Empfehlung gilt ganz allgemein für neue Behandlungstechniken. In diesem Fall ist sie jedoch besonders relevant, denn Familientherapie trägt das Potential für radikale Änderungen und Wandlungen unserer Behandlungsverfahren des Alkoholismus in sich.

Literatur

1. Ablon, J.: Al-Anon family groups. Impetus for Change Through the Presentation of Alternatives, in: Am. J. Psychother. 28 (1), 1974, S. 30.
2. Ackerman, N. W.: Family Psychotherapy and Psychoanalysis: Implications of Difference, in: Family Process 1, 1962, S. 30.
3. Ackerman, N. W.: Treating the Troubled Family. New York: Basic Books 1966.

5. Bateson, G., Jackson, D. D., Haley, J., u. Weakland, J. H.: Auf dem Wege zu einer Schizophrenie-Theorie, in: Bateson, G., u. a.: Schizophrenie und Familie. Frankfurt/M.: Suhrkamp 1969.
6. Bowen, M.: Alcoholism as Viewed through Family Systems Theory and Family Psychotherapy, in: Ann. N. Y. Acad. Sci., 233, 1974, S. 115.
7. Bowen, M.: Family Therapy after Twenty Years, in: S. Arieti, Hrsg.: American Handbook of Psychiatry. New York: Basic Books 1976.
8. Chafetz, M., Mertzman, M., u. Berenson, D.: Alcoholism: A Positive View, in: S. Arieti u. E. B. Brody, Hrsg.: American Handbook of Psychiatry (Bd. 1). New York: Basic Books 1974, S. 367-392.
9. Davis, D. I., Berenson, D., Steinglass, P., u. Davis, S.: The Adaptive Consequences of Drinking, in: Psychiatry, 37, 1974, S. 209.
10. Esser, P. H.: Conjoint Family Therapy for Alcoholics, in: Br. J. Addict, 63, 1968, S. 177.
11. Esser, P. H.: Conjoint Family Therapy with Alcoholics – A New Approach, in: Br. J. Addict, 64, 1970, S. 275.
12. Esser, P. H.: Evaluation of Family Therapy with Alcoholics, in: Br. J. Addict, 66, 1971, S. 251.
13. Foley, V. D.: An Introduction to Family Therapy. New York: Grune & Stratton 1974.
14. Group for the Advancement of Psychiatry Report, The Field of Family Therapy, Bd. 7, Report No. 78, 1970. New York: GAP Publications.
15. Jackson, D.D.: The Question of Family Homeostasis, in: Psychiat. Q. Supplement, 31, 1957, S. 79.
16. Keller, M., Hrsg.: Trends in Treatment of Alcoholism, in: Second Special Report to the U.S. Congress on Alcohol and Health, Washington, D. C.: Department of Health, Education and Welfare, 1974, S. 145-167.
17. Laqueur, P.: Veränderungsmechanismen innerhalb der multiplen Familientherapie, in: C. Sager u. H.S. Kaplan, Hrsg.: Handbuch der Ehe-, Familien- und Gruppentherapie. Bd. 2, München: Kindler 1973.
18. Lidz, T., Fleck, S., u. Cornelison, A. R.: Schizophrenia and the Family. New York: International Universities Press 1965.
19. Meeks, D. E., u. Kelly, C.: Family Therapy with the Families of Recovering Alcoholics, in: Q. J. Stud. Alcohol, 31, 1970, S. 399.
20. Pattison, E. M.: A Critique of Abstinence Criteria in the Treatment of Alcoholism, in: Int. J. Soc. Psychiatry, 14, 1968, S. 268.
21. Satir, V.: Familienbehandlung. Freiburg: Lambertus 1973.
22. Singer, M., u. Wynne, L.: Thought Disorder and Family Relations of Schizophrenics. II. Methodology Using Projective Techniques, in: Arch. Gen. Psychiatry, 12, 1965, S. 187.

23. Singer, M., u. Wynne, L.: Thought Disorder and Family Relations of Schizophrenics: IV. Results and Implications, in: Arch. Gen. Psychiatry, 12, 1965, S. 201.
24. Steinglass, P.: An Experimental Treatment Program for Alcoholic Couples, in: J. Stud. Ac.
25. Steinglass, P., Davis, D., u. Berenson, D.: Observations of Conjointly Hospitalized „Alcoholic Couples" during Sobriety and Intoxication: Implications for Theory and Therapy, in: Family Process, 16, 1977, S. 1.
26. Steinglass, P., Weiner, S., u. Mendelsohn, J.H.: A System Approach to Alcoholism: A Model and its Clinical Application, in: Arch. Gen. Psychiatry, 24, 1971, S. 401.
27. Wiener, N.: Kybernetik. Düsseldorf: Econ 1963.
28. Wynne, L., u. Singer, M.: Thought Disorder and Family Relations of Schizophrenics: I. Research Strategy, in: Arch. Gen Psychiatry, 9, 1963, S. 191.
29. Wynne, L., Ryckoff, I., Day, J., u. Hirsch, S.: Pseudo-Gemeinschaft in den Familienbeziehungen von Schizophrenen, in: Bateson u.a.: Schizophrenie und Familie. Frankfurt/M.: Suhrkamp 1969.

9 Die Beziehung des Therapeuten zu Ehepaaren, von denen ein Partner alkoholabhängig ist

David Berenson

In früheren Veröffentlichungen hat der Autor über seine Erfahrungen in der Behandlung von Alkoholabhängigen berichtet, bei der nach einem Konzept gearbeitet wurde, das die Familiensystemtheorie nach Bowens mit Angeboten der Anonymen Alkoholiker und Al-Anon-Gruppen (1, 2) verband. In diesem Beitrag stehen Probleme im Vordergrund, die sich für die Beziehung des Therapeuten zu Paaren mit einem alkoholabhängigen Partner während der „nassen" Phase des Alkoholismus ergeben. Der Autor beschreibt, wie sie im Rahmen der systemischen Familientherapie angegangen werden können.
In der Systemtheorie hat Isomorphismus die Bedeutung: die gleiche Form. In der systemischen Familientherapie sind damit gleiche Interaktionsmuster gemeint; z. B. haben Systeme die Tendenz, Muster zu wiederholen. Wenn im folgenden von „dem Alkoholabhängigen" und „der Partnerin" die Rede ist, könnte es natürlich ebenso umgekehrt „die Alkoholabhängige" und „der Partner" heißen.

Wir möchten in unserem Beitrag darlegen, daß die Beziehung zwischen dem Therapeuten und einem Einzelnen oder einer Familie mit einem Alkoholproblem eine Spiegelung dessen oder isomorph mit dem ist, was in der Familie selbst geschieht. Ein Beispiel soll diesen Punkt veranschaulichen: die Ehefrau eines Alkoholabhängigen kann ständig schwanken zwischen dem Bedürfnis, ihren Mann zu retten, und dem Gefühl der ohnmächtigen Wut; ähnlich dem von manchen Therapeuten gezeigten Verhalten, die dem Abhängigen zunächst gestatten, fast alles zu tun (eventuell sogar betrunken zur Therapie zu erscheinen), und später zu einer eher strengeren Haltung übergehen und ihm nahelegen, den Anonymen Alkoholikern beizutreten und nüchtern zu werden, bevor sie die Behandlung fortsetzen. Beide Situationen ähneln sich darin, daß man in einem emotionalen System gefangen ist und automatisch reagiert, anstatt sich eine klare Vorstellung von der Funktionsweise des Systems zu erarbeiten und eigene Verhaltensweisen selbst zu bestimmen.

In der Vergangenheit hatten Therapeuten bei der Behandlung von Alkoholproblemen manche Schwierigkeiten, weil sie zu sehr auf Worte oder Inhalte von Mitteilungen vertrauten. Uns als Therapeuten wird beigebracht, Probleme verbal zu interpretieren, auf sie aufmerksam zu machen und sie zu klären. Auch dies kann wiederum Verhaltensmuster der Alkoholfamilie widerspiegeln. Die Ehepartnerin eines Alkoholabhängigen kann ihn schon viele Jahre darauf hingewiesen haben, wie selbstzerstörerisch sein Verhalten ist und wie sehr es ihm schadet. Der Alkoholabhängige versteht es meisterhaft, solchen Worten scheinbar zuzustimmen und dann seine gegenteilige Meinung durch sein Verhalten auszudrücken. Wenn der Therapeut interpretiert, könnten beide glauben, daß die Situation geklärt wird, aber aus der Sicht des alkoholischen Familiensystems setzen sie nur ein schon vorhandenes Interaktionsmuster fort. Deshalb muß der Therapeut auf die Gesamtheit der in der Familie und der Behandlungssituation bestehenden Interaktionsmuster achten, um den Alkoholismus und auch andere Probleme wirksam behandeln zu können. Er muß sich in einem ausreichenden Maße in die Familie einbeziehen lassen, um eine gute Beziehung zu ihr aufzubauen, gleichzeitig muß er genügend Abstand wahren, um das System verändern zu können, von Minuchin mit „Anschließen“ und „Neustrukturieren“ bezeichnet (6).

Zunächst muß der Therapeut beim Umgang mit einer Alkoholfamilie eine Situation schaffen, die ihm eine deutliche Übersicht über familiale Muster gibt. Er kann zu diesem Zweck eine Reihe von Schritten tun. Der erste besteht darin, die Behandlung so zu strukturieren, daß er ein Maximum an Wirkungsmöglichkeit bei einem Minimum an Chaos erreicht. Die meisten Therapeuten neigen dazu, als erstes zu versuchen, den Alkoholabhängigen zu behandeln, weil offensichtlich er das Problem hat. Mit diesem Versuch wiederholt der Therapeut ein Muster der Familie (in der Fachsprache der Systemtheorie: er verhält sich mit ihr isomorph). Fogarty hat die Begriffe „Verfolger" und „Flüchtling" (5) geprägt. Für die Familie meint dies, daß die Frau zum Verfolger wird, der sich ewig einschaltet und dem Alkoholabhängigen erklärt, wie er sich ändern soll; und der Alkoholabhängige wird zum „Flüchtling", der sich ständig entzieht und weniger auf sein eigenes Verhalten als vielmehr auf das Verhalten seines Partners achtet. Wie geschickt der Therapeut auch sein mag, bereits die Tatsache, daß er sich direkt dem Alkoholabhängigen zuwendet, ist schon isomorph, entspricht also dem Verhalten der Ehefrau. Jede inhaltliche oder prozessuale Interpretation, die der Therapeut zu verwenden versucht, wird wirkungslos bleiben, weil der Alkoholabhängige seine Rolle als „Flüchtling" weiterspielt und die Situation so definiert, daß er durch sein weiteres Trinken gewinnen kann, indem er den Partner und den Therapeuten frustriert. Der erste therapeutische Schachzug zur Neustrukturierung oder zur Erzeugung eines neuen Umfeldes für das alkoholische System ist daher der Verzicht darauf, den Alkoholabhängigen zu bedrängen.

Dem Therapeuten bleiben dann zwei andere Wahlmöglichkeiten: mit dem Paar oder allein mit der Ehepartnerin zu arbeiten. Das Gewicht liegt darauf, das Problem auch weiterhin als partnerschaftlich zu definieren.

Im Verlauf der gesamten Behandlung von Alkoholproblemen muß der Therapeut klarstellen, daß er nicht sein eigenes Problem behandelt, sondern daß er Ratgeber der Familie ist. Deshalb weist der Therapeut in gemeinsamen Sitzungen oder in Sitzungen allein mit einem Ehepartner auf transaktionale Muster hin und geht nicht ausführlich auf die Interpretation von Inhalten ein. Sein Ziel ist, im System die gefühlsmäßige Verstrickung geringer werden zu lassen und den Partnern einen Überblick über ihre automatischen Interaktionsmuster zu verschaffen.

Durch die Einbestellung von Paaren kann man sich vor diesem Problem schützen, was man vor allem dann tun sollte, wenn der Alkoholabhängige betrunken zur Sitzung erscheint. In einer solchen Therapiestunde definiert der Therapeut diesen Begleitumstand mehr als Problem des Partners, und er kann, wenn er die Behandlungsstunde weiterführt, entweder direkt in der Sitzung oder danach mit Hilfe eines Videobandes zeigen, wie das Trinken die Interaktion des Paares beeinträchtigt. Als Therapeut hat man immer das Recht, eine Sitzung abzubrechen, wenn der Betrunkene allzusehr stört. Der Therapeut ist für den Ablauf der Therapie absolut verantwortlich, nicht aber für das, was sich zwischen dem Paar abspielt.

Häufig versucht der Alkoholabhängige, die Therapie zu sabotieren, indem er es ablehnt, zu gemeinschaftlichen Therapiestunden zu erscheinen. Der Partner wird dann eine pseudo-hoffnungslose und hilflose Stellung einnehmen und sagen: „Was kann ich denn machen, wenn er nicht kommt?" An diesem Punkt hat der Therapeut Gelegenheit, sich mehr diesem Partner zu widmen, und er kann bei der Therapie eines „nassen" Systems durch diesen Behandlungsmodus sogar bessere Erfolge erzielen. Nun gehört es zur Eigenart einer Therapie, daß im Geschehen zwischen Ehepartnern und Therapeuten das repliziert wird, was zwischen Alkoholabhängigem und Partner abläuft. Der Alkoholabhängige sagt offen oder indirekt zu seiner Frau: „Ich kann nicht mehr für mich verantwortlich sein, also sei Du es"; was genau dem entspricht, was die Partnerin dem Therapeuten sagt. Durch eine Klärung der Situation und das Einnehmen einer „Ich-Position" kann der Therapeut ein Modell für Verhaltensweisen sein, die der Partnerin dann bei der Lösung ihrer Probleme mit dem Alkoholabhängigen helfen[1].

Es gibt einige spezifische Schritte, die der Therapeut zu Beginn der Behandlung des nicht alkoholabhängigen Partners unbedingt durch-

[1] „Ich-Position" ist ein von Bowen (2) geprägter Begriff, der sich darauf bezieht, eigenes Verhalten selbst zu bestimmen und nicht auf die Einflußfaktoren eines Systems zu reagieren. Durch die Einnahme einer „Ich-Position" akzeptiert man Verantwortung für eigenes Verhalten, statt anderen Personen oder Umständen die Schuld zuzuschreiben.

führen muß. Er muß zunächst die angespannte Stimmung in der Sitzung und später dann in der Familie beruhigen. Solange eine chaotische oder extrem konfliktbeladene Situation vorherrscht, können sich nur ganz wenige Systeme so ausreichend selbst stabilisieren, daß sie auf eine andere Ebene gelangen. Die Einbestellung eines einzelnen Familienmitgliedes ist ein erster Schritt zur Beruhigung des Systems und zum Erreichen eines gewissen Überblicks. Der nächste Schritt besteht darin, den Familienmitgliedern ein rückhaltgebendes System zu schaffen, damit die emotional angespannte Lage nicht auf die Einzeltherapiesitzung übergreift. Wenn die Familie soziale Probleme hat, entweder mit dem Arbeitsplatz oder mit der Wohnung, wird der Therapeut hier Hilfestellung geben müssen – entweder durch ein natürliches Hilfesystem, wie den erweiterten Familienkreis oder Freunde, oder durch ein künstliches Stützsystem, wie soziale Einrichtungen oder etwa berufliche Umschulungskurse. In der Mehrzahl von Familien mit Alkoholproblemen fehlt jedoch am ehesten der emotionale Rückhalt, und hier kann der Therapeut weitere Hilfe anbieten, die im Prinzip die gleiche Aussage macht wie seine Therapie. Eine wirkliche Hilfe ist Al-Anon für einen beachtlichen Anteil der nicht alkoholabhängigen Partner. Dieser nimmt zusätzlich zu den Therapiesitzungen an den Al-Anon-Treffen teil. In Therapiesitzungen ist es vernünftig und naheliegend, nicht ständig auf das Verhalten des Alkoholabhängigen zu reagieren, aber daheim, inmitten des Chaos, fällt es vielen Menschen schwer, sich auf die therapeutischen Empfehlungen zu besinnen und sie zu befolgen. Ein Al-Anon-Pate, der telefonisch erreichbar ist, kann für den emotionalen Rückhalt sehr nützlich sein.
Für den Therapeuten ist es ebenso wie für die Ehepartnerin von Bedeutung, ein System zu haben, das emotionalen Rückhalt bietet. Häufig überträgt der Alkoholabhängige seine Angst auf seine Ehepartnerin, und diese überträgt sie dann auf den Therapeuten. In diesem Fall müssen die Therapeuten sorgfältig zwischen zwei Möglichkeiten unterscheiden: 1. Sie überlassen die Verantwortung für das Problem der Familie; 2. sie lassen zu, daß die Angst sich im Therapiesystem ausbreitet und somit die Angst des Familiensystems noch ver-

größert. Beratungen und Supervisionen je nach Bedarf sind für den Therapeuten deshalb absolut notwendig, damit er die Übersicht behält und Objektivität bewahrt. Das läßt sich durch zweierlei Methoden erreichen; zum einen durch auf Tonband oder Videoband aufgezeichnete Sitzungsprotokolle, die entweder vom Therapeuten allein oder zusammen mit einem Supervisor angeschaut werden. Die zweite Technik besteht darin, mit dem Supervisor zu besprechen, welche emotionalen Reaktionen durch die Beschäftigung mit diesen Formen von Systemen beim Therapeuten ausgelöst wurden. Die beiden am häufigsten auftretenden Reaktionen sind, daß man sich als Therapeut zu sehr auf das System einläßt, oder daß man sich im Gegenteil durch Rückzug davor schützt, sich zu sehr einzulassen und abgelehnt zu werden. Wiederum ist es das Ziel des Therapeuten, nicht nur einzelne „Fakten", sondern die gesamte Struktur oder das gesamte Muster der Therapie zu betrachten.

Eine absolute Notwendigkeit, sich die Strukturierung und die Verantwortung für die Therapie zu erleichtern, ist die Möglichkeit, den Einzelnen oder eine Familie einmal nicht zu einer Therapiestunde einzubestellen. Wir neigen im Bereich der psychosozialen Versorgung dazu, es uns zur Pflicht oder Schuldigkeit zu machen, jeden zu therapieren, der unsere Behandlungszimmer betritt, und anfangs allen unbefristet einen Termin pro Woche einzuräumen. Wenn der Therapeut dann durch mangelnde Fortschritte frustriert ist, wird die Familie oder der Einzelne häufig mit dem entlassen, was ich als „Abschiedsfluch" bezeichnet habe. Durch ihn teilt der Therapeut dem Klienten mit, daß er oder sie nicht motiviert sei oder narzistisch oder ein Grenzfall (Borderline).

Es gibt zwei Situationen, in denen der Therapeut die Entscheidungsfreiheit haben muß, eine Behandlung abzulehnen. Die erste ist die realistische Erkenntnis des Therapeuten, daß er nicht in der Lage ist, ein bestimmtes Problem zu lösen. Diese Situation stellt sich, wenn der Therapeut entweder beruflich unerfahren ist oder wenn er selbst in seiner eigenen Kern- oder erweiterten Familie unbewältigte emotionale Muster hat, die denen der Klientenfamilie ähneln. Der Therapeut kann den Klienten in diesem Fall an einen Kollegen verweisen. Er hat aber die Pflicht, ihn eindeutig darüber aufzuklären, daß dies nicht wegen eines persönlichen Fehlers des Klienten geschieht, sondern weil dem Therapeuten die notwendigen Kompetenzen fehlen. Die zweite Situation ergibt sich, wenn nach sachgemäßer Einschätzung des Therapeuten eine Behandlung zu einem bestimmten Zeitpunkt für die Lösung eines Problems nicht sinnvoll ist. Beispielsweise wird einem Klienten empfohlen, zusätzlich zur Therapie auch zu Al-Anon zu gehen. Er befolgt diese Empfehlung aber nicht und nimmt ohne weitere Fortschritte noch einige Male an der Therapie teil. Der Therapeut kann nun darauf hinweisen, daß sich die Situation wahrscheinlich nicht ändern wird, bevor der Klient nicht bereit ist, diesen zusätzlichen Schritt zu tun. Am wichtigsten ist es, dem Klienten von Anfang an klar mitzuteilen, was empfohlen wird. Man muß auch zu einer Fortsetzung der Therapie bereit sein, wenn der Klient später die Empfehlung entweder befolgt oder eine gleichwertige, echte Alternative aufzeigt. Viele Klienten kommen in eine Therapie, obwohl sie im Grunde nicht bereit sind, sich zu ändern oder ihre Probleme zu lösen. Der Therapeut hat die Pflicht, die Illusion zu zerstören, daß man Probleme lösen kann, wenn man diese in Wirklichkeit weiterschleppt.

Die Parallele oder Isomorphie zum Familienleben besteht hier darin, daß der Alkoholabhängige und seine Ehepartnerin endlos darüber debattieren, worin das Problem besteht, auf neue Ideen kommen, wie sie es lösen könnten, und es doch niemals schaffen, Fortschritte zu erzielen. Auch für den Therapeuten ist es deshalb vergeblich, inhaltlich zu interpretieren oder zu hoffen, daß sich Menschen ändern werden, wenn er nur das Richtige auf die richtige Weise sagt; das entspräche den Gedanken der Ehepartnerin des Alkoholabhängigen: „Wenn ich ihm nur das Richtige in dieser Woche sage oder das Richtige tue, kann ich die Lage ändern." Ein Grundprinzip ist daher, daß eine eindeutige, von Reaktionen unabhängige Haltung eine größere Wirkung bei der Bewältigung von Alkoholproblemen hat als glänzende Worte oder Interpretationen.

Sobald der Therapeut mit der Ehepartnerin einen klaren Therapievertrag abgeschlossen hat, der besagt, daß sie ihren Beitrag zu dem das dysfunktionaleTrinken aufrechterhaltenden Prozeß leisten wird, hat es sich nach unserer Erfahrung als vorteilhaft erwiesen, der Ehepartnerin drei Möglichkeiten zu nennen, die zur Lösung des Alkoholproblems führen können:

1. Machen Sie genau das weiter, was Sie bereits tun.
2. Lösen oder distanzieren Sie sich emotional vom Alkoholabhängigen.
3. Trennen oder distanzieren Sie sich räumlich von ihm.

Die erste Möglichkeit erweckt nicht den Eindruck, als ob sie wesentlich zur Lösung des Alkoholproblems beitragen könnte. Wenn es jemand wirklich fertigbrächte, genau das zu tun, was er bisher tat, es jetzt aber im Bewußtsein der Konsequenzen zu tun, statt anderen Menschen die Schuld zuzuschreiben oder dem Verhaltensmuster Widerstand entgegenzusetzen, ließe sich das Problem tatsächlich lösen. Aber nach der Erfahrung des Autors waren nur wenige Menschen in der Lage, dieses Vorgehen zur Bewältigung eines schweren Alkoholproblems zu befolgen. Der Hauptvorteil besteht darin, daß man sich mit dieser Möglichkeit bereits innerhalb der Therapie auseinandersetzen kann. Die meisten Klienten werden sich nämlich, wenn sie die Wahl haben, sich zu ändern oder sich nicht zu ändern, insgeheim dafür entscheiden, sich nicht zu ändern. Indem man von vornherein verschreibt, genau das fortzusetzen, was die Klienten ohnehin tun, kommt der Therapeut diesem Manöver zuvor. Im einzelnen kann der Therapeut etwa sagen: „Sie haben das jetzt zehn Jahre lang hingenommen. Ich verstehe nicht, warum es nicht noch zehn Jahre so weitergehen kann.“ Durch eine derartige Äußerung wird die Verantwortung als innerhalb der Familie und nicht beim Therapeuten liegend definiert, und es wird möglich, einen therapeutischen Kontext herzustellen. Immer wieder gibt es Patienten, die die Möglichkeiten zwei und drei vermeiden, und der Therapeut kann ihnen dann erklären, daß sie in Wahrheit die Möglichkeit eins wählen. Rasch erklären die Klienten dann, daß es unerträglich sei, die Situation so zu belassen, wie sie derzeit ist, und daß sie zur emotionalen Ablösung oder inneren Distanzierung gelangen möchten. Das würde bedeuten, das Trinken des Alkoholabhängigen nicht mehr zu kritisieren, sondern es einfach hinzunehmen, weiterhin mit ihm zusammenzuleben und nur für die eigene Empfindlichkeit gegenüber dem Trinken Verantwortung zu übernehmen. Es ist ein schwieriges Ziel, und in Trinkersystemen mit einem emotional stark angespannten Klima fast unmöglich zu erreichen. Hier besteht wiederum eine Isomorphismusfalle, in die Therapeuten und Al-Anon-Paten „tappen" können. Bei den Anonymen Alkoholikern sagt man, daß der Alkoholabhängige seine Ohnmacht gegenüber dem Alkohol akzeptieren muß, und sie weisen wiederholt darauf hin, daß man nicht durch Willenskraft vom Alkohol ablassen kann. Diese Ohnmacht gegenüber dem Alkohol wird in Al-Anon-Gruppen dem Ehepartner des Alkoholabhängigen vermittelt; sie sollen nicht mehr von ihm verlangen, sein Trinken zu beherrschen. Dennoch verlangen viele Al-Anon-Mitglieder und auch Therapeuten von der Partnerin, sich vom Alkoholabhängigen durch Willenskraft oder Beherrschung ihrer Gefühle innerlich zu distanzieren oder abzulösen. Das ist genauso unmöglich, wie vom Alkoholabhängigen zu verlangen, mit dem Trinken durch Selbstbeherrschung aufzuhören. Der Therapeut hat deshalb, wenn er die Ehepartnerin vor die Wahl stellt, sich abzulösen oder emotional zu distanzieren, nicht die Erwartung, daß die Ehepartnerin dazu sofort in der Lage sein wird. Auch die zweite Möglichkeit erweist sich für die meisten Menschen als unmöglich.

Die dritte Möglichkeit bedeutet eine räumliche Trennung. Die Partnerin wird zunächst daran denken, daß der Alkoholabhängige aus der Wohnung ausziehen soll, denn „ich möchte ihm nicht all die Dinge lassen, für die ich so lange Jahre gearbeitet habe". Es ist eine allgemeine Regel für den Umgang mit Alkoholabhängigen oder anderen Problemen, daß man immer wieder unterliegen wird, wenn man nicht bereit ist, jeden Schritt des Weges selbst zu gehen. Der Alkoholabhängige kann leicht Wege finden, die Versuche, ihn aus dem Hause zu schaffen, zu vereiteln. Er kann es rundweg ablehnen zu gehen,

oder er kann einem behördlich verfügten Hausverbot verbal zustimmen und dann doch einfach nach Hause zurückkehren, womit er die offenkundige Macht des Trinkers beibehält. Und auch hier muß der Therapeut der Ehepartnerin gestatten, dies wie eine zusätzliche Möglichkeit (3a) in Erwägung zu ziehen und selbst herauszufinden, daß es praktisch undurchführbar ist. Was ich dann mit Möglichkeit 3 b bezeichne, bedeutet den Auszug der Ehepartnerin aus der Wohnung. Sie wird dies zunächst für unmöglich halten. Denn es hieße ja, sich direkt all den mit Unabhängigkeit verbundenen Problemen oder Fragen sowie erheblichen Versorgungsschwierigkeiten zu stellen.
Zusammenfassend kann man also sagen, daß der Therapeut der Ehefrau drei unmögliche Wege zur Problemlösung angeboten hat. Das Problem kann nur gelöst werden, wenn entweder einer dieser drei Handlungswege gewählt und mit Erfolg beschritten wird, oder durch Erleben völliger Hilflosigkeit, Hoffnungslosigkeit und Ohnmacht, weil diese Situationen wiederholt und durchgesprochen werden. Dies ist ein Kernpunkt der Therapie. Der Therapeut muß wiederholt darauf hinweisen, daß diese Möglichkeiten die einzig verfügbaren Entscheidungsalternativen sind. Er sollte im übrigen keineswegs erwarten, daß der Klient sie tatsächlich befolgen wird.
Im nächsten Teil der Therapie läßt man die Ehefrau ihre Gefühle von Leere und Verzweiflung über die Unmöglichkeit, eine dieser drei Lösungen zu erreichen, mitteilen. Das Ziel der Ehepartnerin besteht darin, „ganz unten“ zu sein und, statt weiterhin zu versuchen, den Alkoholabhängigen zu ändern, sich darauf zu konzentrieren, für sich selbst Verantwortung zu übernehmen. Viele Frauen entsetzen sich bei dieser Vorstellung und versuchen, vor ihr davonzulaufen. Ich fand es zweckmäßig, den Patienten an diesem Punkt etwa folgendes zu sagen: „Ich kann verstehen, wie furchteinflößend das ist. Wenn Sie einen anderen Weg zur Lösung dieser Situation finden, werde ich Sie dabei unterstützen. Aber nach meiner Erfahrung gibt es keinen anderen Weg, aus dieser Situation herauszukommen, und irgendwann werden Sie eine der beschriebenen Lösungsmöglichkeiten wählen müssen. Sie werden beträchtliche Leere, Hoffnungslosigkeit und gro-

ße Verzweiflung durchmachen müssen, um das durchzustehen. Wenn Sie sich bereit fühlen, sich dieser Situation zu stellen, können Sie mich wegen eines weiteren Termins anrufen."

Die Isomorphie zwischen dem therapeutischen Vorgehen und der Paarbeziehung besteht darin, daß der Therapeut hier in eine Falle geraten kann, wenn er die Ehefrau bittet, sich seinet- oder ihretwegen zu ändern, genau wie die Partnerin den Alkoholabhängigen gebeten hat, sich seinet- oder ihretwegen zu ändern. Nachdem der Therapeut die Lösungsmöglichkeiten dargestellt hat, muß er der Ehefrau Zeit lassen, sich für eine der Alternativen zu entscheiden. Der Grundgedanke ist dabei, daß man niemals einen anderen Menschen ändern kann. Man kann nur Bedingungen schaffen, die es einer anderen Person erleichtern, sich zu ändern.

Bei der zweiten Möglichkeit besteht die Isomorphie für den Therapeuten darin, mit der Ehefrau neben ihrer Reaktion auf das Trinken an anderen Themenbereichen weiterzuarbeiten, ihr aber deutlich zu sagen, daß keine Hoffnung besteht, daß auf diesem Wege das Alkoholproblem zu beseitigen sei. Das gleicht dem Verhalten der Ehefrau, die weiterhin mit dem Alkoholabhängigen zusammenlebt, während sie sich von seinem Trinken innerlich distanziert. Die dritte Möglichkeit bedeutet für den Therapeuten, die Therapie zu unterbrechen und der Klientin die Möglichkeit offenzuhalten zurückzukehren, wenn sie nach einer gewissen Zeit zur Mitarbeit bereit ist. Entsprechend verhält sich die Frau, wenn sie sich innerlich von ihrem alkoholabhängigen Mann löst, ohne die Scheidung zu betreiben.

Viele Therapeuten machen unbemerkt so weiter, wie sie bisher verfahren sind (entsprechend der ersten Möglichkeit), unabhängig davon, wie und durch was die Situation festgefahren ist. Es ist von entscheidender Bedeutung, daß der Therapeut nicht in diese Falle gerät.

In dieser Therapiephase kann der Therapeut systemische Konzepte wie „Verfolger", „Flüchtling" oder „Dreiecksbeziehung" als Mittel verwenden, um sich und seiner Klientin einen besseren Überblick zu verschaffen. Wenn es der Ehefrau gelingt, die mit dem Trinken verbundenen Prozesse als von Zeit zu Zeit schwankend zu betrachten und das Problem im Rahmen der erweiterten Familie – vielleicht über mehrere Generationen hinweg – zu sehen, wird sie in der Lage sein, von ihrer bisherigen Sichtweise Abstand zu nehmen. Sie wird dann die Funktion des gesamten Familiensystems überblicken zu können und bereit sein, einen Teil der Verantwortung zu übernehmen.

Der Therapeut muß sich davor hüten, sich auf eine Dreiecksbeziehung einzulassen, in der er der Ehefrau übermäßig nahe ist, während sich der Mann in einer Außenposition befindet. Eine Dreiecksbeziehung kann als ein zwischen drei Personen operierendes automatisches emotionales System definiert werden (4). Um sich eine Dreiecksbeziehung bildlich vorstellen zu können, denke man an ein Gummiband, durch das man mit zwei anderen Personen oder mit einer weiteren Person und einem Gegenstand verbunden ist. Wann immer sich jemand bewegt, das Gummiband behält die gleiche Straffheit. Wenn Sie sich zum Beispiel ihrem Vater näher fühlen, fühlen Sie sich automatisch von ihrer Mutter weiter entfernt. Im Gegensatz zur Dreiecksbeziehung hat in einer Dreiergruppe fast jedes Mitglied das Gefühl, sich frei zwischen den beiden anderen bewegen zu können. Sie können sich also ihrem Vater nahe fühlen, oder sie können sich beiden gleichzeitig nahe oder fern fühlen. Die Einbestellung der Ehefrau allein kann eine Dreiecksbeziehung schaffen, in der sich der Alkoholabhängige in einer Außenposition befindet und sich verfolgt und ausgeschlossen fühlt und das Gefühl hat, man verschwöre sich gegen ihn. Umgekehrt kann es dem Alkoholabhängigen ein Gefühl von Sicherheit und Unterstützung geben, wenn der Therapeut sich nicht in eine Dreiecksbeziehung einläßt, selbst wenn Therapiesitzungen dann ohne ihn durchgeführt werden. In diesem Fall wird er nicht gegen die Situation angehen.

Es gibt einige Techniken, mit denen Dreiecksbeziehungen verhindert werden können: man kann z. B. den Alkoholabhängigen zur Sitzung einladen und ihn wissen lassen, daß er sich selbst entscheiden kann, ob er erscheinen will oder nicht. Man kann auch großen Wert darauf legen, ihn telefonisch darüber auf dem laufenden zu halten, was in den Therapiesitzungen mit seiner Frau geschieht, oder man kann ihm telefonisch mitteilen, daß der Therapeut und seine Frau sich gegen ihn verschwören. Damit soll gesagt werden, daß es keine besonderen äußeren Merkmale gibt, die eine Unterscheidung zwischen Dreiecksbeziehungen und Dreiergruppen zulassen. Relevant ist vielmehr der Kontext oder die Definition der Situation.

Die Therapie kommt zu dem Zeitpunkt in eine kritische Phase, an dem die Ehefrau beginnt, sich mit sich selbst zu befassen, ihre eigene Funktion im System zu beobachten und Verantwortung für ihren Beitrag zum System zu übernehmen sowie ihr Verhalten zu ändern. Der Therapeut muß sie an diesem Scheideweg unbedingt warnen und ihr mitteilen, daß es dem alkoholabhängigen Partner jetzt wahrscheinlich schlechter gehen wird. Beim Versuch, an diesem Tiefpunkt die Hoffnungslosigkeit und Leere zu vermeiden, die mit dem Erkennen der eigenen Verantwortung einhergeht, wird der Alkoholabhängige alles Erdenkliche tun, um die Ehepartnerin in die verstrickte Kollusionsbeziehung zurückzuholen. Er wird also eventuell seine Stelle verlieren, hospitalisiert werden, mit Selbstmord drohen oder betrunken Autofahren, womit er andere Menschen gefährdet. Die Angst wird so vom Alkoholabhängigen über die Ehepartnerin an den Therapeuten weitergereicht. Die Beziehung zwischen Ehepartnerin und Therapeut ist isomorph zur Beziehung zwischen dem Alkoholabhängigen und seiner Ehefrau. Die Frau versucht, den Therapeuten zu manipulieren, ihr die Verantwortung abzunehmen, wie sie selbst manipuliert wurde, um dem Alkoholabhängigen seine Verantwortung abzunehmen. Es ist entscheidend, daß der Therapeut diese Situation vorhersieht, um nicht eine Krise herbeizuführen, bevor die Ehepartnerin in der Lage ist, sich damit erfolgreich auseinanderzusetzen.

Der Ehemann wird nur dann Selbstmord begehen, wenn es seiner Frau tatsächlich etwas ausmacht. Wenn die Partnerin etwa sagt: „Mir ist es lieber, wenn du dich nicht umbringst, aber ich kann dich nicht daran hindern", ist es äußerst unwahrscheinlich, daß der Alkoholabhängige sich selbst oder einem anderen ein Leid zufügt. Und umgekehrt, wenn der Therapeut sagt: „Für mich ist es absolut in Ordnung, wenn Sie mit diesem Trinkproblem in Ihrer Ehe den Rest Ihres Lebens verbringen", ist es ziemlich unwahrscheinlich, daß die Ehepartnerin dies wirklich tun wird. Hier besteht die Falle darin, daß man diese Worte nur als Manipulation oder Kniff verwendet, anstatt eine Situation zu schaffen, in der Erfolg sowie Mißerfolg akzeptiert werden können. Deshalb kann Unheil entstehen, wenn der Therapeut oder die Ehepartnerin diese Äußerungen sarkastisch machen oder sie verwenden, um Gefühle zu verbergen. Oder, um den Isomorphismus noch auf eine weitere Stufe zu heben, Therapeuten müssen verzichten können, Alkoholismus zu behandeln, und Supervisoren sollten nicht darauf bestehen, daß sie es tun. Entscheidungen kann man nicht aufzwingen. Sobald die Ehepartnerin den Tiefpunkt erreicht und die Verantwortung für sich und alle möglichen Ergebnisse aus dieser Verantwortung auf sich genommen hat, wird der Alkoholabhängige zugänglicher sein und selbst einen Tiefpunkt erreichen. Es ist möglich, daß er in der Therapie und/oder bei den Anonymen Alkoholikern nüchtern wird. Eine Gefahr besteht hier darin, daß nun, wo der Erfolg fast erreicht worden ist, Therapeut, Ehefrau und andere Familienmitglieder und Freunde in Aufmunterungen verfallen, nur um den Süchtigen vom Trinken abzubringen. Das kann den erreichten Fortschritt völlig zunichte machen. Damit der Süchtige mit dem Trinken aufhört, ist es notwendig, daß er sich hoffnungslos und ohnmächtig fühlt. Dieser Zustand kann in Familienmitgliedern, Therapeuten und Freunden emotionale Reaktionen auslösen, so daß sie versuchen, dem Alkoholabhängigen Hoffnung zu machen.

Wenn man Therapeut wurde, um mit eigenen ungelösten Problemen fertigzuwerden, ist es unmöglich, in dieser Therapiephase Menschen zu behandeln, denn was wir hier beschreiben, ist Akzeptieren oder Hingabe und nicht Beeinflussung oder Manipulation. Macht erlangt man nur, wenn man die eigene Ohnmacht akzeptiert. Wenn der Therapeut noch nie das Gefühl von Ohnmacht oder Hilflosigkeit als befreiend empfunden hat, ist dies für ihn ein Manko, und er wird mit seinen hilfreichen Ratschlägen das System daran hindern, an einen Tiefpunkt zu gelangen. Das entspräche dem Verhalten der Ehefrau, die versucht, ihren alkoholabhängigen Mann mit ihren wohlgemeinten Ratschlägen vor einem Tiefpunkt zu bewahren. Eigene Trainings können für den Therapeuten die Hilfe sein, mit seiner Hilflosigkeit und Hoffnungslosigkeit wegen unerfüllter Machtwünsche in Berührung zu kommen, isomorph mit Al-Anon für die Ehefrau und den Anonymen Alkoholikern für den Alkoholabhängigen. Wenn der Alkoholabhängige wirklich einen Tiefpunkt erreicht hat, geht das System in die „trockene“ Phase, oder in seltenen Fällen, direkt zur Abstinenz über - als Hinauswachsen über „nasse“ und „trockene“ Verhaltensweisen und Gefühle. Es gibt dann zwar neue Probleme, mit denen der Therapeut umgehen muß, aber die Prinzipien, eine therapeutische Beziehung oder eine therapeutische Umgebung zu schaffen, bleiben die gleichen.

Literatur

1. Berenson, D.: A Family Approach to Alcoholism, in: Psychiatry Opinion, 13, 1976, S. 33-38.
2. Berenson, D.: Alcohol and the Family System, in: Family Therapy: Theory and Practice, hrsg. von P. Guerin. New York: Gardner Press 1976.
3. Bowen, M: Principles and Techniques of Multiple Family Therapy, in: Family Therapy: Therory and Practice, hrsg. von P. Guerin. New York: Gardner Press 1976.
4. Bowen, M: Theory in the Practice of Psychotherapy, in: Family Therapy: Theory and Practice, hrsg. von P. Guerin. New York: Gardner Press 1976.
5. Fogarty, T.: Marital Crisis, in: Family Therapy: Theory and Practice, hrsg. von P. Guerin. New York: Gardner Press 1976.
6. Minuchin, S.: Familie und Familientherapie. Freiburg: Lambertus [4]1981.

10 Die Anwendung der Familientherapie bei Alkohol- und Drogenabhängigkeit

Edward Kaufman

In den vorangegangenen Kapiteln wurde eine Anzahl von therapeutischen Vorgehensweisen beschrieben, die sich für die Arbeit mit den Familien von Rauschmittelabhängigen eignen. Die beiden Herausgeber haben darauf hingewiesen, daß sie selbst eine Synthese aus mehreren Ansätzen verwenden. Wir möchten auch betonen, daß sich jeder Therapeut die familientherapeutischen Verfahren aussuchen sollte, mit denen er am besten arbeitet.

In diesem abschließenden Kapitel möchten wir eine Übersicht über die Hauptansätze der Familientherapie geben und sie auf die Behandlung von Rauschmittelabhängigen übertragen. Nach Anderson (2) gibt es fünf solcher Hauptansätze – den psychodynamischen, den strukturellen, den kommunikationstheoretischen, den erlebniszentrierten und den verhaltenstherapeutischen. Diese fünf Ansätze haben einander so sehr beeinflußt, daß sie sich inzwischen beträchtlich aneinander angeglichen haben. Dennoch bestehen einige deutliche Unterschiede, die gelegentlich zu theoretischen Auseinandersetzungen Anlaß gegeben haben.
Wenn der Rauschmittelabhängige bereits Zeichen einer Gewöhnung an Drogen aufweist oder nicht zu Therapiesitzungen erscheinen kann, ohne unter Drogen zu stehen, ist es die erste Aufgabe des Therapeuten, ihn zumindest zeitweise vom Drogenkonsum abzuhalten. Die meisten therapeutischen Veränderungen sind in dysfunktionalen Familien solange unmöglich, wie nicht die regelmäßige Einnahme von Drogen aufgegeben wird. Deshalb besteht das therapeutische Ziel darin, die Familie zu überreden, sich zusammenzutun, um eine

Entziehungskur vorzubereiten. Dies muß meistens in einem Krankenhaus geschehen. In manchen Fällen ist der Entzug auch ambulant möglich, etwa als ambulanter Entzug bei Betäubungsmittelabhängigen mit Hilfe von Methadon oder bei Alkoholabhängigen mit Hilfe von Benzodiazepin. Wird der drogenfreie Zustand nach dem Entzug nicht beibehalten, können zusätzliche, durch Medikamente gestützte Behandlungsmaßnahmen den Klienten von weiterem Drogenmißbrauch abhalten. Die Verabreichung von Antabus, von Betäubungsmitteln oder die kurzfristige, niedrig dosierte Gabe von Methadon sind entsprechende Maßnahmen. Einige benötigen einen längeren Krankenhausaufenthalt, ein Tagesbehandlungsprogramm oder eine therapeutische Wohngemeinschaft, um eine für die Durchführung einer Familientherapie ausreichende Abstinenz zu gewährleisten. Als zweiten therapeutischen Schritt sollte man deshalb die Familie dazu bewegen, diese letztgenannten Behandlungsmaßnahmen einzuleiten und zu unterstützen. Berenson hat in seinem Beitrag eine Methode für die Arbeit mit einem noch *trinkenden* Süchtigen beschrieben. Uns ist kein vergleichbarer Ansatz für Familien mit einem *drogen*süchtigen Mitglied bekannt.

Psychodynamische Familientherapie

Der psychodynamische Ansatz wird von zahlreichen Theoretikern vertreten, zwischen denen beträchtliche Meinungsverschiedenheiten bestehen. Zu ihnen gehören Ackerman (1), Bowen (5), Nagy (4), Zuk (18) und Paul (12). Der Verfasser hat selbst eine psychoanalytische Ausbildung erhalten, und deshalb werden an dieser Stelle seine eigenen Überlegungen zu den Beiträgen dieser theoretischen Richtung wiedergegeben.
Der psychodynamische Ansatz hat zwei Grundprinzipien – die Arbeit an der Vergangenheit, um frühere Ereignisse herauszufinden, die auf unangemessene Weise gegenwärtiges Geschehen beeinflussen (Übertragung), und das Bewirken von Veränderungen durch Einsicht. Ein-

sicht wird durch kognitives oder affektives Durcharbeiten der Vergangenheit erreicht (2). In Bowens Systemansatz wird der kognitiven Seite mehr Gewicht beigemessen und alles unternommen, um Affekte auszuklammern (5). Anhänger seiner Familiensystemtheorie arbeiten an Dreiecksbeziehungen, mit dem Familienstammbaum und mit der Familienchronologie. Der Begriff „Dreiecksbeziehung" bedeutet, daß bei emotionalen Konflikten oder Spannungen zwischen zwei Individuen diese Spannungen auf eine dritte Partei, ein anderes Problem oder auf Rauschmittel (z. B. Alkohol, Drogen) verschoben werden.

Der Familienstammbaum ist für viele Familientherapeuten zu einem Standardinstrument geworden. Ein Familienstammbaum ist eine graphische Darstellung der an einem aus drei Generationen bestehenden Familiensystem beteiligten Personen, in den Ehen, Scheidungen, Geburten, Wohnort, Todesfälle und Krankheiten eingetragen werden (7). Alle sonstigen bedeutsamen körperlichen, sozialen und psychischen Dysfunktionen können ebenfalls vermerkt werden. Mit dem Familienstammbaum untersucht man Beziehungen im erweiterten Familienkreis. Der Familienstammbaum ist der erste Schritt des Therapeuten zu einem Verständnis seiner eigenen und der zu behandelnden Familie.

Nachdem man Namen, Altersangaben und das Datum von wichtigen Ereignissen eingetragen hat, kann man weitere relevante Fakten hinzufügen, unter anderem „die geographische Ansiedelung der Familienangehörigen, die Häufigkeit und die Form des Kontaktes miteinander, emotionale Sperren, Reizthemen, Schlüsselereignisse und einen Index für die Offenheit bzw. Geschlossenheit von Beziehungen" (7).

Vor kurzem wurde ich gebeten, in einer Einrichtung für die Behandlung Alkoholabhängiger eine Fallkonferenz zu leiten. Ich hatte gebeten, daß über eine Familie gesprochen wird, die in der Klinik behandelt wurde. Die Therapeuten der betreffenden Einrichtung arbeiteten zwar mit Paaren, aber sie hatten nur eine einzige Familie in Behandlung. Die Familie war bei der Fallkonferenz nicht anwesend. Einer der Berater stellte die Frage, „Warum sollten wir eigentlich Familientherapie machen?“ Und er schilderte dann die Familienfallgeschichte. Der identifizierte Alkoholabhängige war Jim, ein 46jähriger ehemaliger Marinesoldat. Er hatte June, Alter achtundvierzig, 1975 geheiratet. Für beide war es ihre zweite Ehe. Wir erfuhren auch, daß Junes erster Ehemann, Joe, ebenfalls alkoholabhängig war, und daß sie sich 1973 hatten scheiden lassen. Jim hatte Betty 1946 geheiratet und sich 1973 von ihr scheiden lassen. An der Behandlung nahm jeweils ein Sohn aus erster Ehe teil. Ein Therapeut wußte allerdings zu berichten, daß Jim noch zwei weitere Kinder aus erster Ehe hatte. Junes Therapeut äußerte, daß der Vater von June alkoholabhängig gewesen war, aber niemand wußte etwas über die übrigen Elternteile. Hier zeigt sich eine weitere Funktion des Familienstammbaumes – durch ihn werden Informationslücken offensichtlich. Durch das Anlegen eines Stammbaumes rückte auch ein entscheidender Aspekt der Familie ins Blickfeld, der bis zu diesem Punkt nicht deutlich geworden war: beide Ehemänner von June sowie ihr Vater waren alkoholabhängig; für die Behandlung von June und die übrige Familie war dies ein ganz entscheidender Faktor. Wir erfuhren ferner, daß Steve, ein Bruder, dessen Bedeutung bisher heruntergespielt worden war, häufig mit dem Vater getrunken hatte und brutal von ihm behandelt worden war.

Bislang hatte eine Sitzung mit der wiederhergestellten Familie: Jim, June, Todd, Phil und Sarah – stattgefunden. Die Familie hatte Jim zum Sündenbock gewählt und sich gegen ihn wegen seiner Alkoholabhängigkeit und seiner Brutalität verbündet. In der Sitzung hatte er dies passiv hingenommen, aber daheim an ihnen Vergeltung geübt. June hatte die Aufgabe erhalten, Jim sein tägliches Quantum Antabus zu geben, das er nun einige Wochen lang nicht mehr einnahm. Die Familie lehnte weitere gemeinsame Sitzungen ab, aber June, Todd und Phil kamen jeder für sich zur Einzelbehandlung. Jim, der in der Fallbesprechung als Rassist und Chauvinist hingestellt wurde, war einer farbigen Therapeutin zugewiesen worden, was seinen Widerwillen gegen eine Fortsetzung der Therapie zu erklären vermochte. Man hätte June helfen müssen, gegenüber Jims Alkoholabhängigkeit eine gleichgültigere Einstellung zu finden. Die Aufgabe, Jim Antabus zu geben, war diesem Ziel diametral entgegengesetzt. Ich empfahl, June in eine Gruppe für „Bezugspersonen“ in der Klinik zu überweisen. – Auch Todd hatte bereits mit dem Drogen- und Alkoholmißbrauch begonnen, aber er umging jegliche Bestrafung, indem er verantwortungsvolles Verhalten vortäuschte und Phil als den Schuldigen hinstellte, sobald der Vater auftauchte. Phil wurde deshalb ungerecht bestraft. Auf diese Situation reagierte er mit zunehmender Passivität und einem verstrickten, Schutz suchenden Verhältnis zu seiner Mutter. Beide Söhne steckten so in einer Dreiecksbeziehung zu den Eltern, die sich einander entfremdeten. Wir empfahlen für Jim Individualtherapie bei einem männlichen, ehemaligen Alkoholabhängigen (in den USA arbeiten auf vielen Suchtstationen ehemalige Abhängige als Therapeuten; d. Übers.) in der Hoffnung, daß das therapeutische Team nach einigen stützenden Sitzungen mit Jim den Stammbaum erneut prüfen und der Familie eine Fortsetzung der gemeinsamen Sitzungen ermöglichen könnte.

Ein weiteres praktisches, von Familiensystemtheoretikern entwickeltes Instrument ist die Familienchronologie – eine Zeittafel für die Hauptgeschehnisse und Streßereignisse im Leben einer Familie. Die Familienchronologie gestattet es der Familie und dem Therapeuten, das Entstehen von gegenwärtigen familialen Mustern zu verstehen. Zusammen mit dem Familienstammbaum bringt die Familienchronologie Tatsachen über die strukturellen Merkmale, Zugehörigkeiten zu Subsystemen, Schlüsselereignisse und Reizthemen einer Familie zutage. Einer der Hauptvorteile dieser Methode besteht darin, daß sich bereits in der ersten oder in den ersten beiden Sitzungen Konfliktbereiche und Belastungen ergeben, die sich sonst nicht oder erst später herausgestellt hätten. Der Stammbaum und die Familienchronologie lassen eine weitere Eigenschaft von familiensystemtheoretischen Ansätzen deutlich werden – nämlich Daten zu objektivieren und sie weniger gefühlsbeladen zu machen. Das soll nicht heißen, daß in den Anfangsphasen dieses Behandlungsmodus keine starken Gefühle freigesetzt werden. Weitere Bemühungen, der Familie Einsichten zu ermöglichen, sollten jedoch aufgeschoben werden, bis sich die anfängliche Stimmung der Familie gelegt hat.

Anhänger des psychodynamischen Ansatzes betonen, daß sich Familientherapie auch mit einer einzigen Person durchführen läßt. Dieser Prozeß besteht dann aus fünf Phasen: Bestandsaufnahme der Problemlage, Planung der Behandlungsziele, Aufbau neuer Beziehungen, eigentliche therapeutische Arbeit, langfristige Auseinandersetzung mit der eigenen Person und mit den zwischenmenschlichen Beziehungen. Diese Methode kann auch der Ausbildung von Familientherapeuten dienen und ihnen ein Verständnis ihrer eigenen Familien verschaffen; aber auf diesen Aspekt wird hier nicht weiter eingegangen. Es muß betont werden, daß eine Individuation, die durch räumliche Trennung erreicht wird, nicht echt ist, und in solchen Fällen bedarf es weiterer Einsichten in die Familiengeschichte.

Nach meiner persönlichen Erfahrung ist die Arbeit an vergangenem Geschehen sinnvoll, wenn es nicht zu Anklagen kommt, wenn keine Schuldgefühle ausgelöst werden und wenn nicht die Hoffnungslosigkeit lange bestehender fixierter Muster beklagt wird. Eine Familienchronologie jedes einzelnen behandelten Familienmitgliedes ist nützlich, um Informationen zu erhalten, mit denen sich Veränderungsprozesse verstärken lassen. Man kann eine psychoanalytische Deutung auch direkt geben, um ein Familiensystem unmittelbar zu beeinflussen. Diese Technik wurde beispielsweise bei einer Familie eingesetzt, die ich vor kurzem als Supervisor betreute. Dem siebzehnjährigen Sohn war kurz zuvor der Führerschein wegen eines Unfalles unter Alkoholeinwirkung entzogen worden. Die Mutter umarmte und küßte ihren Sohn, unmittelbar nachdem sie ihn zurechtgewiesen hatte, daß er, nachdem er Bier getrunken hatte, Auto gefahren war. Ihr wurde die Aufgabe erteilt, ihn zurechtzuweisen, ohne ihn zu umarmen.

Dabei sollte sie daran denken, daß „Zurechtweisen“ nicht bedeuten muß, an den Füßen gehalten und kopfüber in einen Eimer getaucht zu werden, was man tatsächlich mit ihr als Kind gemacht hatte. Eine andere Mutter konnte ihren Ehemann nicht um Unterstützung bitten.

Sie wurde daran erinnert, daß sie kein Armeeoffizier sei wie ihr Vater, mit dem sie sich identifiziert hatte.

Strukturelle Familientherapie

Seit vielen Jahren verwende ich verschiedene familientherapeutische Techniken, aber erst seitdem strukturelle Behandlungselemente zu meinem technischen Repertoire gehören, habe ich das Gefühl, daß die Behandlung von Rauschmittelsüchtigen so ist, wie sie sein sollte. In diesem Buch finden sich zwei Artikel über strukturelle Familientherapie; der eine ist von Minuchin, dem Begründer dieses Ansatzes, der andere von Stanton und Todd. Stanton ist ein ehemaliger Mitarbeiter von Minuchin, der sich auf Heroin„süchtige" spezialisiert hat. Aber viele theoretische und praktische Grundprinzipien der strukturellen Familientherapie werden in diesen beiden Kapiteln nicht näher ausgeführt, und in den bisherigen Veröffentlichungen auch nicht auf die Behandlung von Rauschmittelabhängigen übertragen. Deshalb habe ich folgende Abschnitte verfaßt, damit der Leser diese wichtige therapeutische Methode bei der Behandlung von Rauschmittelabhängigen besser nutzen kann.
Als „Familienstruktur" wird ein unsichtbares Netz von Forderungen bezeichnet, die bestimmen, wie Familienmitglieder miteinander interagieren. Bei der strukturellen Familientherapie soll durch eine Manipulation und Neuordnung von gegenwärtigen Interaktionsmustern (Sets) eine angemessenere familiale Organisation erreicht werden (10). Nachdem man einen Familienstammbaum angefertigt und verstanden hat, kann man die Familienverhältnisse durch das Eintragen von Grenzen und von Subsystemen weiter untersuchen. Grenzen sind Regeln, die bestimmen, wer auf welche Weise mit wem interagiert. Sie können dargestellt werden als (10):

— — — — — klar
.... diffus oder
———————— starr

Subsysteme können sich aufgrund von Generationen, Geschlecht, gemeinsamen Interessen oder ähnlichen Aufgaben bilden. Die beiden häufigsten Subsysteme sind das exekutive (elterliche) und das geschwisterliche Subsystem (10).

Die Beziehungen zwischen Familienmitgliedern können dargestellt werden als:

═══ Annäherung oder

≣≣≣ übermäßiges Engagement

Konflikte werden als Unterbrechung ——/ /—— dargestellt. Eine Koalition wird als } abgebildet. Konflikte führen häufig zu Umleitungen auf eine dritte Partei, deshalb „Umleitung“.

Die „ideale Familie“ könnte etwa so aussehen (M = Mutter, V = Vater, K = Kinder):

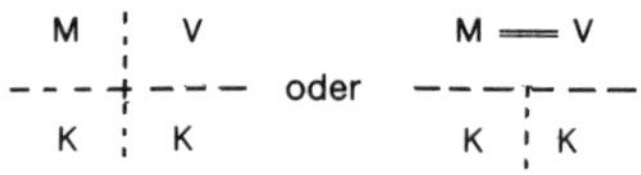

– mit klaren Grenzen zwischen allen Individuen, Annäherung zwischen den Eltern und Trennung des exekutiven vom geschwisterlichen Subsystem. Der Familientherapeut wirkt als Grenzzieher; er klärt diffuse und öffnet starre Grenzen und hilft, Generationengrenzen zu ziehen, und insbesondere das eheliche Subsystem von den Forderungen der eigenen Eltern und auch von denen ihrer Kinder zu trennen. Diese Grenzen und ihre Durchlässigkeit werden oft durch

Sondierungsversuche – sie werden weiter unten beschrieben – ermittelt. Das eheliche Subsystem muß genügend komplementär und aufeinander abgestimmt sein, um Aufgaben ausführen zu können. Wenn die Ehebeziehung gestört ist, hinterfragt der Therapeut das Verhältnis der beiden Partner, ohne dabei ihre Motivation in Frage zu stellen, und berücksichtigt den Beitrag, den beide Seiten zum Geschehen leisten. Wenn ein Ehemann beispielsweise seine Frau in allen Dingen beaufsichtigt, kann der Therapeut sagen, daß sich die Frau von ihm beaufsichtigen läßt. Der Therapeut kann – abhängig von der Familienstruktur – vom Mann verlangen, alle Entscheidungen allein zu treffen, und von der Frau, sie nicht zu unterlaufen, oder die Frau bitten, alle Entscheidungen zu treffen und den Mann bitten, sie zu unterstützen. Die Kinder sollten beide Eltern erreichen können, aber von partnerschaftlichen Funktionen ausgeschlossen werden. Eltern können nicht schützen und anleiten, ohne zu beaufsichtigen und einzuschränken. Kinder können Individuation nicht erlangen, ohne herauszufordern und abzulehnen (10).

Therapeutische Vorgehensweisen

Der Ausgangspunkt für Interventionen ist immer die weiter oben beschriebene diagnostische Familienstrukturkarte; sie hilft, Informationen zu ordnen und Ziele zu bestimmen. Therapeutische Vorgehensweisen lassen sich allgemein in zwei Hauptkategorien unterteilen: „Anschließen“ an die Familie und sich mit ihr „Verbinden“, die Wirkungsmöglichkeiten des Therapeuten in der Familie zu verstärken, und das Herbeiführen von Veränderungen, also Strategien zur Änderung von dysfunktionalen Haltungen.

Anschließen oder Verbinden. Wenn der Therapeut sich einer Familie anschließt, kann er wechselweise eine Position existentieller Anteilnahme oder die distanzierte Position eines Experten einnehmen. Der Therapeut muß sich jedem Subsystem, also auch den Geschwistern, anschließen können, und alle Familienmitglieder müssen seinen Respekt für jeden Einzelnen und sein Engagement für einen Therapieerfolg spüren können. Er muß zu allen Familienmitgliedern Kontakt haben, damit sie ihm selbst dann folgen, wenn sie einmal meinen, daß er ungerecht sei. Es gibt drei Techniken, sich Familien anzuschließen: „Stützen", „Spuren aufnehmen und verfolgen" und „Nachahmen". Beim *Stützen* muß der Therapeut die Familienstruktur unterstützen und sich an die Regeln der Familie anpassen. Anfangs kann er mit einer Familie über ihren „Sprecher" oder ihre „Schaltstelle" als Mittelsmann sprechen. Wenn eine Familie an die Grenzen ihrer Belastbarkeit gedrängt wurde, können stützende Techniken den Streß reduzieren. Andere stützende Maßnahmen sind die Unterstützung der „Stärken" der Familie, Belohnen, Stützen eines gefährdeten Mitgliedes und die sachliche Aufklärung über Probleme (11). Zum *Spuren aufnehmen und verfolgen* gehört das Akzeptieren der Inhalte von Kommunikationen einer Familie und der Gebrauch ihrer spezifischen Sprache, um ihr die Vorstellungen des Therapeuten nahezubringen. Wenn der Patient die Vorschläge des Therapeuten ablehnt, kann man die Ablehnung wie bei der Hypnose zu einer Reaktion umdefinieren, mit der er doch dem Befehl des Therapeuten nachkommt (11). Der Therapeut begibt sich in die Familie als jemand, der ihre Regeln unterstützt, aber er läßt diese Regeln für Ziele arbeiten, die er für die Familie im Auge hat. Beim *Nachahmen* macht sich der Therapeut den Stil und die Stimmungslage der Familie zueigen, die er aus den Handlungen und Bedürfnissen der Mitglieder erkennt. Wenn ein Familienmitglied Spaß macht, sollte dies auch der Therapeut tun, aber ohne dabei Beziehungsfallen zu stellen. Wenn eine Familie über Berührungen kommuniziert, sollte auch der Therapeut berühren. Der Therapeut kann sich einem isolierten Vater anschließen und Pfeifenutensilien mit ihm teilen oder eine Zigarette mit ihm rauchen oder gleichzeitig mit ihm sein Jackett oder seine Krawatte ablegen. Im Gegensatz zur psychoanalytischen Einzeltherapie, in der das Nachahmen wie die meisten übrigen Techniken des „Anschließens" abzulehnen sind, wird es in der strukturellen Familientherapie genutzt. Gemeinsame Mahlzeiten fördern in der Mehrfamilientherapie den Zusam-

menschluß aller anwesenden Familien und verbinden den Therapeuten mit jeder von ihnen.
Veränderungen herbeiführen oder Neustrukturieren. Bei der Induktion von Veränderungen wird anders als bei den Techniken des „Anschließens" die Familienhomöostase gestört, und zwar durch die Neustrukturierung von Familien„sets". Beim Neustrukturieren nutzt der Therapeut seine Kenntnis von Techniken zur sozialen Manipulation, wobei das Wort „Manipulation" hier in einem positiven Sinn und nicht abschätzig gebraucht wird. Therapieverträge, Sondierungsversuche, das Aktualisieren von Interaktionsmustern, die klare Kennzeichnung von Grenzen, das Erteilen von Aufgaben, der bewußte Einsatz von Symptomen, Manipulation, Beeinflussung der Stimmungslage, Unterstützung, Erziehung und Anleitung (10) sind Techniken, mit denen Veränderungen bewirkt werden. Häufig kommen in einer einzigen therapeutischen Intervention viele dieser Techniken zum Tragen. Es gibt drei Möglichkeiten, Familien zu Veränderungen zu motivieren. Der Therapeut stellt ihre Wahrnehmung der Wirklichkeit in Frage. Er bietet ihnen einleuchtende Alternativen an. Alternative Interaktionsformen ermöglichen selbstverstärkende neue Beziehungen. Wir möchten den Leser an dieser Stelle daran erinnern, daß man sich erst der Familie anschließen muß, bevor Veränderungen möglich sind und leichter bewirkt werden können. Der Therapeut kann auch zwischen Anschließen und Neustrukturieren wechseln.
1. Der Therapievertrag. Eine Voraussetzung für Veränderungen ist der Abschluß eines Therapievertrages. Er stellt den Entschluß dar, sich auf gegenseitig vereinbarte operationale Probleme zu konzentrieren. Der Vertrag sollte immer Hilfe bei dem Problem in Aussicht stellen, das die Familie in die Behandlung geführt hat, bevor man ihn um zusätzliche Ziele erweitert. Die Ziele sollten in gegenseitigem Einvernehmen festgelegt werden. Für den Fall, daß es ihretwegen zu Unstimmigkeiten kommt, sollte das Arbeiten an diesen Unstimmigkeiten ein Teil des Vertrages sein. Für die Arbeit mit einzelnen Familienmitgliedern ist ein Vertrag vorteilhaft, demzufolge die Familie über die Geschehnisse in der Einzeltherapie informiert wird; diese Klausel ist

aber nicht zwingend erforderlich, denn vielleicht werden manche Dinge nur dann mitgeteilt, wenn Vertraulichkeit zugesichert worden ist. Die Dauer der Behandlung sollte im Vertrag festgelegt werden, eine Verlängerung ist zu einem späteren Zeitpunkt jedoch möglich.

2. Sondierungsversuche. Der Therapeut schließt sich dem Familiensystem an und bekommt den Druck zu spüren, der auf ihm lastet. Deshalb werden die spontanen Reaktionen des Therapeuten wahrscheinlich mit dem Familiensystem übereinstimmen. Tun sie das nicht, fordern sie unter Umständen das System heraus und sind dann wichtige therapeutische Sondierungsversuche (10). Alle therapeutischen Manöver sind Sondierungsversuche, weil sie die Flexibilität der Familie testen und ihre Fähigkeit, sich zu ändern. Sondierungsversuche können fehlschlagen oder drei Formen von positiven Reaktionen auslösen:

a) Assimilation ohne Schwierigkeiten – eine Lernerfahrung ohne persönliche Reifung. Ein Beispiel hierfür ist eine Familie, deren Vater alkoholabhängig war, und in der drei von vier Geschwistern, die drogenabhängig waren, noch immer bei ihrer Mutter lebten. Das vierte Kind befand sich in stationärer Behandlung, und die Familie machte eine Mehrfamilientherapie mit, aber die Kinder beteiligten sich nicht am Gespräch, weil sie unter Drogen standen. Auch die älteste Tochter nahm teil und erzählte, wie sie sich durch Loslösung der extremen Verantwortung als Eltern-Kind entzogen hatte. Der Sondierungsversuch bestand darin, daß man ihr sagte, daß sie ihre jüngeren drogenabhängigen Geschwister mit hineingezogen hätte, als sie sich von der Familie zurückzog. Nun würden diese in einer Weise von der Mutter umsorgt, die ihren Drogenmißbrauch unterstütze, während es bei der Mutter Desorganisation hervorrufe.

Bei ihrem nächsten Erscheinen in der Gruppe erklärte die Tochter, daß ihre drogenabhängigen Geschwister für sich selbst sorgen sollten, da sie ihre Mutter zu sich nehmen würde und ihre Möbel einstweilen unterstellen lassen wolle. Die Schwester war wieder in die Rolle des Eltern-Kindes gefallen, um ihre Mutter aus einer schlimmen Lage zu befreien und ihre Geschwister zu zwingen, zu schwimmen oder unterzugehen. Sie erklärte zwar, daß die Mutter nur solange bei ihr bleiben solle, bis sie wieder allein zurechtkäme, aber sie hatte den Sondierungsversuch ohne einen Reifungsprozeß aufgenommen. In einem späteren Zeitpunkt konnte ihr Wandel jedoch zu einer Reifung der ganzen Familie führen.

b) Eine Anpassung, bei der bestehende Verhaltensmuster erweitert und alternative Muster aktiviert werden. Diese Reaktion läßt sich beobachten, wenn bei Sondierungsversuchen infantilisierte verstrickte Bindungen abnehmen ohne Streß auszulösen, und Bindungen zwischen einander zuvor entfremdeten Parteien hervorrufen. Ein Beispiel hierfür: Wenn eine Mutter bereit ist, sich von ihren süchtigen Söhnen zu lösen und man Aufgaben erteilen kann, um die Beziehungen zu ihrem Ehemann und ihren nichtsüchtigen Kindern zu verbessern – zum Beispiel mit der Tochter ein Hochzeitskleid kaufen oder gemeinsam mit dem Mann Urlaub machen.

c) Vermehrter Streß, der zu einer Transformation erst dann führt, wenn die Homöostase gestört wurde. Dies ist ein Grundprinzip aller neustrukturierender Therapieformen. Der Therapeut muß dazu den Respekt aller Familienmitglieder besitzen, und er muß unter Umständen das System auf eine ungerecht wirkende Weise aus dem Gleichgewicht bringen. Ein einfaches Beispiel dafür ist die Loslösung einer erheblich verstrickten Mutter. Dieser Prozeß kann für die Familie eine ernste Belastung sein und sie aus der Balance bringen. Manchmal muß die Familie das Auftreten einer Psychose, einer Depression oder einer psychosomatischen Krankheit bei der Mutter überstehen. Der Ausschluß von Familienangehörigen von der direkten Teilnahme an der Therapiestunde oder die Bitte, daß sich jemand außerhalb des Familienkreises oder hinter eine Einwegscheibe setzen soll, sind wirkungsvolle Techniken und meist auch streßerzeugende Sondierungsversuche.

Zu diesen Formen von Familienkrisen kann es auch kommen, wenn der Süchtige seinen Drogenkonsum einstellt, während er noch zu Hause lebt. Wenn der Therapeut die damit verbundene Krise nicht vorhersieht, wird die Familie die Behandlung möglicherweise abbrechen. Die Prognose ist jedoch günstig, wenn diese Krise einmal gemeistert wurde.

3. Interaktionsmuster der Familie aktualisieren (Handlungsspielraum ermöglichen). Patienten richten ihren Kommunikationswunsch häufig an den Therapeuten. Man sollte sie auffordern, statt dessen miteinander zu sprechen. Man sollte sie bitte, ihre Transaktionen nicht nur zu beschreiben, sondern spielerisch darzustellen und wiederzuerleben (10). Familienmitglieder sollten vorführen, wie sie mit dem Rauschmittelmißbrauch umgehen – und nicht nur davon reden. Nach unserer Erfahrung erleichtern Rollenspiele die Aktualisierung von Interaktionsmustern und verändern sie gleichzeitig. Die Manipulation räumlicher Gegebenheiten sind dazu ebenfalls ein wirkungsvolles Mittel. Die Sitzordnung der Familie offenbart eine ganze Menge über Allianzen, Koalitionen und zentrale und isolierte Positionen innerhalb der Familie. Durch eine Veränderung der Sitzordnung kann man Grenzen setzen oder verstärken. Wenn zwei Mitglieder, die einander fernstehen oder miteinander über eine dritte Person kommunizieren, gebeten werden, sich nebeneinander zu setzen, kann die Entfernung ihrer „Schaltstelle“ oder „Blockade“ starke Gefühle und Konflikte aktualisieren. Die handelnde Darstellung verhindert Intellektualisierungen und macht aus langweiligen aufregende und dynamische Familiensitzungen. Nur durch die unmittelbare Beobachtung der familialen Muster kann der Therapeut eine genaue Familienstrukturkarte erstellen und sie neustrukturieren und schließlich die Wirkungen seiner Interventionen beurteilen.

4. Grenzen klar kennzeichnen. Das geschieht durch eine Kennzeichnung der individuellen Grenzen und der Grenzen von Subsystemen. Individuen sollten nicht füreinander Antworten geben, und man sollte mit ihnen und nicht über sie sprechen, und sie sollten den Mitteilungen anderer zuhören und sie akzeptieren. Familienmitglieder sollten nicht füreinander fühlen oder sich gegenseitig ihre Gedanken ablesen. Nichtverbale Rückversicherungen und das Unterdrücken von Kommunikationen sollten vom Therapeuten vermerkt und gegebenenfalls angesprochen und unterbunden werden.

Das elterliche Subsystem sollte vor Einmischungen der Kinder und vor Erwachsenen in und außerhalb der Familie geschützt werden. Häufig müssen besondere Therapiesitzungen abgehalten werden, um das elterliche Subsystem zu stützen, und alle übrigen Angehörigen außer den Eltern sind von ihnen ausgeschlossen. Der Therapeut empfiehlt Aufgaben – sie werden weiter unten beschrieben –, um Nähe zwischen den Partnern zu gründen.

5. Aufgaben erteilen. Aufgaben können innerhalb der Therapiesitzungen oder nach der Therapie als Hausaufgaben erteilt werden (10). Stanton und Todd haben darauf hingewiesen, daß es vorteilhaft ist, wenn erst eine Aufgabe in einer Therapiesitzung abgeschlossen wurde, bevor man Hausaufgaben erteilt. Eine oft gestellte erste Aufgabe ist das eindeutige Kommunizieren. Beispiele für einfache Aufgaben, die man in Therapiestunden stellen kann und die kleine, zunächst nicht lange anhaltende Veränderungen bewirken, sind etwa die an eine Schlüsselfigur gerichtete Bitte, fünf Minuten zu schweigen, oder die Bitte um einen Monolog eines sonst stillen Familienmitgliedes. Sie führen allmählich zur Summation von zunächst nur für kurze Zeit bestehenden Veränderungen. Ein entfremdetes Paar kann man bitten, fünf Minuten lang einander und den sie umgebenden Raum sorgfältig zu betrachten.

Durch therapeutische Hausaufgaben „leben“ der Therapeut und die therapeutische Arbeit bis zur nächsten Sitzung in der Familie. Ein Vater, der seine ärztliche und zahnärztliche Versorgung vernachlässigt hatte, weil er sich wegen der Drogensucht seines Sohnes Sorgen machte, wurde aufgefordert, sich vom Zahnarzt einen Termin geben zu lassen. Söhne, die nur mit ihrer Mutter einkaufen gehen, wurden von uns gebeten, mit ihren Vätern oder alleine einzukaufen. Der Therapeut bittet häufig Eltern, gemeinsam Urlaub zu machen oder zusammen zum Tanzen oder zum Essen zu gehen. Man kann einem Ehemann und einer Ehefrau auch vorschlagen, dem Partner eine freudige Überraschung zu bereiten. Als Reaktion auf diese Aufgabe bereitete eine Ehefrau eine Wiedervermählung in der Kirche vor, und ihr Mann, der die gleiche Aufgabe bekommen hatte, besorgte zwei neue Eheringe. Einander entfremdete Väter und Söhne kann man bitten, etwas zusammen zu unternehmen, was sie früher einander nahe gebracht hatte. Beim Angeln, dem gemeinsamen Besuch von Sportveranstaltungen oder beim Fernsehen werden möglicherweise Brükken zwischen ihnen geschlagen. Sobald sie einige gemeinsame Erfahrungen gemacht haben, können intimere Aufgaben gestellt werden, etwa zusammen spazierenzugehen oder sich täglich eine halbe Stunde lang miteinander ohne Zuhörer zu unterhalten.

6. Das Symptom absichtlich verwenden. Einen häufig zitierten Ausspruch von Freud abwandelnd, hält Minuchin das Symptom des identifizierten Patienten „für den Königsweg zur Familienstruktur" (10). Dem Symptom kommt deshalb eine ganz besondere Bedeutung zu. Das erste therapeutische Ziel sollte darin bestehen, die Familie dazu zu bewegen, dem identifizierten Patienten zu helfen, mit seinem Symptom fertigzuwerden. Der Therapeut geht jedoch nicht direkt auf das Symptom ein. Wenn das Symptom eines anderen Familienmitgliedes in den Mittelpunkt gerückt wird, bevor sich die Symptome des identifizierten Patienten gebessert haben, werden Familien häufig die Behandlung abbrechen.

Der Therapeut kann den Schweregrad des Symptoms übertreiben, um deutlich zu machen, daß die Familie es unbedingt ausrotten sollte. Ich habe häufig Familien übertrieben intensiv aufgefordert, den Sohn weiterhin daheim so „ausgesucht" nachsichtig zu behandeln. Die Anwendung dieser Technik, häufig auch als paradoxe Intervention bezeichnet, wird von Minuchin (10) treffend am Umgang mit einer Familie demonstriert, in der sich das Problem als Stehlen des Kindes artikulierte. Er forderte das Kind auf, weiterhin zu stehlen, und zwar auch seinen Vater zu bestehlen. Diese Intervention machte das antisoziale Verhalten zu einer offenen Situation, was die Familie mobilisierte, direkt dagegen vorzugehen. Diese Aufgabe braucht man Süchtigen kaum zu stellen, da sie meist mit ihren Familien verstrickt sind und ohnehin alle Familienmitglieder bestehlen oder sich etwas von ihnen „ausleihen". Allerdings liegen zu Hause oft Geldbeutel und Brieftaschen offen herum, die vom Süchtigen nach Lust und Laune ge-

plündert werden. Selbst in diesem Fall kann die offene Aufforderung des Therapeuten an den Süchtigen, zu versuchen, die ganze Familie zu bestehlen, diese mobilisieren, mit ihm fertigzuwerden.
Die Umdeutung des Symptoms ist eine sehr wirkungsvolle Intervention. Man stellt den Drogenkonsum etwa als einen Versuch des Kindes hin, geschiedene Eltern wieder zusammenzubringen oder ein Eltern-Kind von seinen Pflichten zu entlasten. Durch Umdeuten kann man auch den Schwerpunkt einer Behandlung allmählich erweitern.
7. Die Manipulation der Stimmungslage. Die Stimmung der Familienmitglieder kann durch Anschluß des Therapeuten an die Familie manipuliert oder übertrieben werden, um Veränderungen zu erreichen (10). Nach mehreren Sitzungen mit einer Familie, in denen der jugendliche Sohn unbeteiligt geblieben war und ständig Marihuana geraucht hatte, kam der Vater wütend und depressiv zum nächsten Termin, bereit, die Behandlung abzubrechen und seine Familie zu verlassen. Sohn und Mutter waren beide recht depressiv. Mein Co-Therapeut bat mich, das „Alter ego“[1] des Sohnes zu spielen und die Kommunikation zwischen Sohn und Vater zu verbessern. Ich erklärte, die Stimmung der Familie hätte mich zu depressiv gemacht, um etwas zu unternehmen. Denn ich hätte den Eindruck, daß der Sohn den Therapievertrag auf subtile Weise unterlaufe, um den Ärger des Vaters auf sich und seine Mutter zu ziehen. Nur widerstrebend stimmte ich zu, als Alter ego zu dienen und einen Versuch zu unternehmen, die scheinbar festgefahrene Familie wieder in Bewegung zu bringen. Durch diese Intervention bekam ich Zugang zur Wut des Sohnes darüber, den Therapievertrag so gut erfüllt zu haben, ohne irgendwelche Unterstützung oder „Streicheleinheiten“ von seinem Vater zu bekommen. Die Mutter in ihrer traditionellen Rolle innerhalb der Familie versuchte, mich aufzuheitern, indem sie mir und der Familie die Fortschritte, die sie bereits gemacht hatten, aufzählte. Wir konnten uns dann auf den Vater und sein Bedürfnis konzentrieren,

[1] Bei der Alter-ego-Technik sitzt der Therapeut neben einem Familienmitglied und spricht für diese Person; sie soll dazu verhelfen, zugrundeliegende Gefühle zu erkennen und Verhalten zu ändern.

die Reste einer unguten Koalition zwischen seiner Frau und seinem Sohn als Vorwand zu nehmen, um seine Wut beizubehalten. Der Vater offenbarte uns, daß seine Wut auf seinen Sohn der Wut auf seinen Bruder ähnelte, der ihn mit Unterstützung ihrer Mutter ständig „ausgenommen" hatte. An diesem Punkt war ich aus meiner Depression heraus. Ich erteilte der Familie die Aufgabe, den Vater von Anfang an und nicht erst zum Schluß an Entscheidungen zu beteiligen, was ihn dann zum bösen Kumpel werden ließ, wenn er ablehnte, oder wenn er zustimmte, ihm das Gefühl gab, übergangen worden zu sein. Bei ihrer Wiederkehr in der Woche darauf berichtete die Familie, daß Vater und Sohn nun offen miteinander kommunizieren konnten, was für sie außergewöhnlich war. Die Alter-ego-Technik ist zur Manipulation von Stimmungslagen von Bedeutung. In diesem Fall trug meine „Depression" zur Änderung der Stimmungslage bei, und die Alter-ego-Technik war eine weitere Hilfe. Mir wurde von einem Therapeuten berichtet, daß er bei der Arbeit mit einer losgelösten versagenden Familie so depressiv wurde, daß er zu weinen begann, wie früher in seiner eigenen Familie, die der behandelten sehr ähnlich war. Als er seine Empfindung mitteilte, öffnete sich das starre Familiensystem.

8. Unterstützung, Erziehung und Führung. Der Therapeut muß verstehen, auf welche Weise die Familie ihren Mitgliedern Geborgenheit und Unterstützung bietet und sollte diese Funktionen fördern (10). Die meisten Familien mit süchtigen Angehörigen wissen nicht, wie sie einander „Streicheleinheiten" geben können, deshalb muß man sie dabei unterstützen und darin unterweisen, so ähnlich wie wenn man die Reste von Glut in einem Feuer sachte schürt. Der Therapeut kann zu einem Modell für exekutive Funktionen werden und sich dann allmählich zurückziehen, damit Familienmitglieder sie übernehmen können.

Ehemalige Süchtige, die es „geschafft" haben, können dem Süchtigen zeigen, wie man sich wieder in die „normale" Gesellschaft mit richtigen Freunden eingliedern kann. Den Familien wird gezeigt, wie sie erkennen können, ob ihr Kind Drogen nimmt und wie sie dieses Verhalten nicht auch noch fördern. Die hier dargelegten Techniken wer-

den nicht als deutlich voneinander getrennte Einheiten eingesetzt; bei den meisten Interventionen werden zwei oder mehr Veränderungsstrategien gleichzeitig eingesetzt.
Jay Haley hat viele Verfahren der Familientherapie praktiziert und entwickelt, die die fünf allgemeinen, eingangs dargelegten familientherapeutischen Ansätze verbinden. Haley veröffentlichte wichtige Arbeiten über Kommunikationen, bevor er mit Minuchin und der strukturellen Familientherapie in Berührung kam. Sehr zu empfehlen ist Haleys Buch „Direktive Familientherapie" (8), besonders die Kapitel eins und zwei über das Erstgespräch und das Erteilen von Anweisungen. Haley beschreibt fünf Schritte des Erstgesprächs: eine gesellschaftliche Phase, in der man die Familie begrüßt und eine entspannte Atmosphäre schafft; eine Problemphase, in der die Familie ihre Problemlage mitteilt; eine Interaktionsphase, in der sich die Familienmitglieder so miteinander unterhalten, daß ihre Konflikte aktualisiert werden; eine Zielsetzungsphase, in der Therapieziele festgelegt werden und die Familie die von ihr erhofften Veränderungen formuliert. Diese Phasen wirken trügerisch einfach. Hinsichtlich ihrer praktischen Anwendung sollte angemerkt werden, daß dem breiten Spektrum von Problemen, die sich bieten, kein Standardvorgehen gerecht werden kann. Beispielsweise ist bei Rauschmittelabhängigen häufig ein autoritäres Vorgehen erforderlich. Diese Stufen bilden eine allgemeine Matrix, die flexibel und spontan ergänzt werden sollte.
Ganz zu Anfang hat der Therapeut die Funktion eines Gastgebers. Er sollte jedem einzelnen Familienmitglied die Hand geben, sich vorstellen und sich alle Namen merken. Alle Anwesenden sollten sich wohlfühlen und die freie Wahl haben, wo sie sich setzen wollen, damit das ganze Spektrum von Sitzordnungen offen bleibt. Die Wahl der Sitzordnung ist ein bedeutsamer erster Schlüssel zur Familienstruktur. Diese erste Sozialisierungsphase ist in jeder Therapie von entscheidender Bedeutung.
Die meisten Familien verhalten sich ziemlich zurückhaltend, vor allem, weil die Bitte, im Familienverband zu erscheinen impliziert, daß sie alle und nicht in erster Linie der identifizierte Patient als Problem

angesehen werden. Auf dieser Stufe sammelt der Therapeut Informationen, aber er spricht noch nicht über seine Beobachtungen, weil dies die unvermeidliche Abwehrhaltung der Familie noch verstärken würde. Man sollte auf die Stimmung der Familie achten und ihr entsprechen. Ein rascher Annäherungsversuch der Eltern an den Therapeuten ist unter Umständen der Versuch, sich mit ihm zu verbünden. Der Beginn der Problemphase wird durch einen Wechsel der Körperhaltung und des Tonfalls des Therapeuten gekennzeichnet – mit entsprechenden Reaktionen der Familie. Der Therapeut kann seinen familientherapeutischen Ansatz erklären und mitteilen, was er bereits über die Familie weiß, oder sich einfach erkundigen, worin das Problem besteht (8). Bei Rauschmittelsüchtigen ist das offene Problem augenfällig, und man muß nicht erst danach fragen. Deshalb beginne ich häufig mit der Frage: „Wie ist das, mit Johnny und seinen Drogen in der Familie?" Oder: „Wie gehen Sie mit Sheilas Drogenmißbrauch und ihren Geldforderungen um?" Oder: „Welche Probleme gibt es in dieser Familie?" Allgemeine und offene Fragen haben den Vorteil, den Familienmitgliedern Freiraum für Antworten zu lassen (8). Haley empfiehlt, „den am wenigsten in das Problem einbezogenen Erwachsenen zuerst anzusprechen, und die Person mit der größten Macht, die Familie wieder in die Behandlung zurückzubringen, mit dem größten Respekt und der meisten Achtung zu behandeln" (8). Es ist nicht gut, mit dem Süchtigen zu beginnen, denn dies könnte den Anschein erwecken, daß der Therapeut dem identifizierten Patienten die Schuld für die Anwesenheit aller anderen gibt. Einige Therapeuten setzen an dem am wenigsten betroffenen Kind an. Ich beobachte, daß dieses Kind oftmals imstande ist, eine objektive Sicht der Familie zu geben, aber es ist meistens zu passiv und verschwiegen, um zu Beginn der Sitzung ins Rampenlicht gestellt zu werden. Der Therapeut sollte versuchen, das Problem deutlich zu definieren, damit die dysfunktionalen Haltungen der Familie durch Benutzung des Problems als Druckmittel verändert werden können (8). Alle Familienmitglieder sollten zu Wort kommen, das heißt, „wenn man verhindert, daß ein übergesprächiger Elternteil allein redet, hilft der Therapeut in Wirklichkeit ihm oder ihr" (8). Obwohl man davon ausgehen kann, daß Probleme eines Kindes Eheprobleme der Eltern widerspiegeln, sollte sie der Therapeut noch nicht miteinander in Beziehung bringen. Gleichfalls sollte der Therapeut in dieser Phase direkte und indirekte Kommunikationen nicht kommentieren. Im Mittelpunkt sollte der identifizierte Patient stehen, und die Familie sollte erst allmählich dazu gebracht werden, das Problem in einem weiteren Zusammenhang zu sehen.

Die Interaktionsphase wurde bereits in dem Abschnitt über Aktualisierung von Interaktionen in der strukturellen Familientherapie beschrieben. Haley nennt noch einige weitere wichtige Punkte, darunter auch die Möglichkeit, eine dritte Person in das Gespräch einzubeziehen, wenn sich zwei Leute unterhalten, bis schließlich alle miteinander sprechen. Aktionen sollten gefördert werden, weil sie mehr über eine Familie aussagen als Worte. Wenn der Vater eine beaufsichtigende und feindselige Rolle innehat, kann man ihn bitten, sich jetzt absichtlich so zu verhalten, damit die Familie offen darauf reagieren kann.

Es ist wichtig, die von den Familien angestrebten Veränderungen herauszufinden, damit man weiß, was jeder Einzelne und auch der identifizierte Patient von der Therapie erwarten. Dies bringt uns auf den Therapievertrag, den wir ebenfalls bereits im Abschnitt über strukturelle Familientherapie beschrieben haben. „Je eindeutiger der Vertrag ist, desto geordneter wird die Therapie verlaufen" (8). Der Therapeut kann die Therapie so gestalten, daß das vorhandene Problem im Mittelpunkt steht, und er kann dabei gleichzeitig weitere Ziele anstreben, die er für Familien von Rauschmittelabhängigen wichtig findet. Immer wird die Rauschmittelsucht des identifzierten Patienten als Problem geboten werden; dieses Symptom ist auch tatsächlich entscheidend, aber es muß in interaktionelle Begriffen umformuliert werden, damit seine Lösung möglich wird. Festgefahrene Probleme sollte man mehrdeutiger beschreiben, damit es mehr Bewegungsraum gibt. Ein erstes therapeutisches Ziel ist, die Familie für die Einleitung einer Entziehungskur, eines Krankenhausaufenthaltes, für eine stationäre

Pflege oder eine medikamentöse Ersatzbehandlung zu gewinnen. Wenn positive Änderungen einmal eine Rückkehr zur Familienhomöostase ermöglicht haben, kommt der Familie entscheidende Bedeutung für die Unterstützung des identifizierten Patienten zu, solange wie notwendig in Behandlung zu bleiben. Als nächstes Ziel sollte man die Familie dazu bewegen, einer Entwöhnung von Methadon oder einer allmählichen Rückkehr in die Gesellschaft Priorität zu geben. Wenn der Rauschmittelmißbrauch als solcher nicht so gravierend ist, daß seinetwegen eine Familientherapie unmöglich wäre, kann man mit der Therapie beginnen, ohne einen völlig drogenfreien Zustand zur Voraussetzung einer Behandlung zu machen.

Das Erstgespräch sollte immer mit der Vereinbarung des nächsten Termins enden. Wichige Familienmitglieder wie Großeltern, Haushälterinnen, Geschwister, Cousins und Cousinen, Tanten und Onkel, die nicht an der Sitzung teilgenommen haben, sollten dazu eingeladen werden. Ein Problem für sich sind weitere Familienmitglieder, die Drogen mißbrauchen. Man sollte sie zu mindestens einer Therapiestunde einladen, um ihre Funktion in der Familie zu verstehen und zu sehen, wie die Familie mit ihnen umgeht. Wenn ihr Rauschmittelmißbrauch die Familientherapie jedoch allzusehr stört, muß man sie eventuell von der Behandlung ausschließen, bis ihr Drogenkonsum nachläßt. Wenn die betreffende Person dann einen drogenfreien Zustand erreicht hat, muß man sie wieder in die Behandlung holen, weil sie unweigerlich für das Suchtverhalten des identifizierten Patienten eine entscheidende Funktion hat. Nach meiner Erfahrung ist es möglich, zwei drogenabhängige Geschwister in derselben Behandlungseinrichtung zu behandeln, anders als bei Ehepartnern, die nur unter größten Schwierigkeiten in derselben stationären Einrichtung behandelt werden können. Bei therapeutischer Arbeit mit den Herkunftsfamilien der jeweiligen Partner sind die Probleme allerdings weniger gravierend.

Der Therapeut kann gegen Ende der ersten Sitzung Hausaufgaben erteilen, besonders wenn die Familie in dieser Stunde positiv auf seine Anweisung reagiert und er ausreichenden Kontakt zu ihr bekommen hat.

Kommunikationstherapie

Zu den Vertretern dieses Ansatzes gehören Haley (8), Watzlawick (15), Satir (13) und Bateson (3). In jeglicher Art von Familientherapie besteht ein wichtiger Aspekt der Behandlung darin, auf Kommunikationsprobleme aufmerksam zu machen. Beim systemischen Ansatz wird das Symptom als eine Mitteilung des identifizierten Patienten an die Familie und als Hinweis angesehen, daß angemessenere Kommunikationskanäle blockiert sind (2). Besondere Beachtung wird inkongruenten Botschaften geschenkt, vor allem dann, wenn die nichtverbalen Kommunikationen, den verbalen Botschaften widersprechen (2). Einer der frühesten Beiträge dieser Therapeutengruppe war die ursprünglich in den Familien von Schizophrenen aufgezeigte „Doppelbindung" (37). Die vier Merkmale der Doppelbindung sind: 1. Zwei widersprüchliche Botschaften werden gleichzeitig gegeben, häufig auf verbaler und nichtverbaler Ebene. 2. Der Empfänger der Botschaft hat eine enge Beziehung zum Sender und kann sich daher nicht von ihm lösen. 3. Die Botschaften schließen sich gegenseitig aus. 4. Dem Empfänger ist es verwehrt, über die Doppelbindung zu sprechen.

In allen Familien gibt es Doppelbindungen, aber sie kommen häufiger in Familien von Rauschmittelabhängigen als in „normalen" oder „neurotischen" Familien vor. Allerdings kommt ihnen in den Familien von Rauschmittelabhängigen eine andere Bedeutung zu als in den Familien von Schizophrenen. In der erstgenannten Gruppe sind die Doppelbindungen offener und weniger verworren. Es kann jedoch so weit kommen, daß dem potentiellen Drogenkonsumenten nur noch das Rauschmittel als Ausweg bleibt, um das Kommunikationsfeld zu verlassen. Der Rückzug des jugendlichen Drogenabhängigen beeinträchtigt dann die Entwicklung anderer Möglichkeiten, mit uneindeutigen Botschaften umzugehen. Mit Hilfe der Kommunikationstherapie sollen widersprüchliche Kommunikationen korrigiert werden. Das wird erreicht, indem man Familienangehörige ihre Botschaften deutlich formulieren läßt, die Bedeutung von Äußerungen und implizite Annahmen klärt und Metakommunikation zur Klärung von undeutlichen Aussagen zuläßt (2). Der Therapeut agiert als objektiver Regler der Kommunikation; er unterweist seine Klienten, in einer strukturierten und sicheren Umgebung deutlich zu kommunizieren.

Die Experiential-Therapie (Erlebniszentrierte Therapie)

Die meisten Therapeuten, die mit Rauschmittelabhängigen arbeiten, sind insofern erlebniszentriert, als sie sich unmittelbar mit der konkreten Beziehung zwischen sich und der Familie befassen. Whitaker (16) beschreibt, wie sehr der Therapeut bei diesem Ansatz persönlich einbezogen wird. „Es wurde mir deutlich, daß die Grenze meiner persönlichen Entwicklung zum Leitthema aller meiner Beziehungen werden mußte; wenn diese Therapie für meine Praxis geeignet ist, könnte es eine reale Möglichkeit geben, den Patienten ein Vorbild zu werden. Wenn ich in der Lage bin, mich zu ändern, können auch sie es versuchen." Der Therapeut ist als realer Mensch beteiligt und offenbart sich in beträchtlichem Ausmaß. Er ist engagiert, setzt seinen gesunden Menschenverstand ein und führt vertrauliche Gespräche, um Veränderungen seiner Patienten zu ermöglichen.

Verhaltenstherapie

Ein großer Teil der therapeutischen Fortschritte, die erfolgreiche Familientherapeuten erzielen, läßt sich auf die Anwendung allgemeiner lerntheoretischer Prinzipien zurückführen, selbst wenn der Therapeut nicht verhaltenstherapeutisch ausgebildet wurde. Malout und Alexander (9) und Stuart (14) sind führende Vertreter des verhaltenstherapeutischen Ansatzes. Sie betonen, daß die Reaktionen der Eltern auf ihr Kind sein unerwünschtes Verhalten aufrechterhalten. Deshalb bringt man den Eltern die Löschung dieser Reaktionen und das Erteilen von positiven Verstärkern für erwünschtes Verhalten bei. Paul

Wood (17) hat einen modifizierten verhaltenstheoretischen Ansatz vorgeschlagen, bei dem das Kind niemals bestraft wird, weil das Kind die Bestrafung als eine Alternative zum gewünschten Verhalten ansehen könnte. Wood weist darauf hin, daß sich sein Verhalten ändern kann, wenn sich die Eltern zusammentun und ihm deutliche und nicht mehrdeutige Botschaften geben.

Schlußfolgerungen

Wir haben eine Vielzahl von Techniken vorgestellt, aus denen sich der Therapeut diejenigen aussuchen und auswählen kann, die für seine Bedürfnisse am besten geeignet sind. In keinem Fall sollte man jedoch eine Technik anwenden, die einem nicht liegt. Als ich mich noch in der Ausbildung befand, übte die Psychoanalyse auf mich einen großen Reiz aus, weitgehend bedingt durch den Druck meiner sozialen Bezugsgruppe. Ich habe jedoch gemerkt, daß die strukturelle Familientherapie meinem persönlichen Stil viel mehr entspricht. Diese Therapieform gestattet es mir, die aktive, direktive engagierte Person zu sein, als die ich mich empfinde. Trotzdem hat mir die Psychoanalyse ein theoretisches Fundament geschaffen, das ich in allen meinen therapeutischen Kontakten sehr geschätzt habe. Das gilt vor allem dann, wenn die Auseinandersetzung mit der Vergangenheit keine vorgeschützte Rationalisierung ist, sondern unmittelbar Veränderungen erleichtern soll.
Unser eigener Erfahrungshintergrund bestimmt auch, mit welchen Familien wir am besten arbeiten können. Das Erbe meiner jüdischen, verstrickten, erweiterten Familie hilft mir, mich in ähnliche Familien und insbesondere in italienische und griechische hineinzuversetzen. Ich bin zusammen mit Farbigen aufgewachsen und das hilft mir, ihre Familien zu verstehen. Ich habe Schwierigkeiten, die Abwehrmechanismen von völlig losgelösten Familien zu durchdringen. Mein Erfahrungshintergrund prädestiniert mich für romanische Familien, aber meine mangelnden Kenntnisse ihrer Sprache und Kultur sind ande-

rerseits Hindernisse. Viele Aspekte bestimmen, was wir aus der Familientherapie machen.

Literatur

1. Ackerman, N. W.: The Psychodynamics of Family Life. New York: Basic Books 1958.
2. Anderson, C.: Vortrag beim Orange County Department of Mental Health, 6. Oktober 1971.
3. Bateson, G., Jackson, D. D., Haley, J., u. Weakland, J. H.: Auf dem Wege zu einer Schizophrenie-Theorie, in: Bateson, G., u. a.: Schizophrenie und Familie. Frankfurt/M.: Suhrkamp 1969.
4. Boszormenyi-Nagy, I., u. Spark, G.: Unsichtbare Bindungen. Stuttgart: Klett-Cotta 1981.
5. Bowen, M.: Family Therapy and Family Group Therapy, in: H. Kaplan u. B. Sadock, Hrsg.: Comprehensive Group Psychotherapy. New York: Williams u. Wilkins 1971.
6. Carter, E., u. Orfanides, M. M.: Family Therapy with One Person and the Family Therapist's Own Family, in: P. Guerin, Hrsg.: Family Therapy. New York: Gardner Press 1976, S. 193 – 219.
7. Guerin, P. J., u. Pendagast, E. G.: Evaluation of Family System and Genogram, in: P. J. Guerin, Hrsg.: Family Therapy. New York: Gardner Press 1976, S. 450 – 464.
8. Haley, J.: Direktive Familientherapie. München: Pfeiffer 1977.
9. Malout, R. E., Alexander, S. F.: Family Crisis Intervention: A Model and Technique of Training, in: R. F. Handy u. J. G. Cull, Hrsg.: Therapeutic Needs of the Family. Springfield, Ill: Charles C. Thomas 1974, S. 47 – 55.
10. Minuchin, S.: Familie und Familientherapie. Freiburg: Lambertus [4]1981.
11. Minuchin, S.: Structural Family Therapy, in: S. Arieti, Hrsg.: American Handbook of Psychiatry. Vol. II. New York: Basic Books 1974, S. 178 – 192.
12. Paul, N. L., u. Paul, B. B.: Puzzle einer Ehe. Stuttgart: Klett Cotta 1972.
13. Satir, V.: Selbstwert und Kommunikation. München: Pfeiffer 1972.
14. Stuart, R. B.: Behavioral Contracting within the Families of Delinquents, in: J. Behav. Therapy & Experimental Psychiat., 2, 1971, S. 1 – 11.
15. Watzlawick, P., Weakland, J. H., u. Fisch, R.: Lösungen. Bern: Huber 1974.

16. Whitaker, C.: A Family Is a Four-Dimensional Relationship, in: P. J. Guerin, Hrsg.: Family Therapy. New York: Gardner Press 1976, S. 182 bis 192.
17. Wood, P., u. Schwartz, B.: Wie Sie Ihre Kinder dazu bringen, das zu tun, was Sie wollen. Düsseldorf: Patmos 1979.
18. Zuk, G. H., u. Boszormenyi-Nagy, I., Hrsg.: Family Therapy and Disturbed Families. Palo Alto: Science & Behavior Books 1967.

Stichwortverzeichnis

Autorenverzeichnis

David Berenson, M. D.
Mitarbeiter am Family Institute of Westchester, White Plains, New York

Sandra B. Coleman, Ph. D.
Direktor des Forschungsprojekts ACT (Achievement through Counseling and Treatment) in Philadelphia und Privatpraxis in Newtown, Pennsylvania

Edward Kaufman, M. D.
Professor, Leiter des psychiatrischen Dienstes und Direktor des Familientherapieprogramms an der Universität von California, Irvine Medical Center, Orange, California

Pauline N. Kaufmann, M. S. W.
Direktor des Familientherapieprogramms an der Phoenix Foundation und Konsulent für Familientherapie an der Abteilung für Sozialarbeit am Bellvue Hospital in New York

Salvador Minuchin, M. D.
Professor für Kinderpsychiatrie und Kinderkrankheiten, Universität von Pennsylvania in Philadelphia

E. Mansell Pattison, M. D.
Professor, Vorsitzender des Department of Psychiatry and Human Behavior, Universität von California, Irvine Medical Center, Orange, California

Dennis M. Reilly, M. S. W., A. C. S. W.
Southeast Nassau Guidance Counseling Center, Wantagh, New York

M. Duncan Stanton, Ph. D.
Direktor des Programms „Addicts and Families“ an der Philadelphia Child Guidance Clinic in Philadelphia, Professor für Psychologie an der Universität von Pennsylvania, Abteilung Medizin, und Direktor des Familientherapieprogramms am Zentrum für Drogenabhängigkeit am VA-Krankenhaus in Philadelphia, Pennsylvania

Peter Steinglass, M. D.
Professor, Abteilung für Psychiatrie und Verhaltenswissenschaften am Center for Family Research, George Washington Universität, Abteilung Medizin, Washington D. C.

Thomas C. Todd, Ph. D.
Leitender Psychologe am Harlem Valley Psychiatric Center, Wingdale, New York, und Mitarbeiter am Forschungsprojekt „Addicts and Families“ an der Philadelphia Child Guidance Clinic in Philadelphia, Pennsylvania

28,– 43

Im Zusammenhang mit diesem Buch werden Sie interessieren:

Familie und Familientherapie
Theorie und Praxis struktureller Familientherapie
Salvador Minuchin, 4. Auflage, 336 Seiten, Alcor, DM 34,–

Ich halte dieses Buch, das viele Aspekte der Familientherapie enthält, für sehr wertvoll. Es ist mit Sicherheit nicht durch einmaliges Lesen abruf- bzw. konsumierbar, sondern es erscheint mir im besten Sinne des Wortes Arbeitsmaterial für Familientherapeuten zu sein.
Walter Schwertl, Institut für Familientherapie, Frankfurt

Familientherapie
Das systemische Modell und seine Anwendung
Maurizio Andolfi, 256 Seiten, Forco, DM 29,80

Das Buch ist nicht nur in der Übersetzung ausgezeichnet, es vermittelt auch eine weiträumige Perspektive der systemischen Familienarbeit, mit der Technik des „Family-Sculptings", wie dies im deutschen Sprachraum notwendig ist.
Dr. H. Merl, Psychotherapeut, Wagner-Jauregg-Krankenhaus, Linz

Sucht und Therapie
Therapeutische Ansätze – Die Persönlichkeit des Helfers – Die Sinnfrage in der Therapie. Hrsg. Ursula Kuypers, 128 Seiten, kart. lam., DM 16,80

Kompetente Wissenschaftler und Praktiker aus Berufen, die im therapeutischen Team zusammenwirken, bieten in diesen Beiträgen neue Erkenntnisse aus ihrer Arbeit mit Sucht- und Alkoholkranken an. *Gefährdetenhilfe, Bielefeld*

Erfahrungen aus der ambulanten Arbeit mit Suchtkranken
Hrsg. Bernhard Schmidtobreick, 128 Seiten, kart. lam., DM 17,50

Ärzte, Therapeuten, Sozialarbeiter und Angehörige aus anderen helfenden Berufen berichten in dieser Neuerscheinung über Ergebnisse ihrer Arbeit. Allen, die in diesem schwierigen Arbeitsfeld tätig sind, vermitteln sie wertvolle Anregungen.

Krisenintervention
Strategien psychosozialer Hilfen
Naomi Golan, 256 Seiten, Forco, DM 29,80

Eine so umfassende, übersichtliche und vor allem praxisbezogene Darstellung der Krisenintervention gab es bisher nicht. Das Buch ist allen zu empfehlen, die anderen in akuten Notsituationen helfen.
Prof. Dr. med. Erich Grond, Hagen ▶